本书由中国旅游研究院博士后文库项目
资助出版

“健康中国”战略背景下
旅游业与中医药产业融合发展研究

曹洋 著

中国旅游出版社

摘 要

“健康中国”作为国家战略，是我国战略体系中国民经济和社会管理发展战略的重要环节之一，是保障和改善民生战略部署的基本内容。2016 年 8 月，全国卫生与健康大会在北京圆满召开，习近平总书记明确指示“将健康融入所有政策，人民共建共享”，强调“没有全民健康，就没有全面小康。要把人民健康放在优先发展的战略地位”。同年 10 月，中共中央、国务院印发《“健康中国 2030”规划纲要》，提出普及健康生活、优化健康服务、完善健康保障、建设健康环境、发展健康产业五方面的战略任务；同时，在该规划纲要中也明确指出要大力发展中医药健康旅游。将旅游业与中医药产业进行有机融合，形成中医药健康旅游产业，既可以进一步推进我国社会经济的可持续发展，又可以通过旅游活动提高海内外游客对中医药文化的了解，让中医药成为中国与世界各国开展人文交流、促进东西方文明交流互鉴的重要内容。

2020 年突如其来的新冠肺炎疫情肆虐全球，病毒传播速度快、感染范围广、防控难度大、持续时间长，给人类生命安全和世界发展带来了严重危机，对我国经济社会发展带来严峻考验。面对疫情的巨大冲击，旅游业出现了断崖式下跌。但是我国经济整体向好的基本面没有改变、人民持续保持对美好生活的向往，旅游业的整体发展趋势向好，所以对疫情过后我国旅游业发展应持积极乐观的态度。在抗击疫情过程中，中医药所发挥的独特作用使其成为旅游业与中医药产业融合发展中的积极促进因素。中医药作为中医药健康旅游中的主要吸引物，在国民心目中的地位以及国际形象的提升，有利于巩固原有客户的忠诚度并激发潜在客户体验中医药健康旅游产品的欲望。随着民众对中医药的认可，国家对中医药健康产业的重视程度进一步提升，作为旅游业与中医药产业融合发展衍生的新型旅游业态，中医药健康旅游产业必定会受到重视。

本研究从“健康中国”战略的提出及基本要素出发，阐述了“健康中国”战略背景下旅游业与中医药产业融合发展的理论基础和研究现状，梳理了旅游业与中医药产业融合发展的各项资源，分析了当前旅游业与中医药产业融合发展的进展与不足。最后依托73家国家中医药健康旅游示范基地，总结出目前我国中医药健康旅游发展的6种类型，并选取典型案例进行分析，同时提出未来我国旅游业与中医药产业融合发展的方向与政策建议。

研究表明，我国旅游业与中医药产业融合发展的方向是：一是提升内涵，促进旅游业与中医药产业资源融合；二是优化设施，实现旅游业与中医药产业功能融合；三是加强营销，推动旅游业与中医药产业市场融合；四是完善制度，引导旅游业与中医药产业政策融合；五是夯实队伍，加强旅游业与中医药产业人才融合。政策建议是：一是建立国家级多部门合作共管协调机制；二是制定旅游业与中医药产业融合发展的相关政策和制度；三是加强公立医院开展国际中医药健康旅游服务的探索。

关键词：“健康中国”，中医药健康旅游，健康旅游，融合发展

Abstract

As a national strategy, "healthy China" is one of the important links of the national economic and social management development strategy in China's strategic system, and the basic content of the strategic deployment to ensure and improve people's livelihood. At the National Health Conference in August 2016 in Beijing, General Secretary Xi Jinping clearly pointed out that "health should be integrated into policies and built and shared by the people" . Xi emphasized that "without universal health, there will be no comprehensive well-off. We should put people's health as a strategic priority to development." In October of the same year, the Central Committee of the Communist Party of China and the State Council issued the "Healthy China 2030" Plan Outline, which proposed five strategic tasks of popularizing healthy life, optimizing health services, improving health security, building healthy environment, and developing healthy industry. The outline also clearly pointed out that it is necessary to vigorously develop traditional Chinese medicine health tourism. The organic integration of tourism and the traditional Chinese medicine industry to form a traditional Chinese medicine health tourism industry can not only further promote the sustainable development of social economy, but also improve the tourists' understanding of traditional Chinese medicine culture. It has become an important part of people-to-people and cultural exchanges between China and other countries in the world and the promotion of exchanges and mutual learning between Eastern and Western civilizations.

The sudden outbreak of COVID-19 in 2020 has ravaged the world. With rapid spread, wide infection range, long duration, the virus has brought a serious crisis to human life safety and world development, and brought a severe test to economic and social development. In the face of the huge impact of the pandemic, the tourism industry has experienced a cliff-like decline. However, the fundamentals of economy have not changed, the people continue to maintain their yearning for a better life, and the overall development trend of the tourism industry is improving. We should be positive and optimistic about the development of China's tourism after the pandemic. In the fight against the pandemic, the unique role played by traditional Chinese medicine has made it a positive factor in the integrated development of tourism and the traditional Chinese medicine industry. As the main attraction of traditional Chinese medicine health tourism, its status in the minds of the people and the improvement of its international image will help consolidate the loyalty of existing customers and stimulate the desire of potential customers to experience traditional Chinese medicine health tourism products. With the public's recognition of traditional Chinese medicine, the state's emphasis on the traditional Chinese medicine health industry has been further enhanced. As a new tourism form derived from the integrated development of tourism and traditional Chinese medicine industry, the traditional Chinese medicine health tourism industry will be definitely more valued.

Starting from the proposal and basic elements of the "Healthy China" strategy, this report expounds the theoretical basis and research status of the integrated development of tourism and the traditional Chinese medicine industry under the background of the "Healthy China" strategy. It also sorts out various resources for the integrated development of tourism and traditional Chinese medicine industry, and analyzes the current progress and deficiencies of the integrated development of tourism and traditional Chinese medicine industry. Finally, relying on 73 national TCM health tourism demonstration bases, the paper summarizes 6 types of TCM health tourism development in China at present, selects typical cases for analysis, and proposes the future direction and policy for the integrated development of Chinese tourism and TCM industry.

The research shows that the direction of the integrated development of tourism and TCM industry is: (1) to enhance the connotation to promote the integration of tourism and traditional Chinese medicine industry resources; (2) to optimize facilities to realize the functional integration of tourism and TCM industry; (3) to strengthen marketing to promote tourism and TCM Market integration of the pharmaceutical industry; (4) to improve the system to guide the integration of tourism and TCM industry policies; (5) to consolidate the team and strengthen the integration of talents in the tourism and traditional Chinese medicine industry. The policy suggestions are as following: (1) to establish a national multi-departmental cooperation and co-management coordination mechanism; (2) to formulate relevant policies and systems for the integrated development of tourism and TCM industry; (3) to strengthen the exploration of public hospitals to develop international TCM health tourism services.

Key Words：“healthy China”，traditional Chinese medicine health tourism，health tourism，integrated development

目　录

第 1 章

导　论

1.1 选题背景

旅游业与中医药产业的融合发展是在新社会发展背景与形势下产生的一种新需求，主要涵盖以下几个方面：一是“健康中国”战略助力旅游业新发展；二是旅游业高质量发展成为经济高质量发展的重要组成部分；三是中医药在新冠肺炎疫情治疗康复中的独特作用；四是后疫情时代人们对健康生活方式的新需求；五是中医药健康旅游是国际医疗旅游竞争的新风口；六是国家政策红利支持中医药健康旅游发展。

1.1.1 “健康中国”战略助力旅游业新发展

“健康中国”作为国家战略，是我国战略体系中国民经济和社会管理发展战略的重要环节之一，是保障和改善民生战略部署的基本内容。

2016年8月，全国卫生与健康大会在北京召开，习近平总书记明确指示"将健康融入所有政策，人民共建共享"，强调"没有全民健康，就没有全面小康。要把人民健康放在优先发展的战略地位"[①]。同年10月，中共中央、国务院印发《"健康中国2030"规划纲要》，提出普及健康生活、优化健康服务、完善健康保障、建设健康环境、发展健康产业五方面的战略任务；同时，在该规划纲要中也明确指出要大力发展中医药健康旅游[②]。将旅游业与中医药产业进行有机融合，形成中医药健康旅游产业，既可以进一步推进我国社会经济的可持续发展，又可以通过旅游活动提高海内外游客对中医药文化的了解，让中医药成为中国与世界各国开展人文交流、促进东西方文明交流互鉴的重要内容。

1.1.2 旅游业高质量发展成为经济高质量发展的重要组成部分

推动高质量发展，既是适应我国社会主要矛盾变化和全面建成小康社会、全面建设社会主义现代化国家的必然要求，也符合当前我国经济发展的基本规律。围绕经济高质量发展的总要求，我国持续深化供给侧结构性改革，提出了"巩固、增强、提升、畅通"的方针[③]，并制定了一系列相关政策。就旅游业与高质量发展的关系而言，一方面，旅游在高质量发展中具有至关重要的作用，另一方面，旅游业自身也面临高质量发展的任务。就前者而言，旅游业作为第三产业的重要组成部分，因其资源消耗低、带动效应强等特点，在调整产业结构、推动经济增长、拉动居民消费、增加社会就业等诸多方面具有独特作用，符合高质量发展

① 习近平．习近平谈治国理政第二卷［M］．北京：外文出版社，2017：370.

② 健康中国行动推进委员会办公室．健康中国行动文件汇编［M］．北京：人民卫生出版社，2019：1-33.

③ 宁吉喆．贯彻"巩固、增强、提升、畅通"方针　持续深化供给侧结构性改革［J］．宏观经济管理，2019（4）：9-11，14.

的根本要求。就后者而言，我国旅游业现阶段还存在全要素生产效率较低、旅游行业效益不强、区域旅游发展不均衡、旅游服务质量和旅游满意度有待提升等棘手问题，高质量发展的道路依然任重而道远[①]。旅游业与中医药产业高质量融合发展所产生的新兴旅游业态，对整合旅游资源、优化旅游产业结构、丰富旅游产品、提高我国旅游经济效益等具有重要意义，将成为我国旅游业高质量发展的内在推动力。

1.1.3 中医药在新冠肺炎疫情治疗康复中的独特作用

2020 年突如其来的新冠肺炎疫情肆虐全球，病毒传播速度快、感染范围广、防控难度大、持续时间长，给人类生命安全和世界发展带来了严重危机，对我国经济社会发展带来严峻考验。面对疫情的巨大冲击，旅游业出现了断崖式下跌，但是由于我国总体经济形势、人民对美好生活的需求以及旅游业的整体发展趋势均向好，所以对疫后我国旅游业的发展应该持积极乐观的态度。在抗击疫情过程中，中医药所发挥的独特作用能够成为旅游业与中医药产业融合发展中的积极促进因素，因为中医药作为中医药健康旅游中的主要吸引因素，其在国民心目中的地位以及国际形象等方面的提升，有利于激发潜在客户对中医药健康旅游产品体验的欲望以及稳固原有客户的忠诚度；随着民众对中医药认可度的升高，国家对中医药健康产业的重视程度进一步提升，中医药健康旅游产业作为旅游业与中医药产业融合发展所衍生的新型旅游业态必定会受到重视。

---

① 宋瑞主编 .2019—2020 年中国旅游发展分析与预测［M］. 北京：社会科学文献出版社，2020：4-5.

1.1.4 后疫情时代人们对健康生活方式的新需求

旅游业与中医药产业融合发展，能够更好地适应人们对于后疫情时代健康生活方式的追求。2021 年 3 月习近平总书记在福建考察调研时指出："人民的幸福生活，一个最重要的指标就是健康。健康是 1，其他的都是后边的 0，1 没有了什么都没有了。"① 而现代人的健康不仅包含身体健康，也包含心理、精神上的健康。根据世界卫生组织一项全球预测性调查结果显示，真正符合世界卫生组织对于"健康"的定义，达到健康标准的人群只占 5%，有约 20% 的人群是需要诊治的病人，其余 75% 的人群处于亚健康状态②。我国人口老龄化程度也日趋严重，根据第七次全国人口普查数据显示，截至 2020 年我国 65 岁以上人口已达 1.91 亿，占总人口的比重为 13.50%，人口老龄化程度已经高于世界平均水平（65 岁及以上人口占比 9.3%），标志着我国即将进入深度老龄化社会（65 岁以上人口占比超 14%）③。随着我国健康卫生知识普及程度的提高，生活水平的不断改善，包含亚健康人群和老年人群在内的全体人群对自我健康状态的认知都会得到大幅提升，人们越来越关注身心健康。旅游是人们放松身心，提高精神愉悦的一种方式，旅游业与中医药产业的融合发展，更是为人们的健康生活方式，提供了良好的服务和保障。

---

① 本刊特约评论员 . 向着以人民健康为中心的目标再出发［J］. 中国农村卫生事业管理，2021，41（4）：229.

② 黄海波，肖子曾，向忠军，彭岭，李杰 . 中医药治疗亚健康的进展［J］. 中医药导报，2015，21（5）：50-52.

③ 罗津 . 深度老龄化背景下城市社区居家养老的治理机制［J］. 上海交通大学学报（哲学社会科学版），2021（4）：1-9.

1.1.5 中医药健康旅游是国际医疗旅游竞争的新风口

旅游业与中医药产业融合发展是健康旅游本土化的一种重要表现形式，也是我国参与国际医疗旅游市场竞争的重要方式。据世界卫生组织预测，旅游业与医疗健康产业结合的产值在2022年可达全球GDP的22%[①]，全球医疗旅游人数已从2006年的2000万人次增长到2018年的8000万人次，增长幅度高达400%，市场规模已达到7643.5亿元[②]，并且以每年20%的速度保持增长，医疗旅游已成为全球经济最为瞩目的增长点之一。国际医疗旅游最先在西方发达国家出现并迅速得以发展，这一时期医疗旅游以“医”为主，以“疗”为辅，旅游人群主要来自发展中国家；随后东南亚、南美及其他地区的国家，凭借自身特色医疗优势，也积极开发国际医疗旅游市场，这一时期医疗旅游发展“医”和“疗”并举，并且呈现规模化、专业化、体制化的趋势。《Medical Tourism Index》期刊列出了全球41个最热门的增值服务和高品质医疗目的地，包括美国、日本、德国、英国、韩国、泰国、瑞士、新加坡和印度等众多国家[③]。中国近年来出境医疗旅游人数不断攀升，而入境医疗旅游人数相对较少，这与我国医疗体制有着密切的关系；但是，伴随着旅游业与中医药产业融合发展所产生的中医药健康旅游可以作为我国发展入境医疗旅游的新突破口，也可作为发展国内医疗旅游的一种重要手段。

---

① Shofang Chang and Chun-Yu Pu and Ping-Jung Hsieh. A Regional Competition Analysis of Medical Tourism Industry-an Example of Taiwan［J］. International Journal of Information and Management Sciences，2014，25（2）：139-156.

② 曹洋.亚洲国家医疗旅游业的发展及其启示［J］.三峡大学学报（人文社会科学版），2020，42（5）：46-49.

③ 王欣，邹统钎，耿建忠，等主编.中国康养旅游发展报告（2019）［M］.北京：社会科学文献出版社，2020：63.

1.1.6 国家政策红利支持中医药健康旅游发展

我国中医药健康旅游的发展，是国家对旅游业与中医药产业融合发展日益重视的一种反映。《中华人民共和国国民经济和社会发展第十二个五年规划纲要（2011—2015年）》明确提出，要推动旅游业特色化发展和旅游产品多样化发展[①]。《中国旅游业"十二五"规划纲要》提出要积极发展其他专项旅游产品，推进产业融合发展[②]。党的十八大报告中明确提出要"扶持中医药和民族医药事业发展"[③]。2013年国务院印发的《国民旅游休闲纲要（2013—2020年）》中提到要通过发展医疗养生旅游等旅游休闲产品弘扬传统优秀文化[④]；同年10月，由国务院颁发的《国务院关于促进健康旅游服务业发展的若干意见》中指出要积极发展中医医疗保健、医疗保健旅游等健康服务，要面向国际市场，培育国际知名的中医药品牌[⑤]。2014年，由国务院印发的《国务院关于促进旅游业改革发展的若干意见》中首次正式提出中医药健康旅游[⑥]。2015年国务院印发了《中医药健康服务发展规划（2015—2020年）》，将中医药旅游作为产业单独提出，为我国中医药健康旅游未来发展提供了方向[⑦]；同年，由国家中医药管理局和原国家旅游局联合下发的《关于促进中医药健康旅游发

① 中华人民共和国国民经济和社会发展第十二个五年规划纲要［M］.北京：人民出版社，2011.

② 中华人民共和国国家旅游局.中国旅游业"十二五"发展规划纲要［M］.中国旅游出版社，2011.

③ 胡锦涛.坚定不移沿着中国特色社会主义道路前进为全面建成小康社会而奋斗——在中国共产党第十八次全国代表大会上的报告［M］.北京：人民出版社，2012.

④ 国务院办公厅关于印发国民旅游休闲纲要（2013—2020年）的通知——国民旅游休闲纲要［J］.中华人民共和国国务院公报，2013.

⑤ 关于促进健康服务业发展的若干意见［J］.中华人民共和国国务院公报，2013.

⑥ 国务院关促进旅游业改革发展的若干意见［J］.中华人民共和国国务院公报，2014.

⑦ 国务院办公厅关于印发中医药健康服务发展规划（2015—2020年）［J］.中华人民共和国国务院公报，2015.

展的指导意见》中对中医药健康旅游提出了发展目标[①]。2016年国务院印发的《中医药发展战略规划纲要（2016—2030年）》指出发展中医药健康旅游服务是重点任务之一，并指出要建立中医药健康旅游示范基地和综合体[②]；同年年底，国务院印发了《“十三五”旅游业发展规划》，明确提出要发展健康旅游，启动中医药健康旅游示范区、示范基地和示范项目的建设[③]；如此等等。由此可以看出，国家为规范中医药健康旅游发展指明了方向，也为中医药健康旅游发展提供了政策上的支持。

1.2 研究目的和意义

本研究旨在探讨“健康中国”战略背景下我国旅游业与中医药产业融合发展的基础、需求和环境，构建完整的旅游业与中医药产业融合发展路径，在一定程度上填补我国在健康旅游领域，特别是中医药健康旅游方面研究的不足，为之后旅游业与中医药产业融合发展研究奠定坚实的理论基础，使得未来研究深度可以不断增加，研究范围不断扩大，促进具有我国特色的医疗旅游发展。

1.2.1 旅游业与中医药产业融合发展是满足人民群众日益增长健康服务需求的重要途径

随着我国经济社会的发展，人们的物质生活水平不断提高，对自身健康的关注和维护以及对健康服务的需求也日益增加。在“健康中国”

① 赵维婷.《关于促进中医药健康旅游发展的指导意见》发布［J］.中医药管理杂志，2015，23（24）：88.

② 国务院关于印发中医药发展战略规划纲要（2016—2030年）的通知［J］.中华人民共和国国务院公报，2016.

③ 中华人民共和国国家旅游局.中国旅游业“十三五”发展规划纲要［M］.中国旅游出版社，2016.

战略背景下利用我国丰富的旅游资源和独具特色的中医药资源，发展中医药健康旅游，是旅游业的扩展和中医药服务业的延伸，体现了生态健康的内涵，满足了人民群众日益增长的健康服务需求，对提升全民健康素质具有重要的意义。

1.2.2 旅游业与中医药产业融合发展是促进旅游业转型升级的重要推手

目前我国旅游业正处于高质量发展的关键时期，旅游业与中医药产业融合发展所产生的中医药健康旅游，对整合旅游资源、丰富旅游产品、优化旅游产业结构、增加社会就业、拉动居民消费、提高旅游经济效益、丰富精神文化生活方面等具有独特意义，将成为我国旅游业转型升级的重要推手。

1.2.3 旅游业与中医药产业融合发展是加快中医药发展和全面建成小康社会的重要任务

中医药是我国的原创医学，是我国特色医药卫生事业的重要组成部分，是深化医药卫生体制改革的重要内容，对全面建成小康社会、构建社会主义和谐社会和社会主义现代化建设具有战略意义。旅游业与中医药产业的融合发展，有利于宣传中医药健康知识、发挥中医药的特色优势，扩大中医药服务范围，在维护和增强人民健康中发挥更大作用。

1.2.4 旅游业与中医药产业融合发展是弘扬中华传统文化的重要载体

中医药临床疗效确切、养生作用独特、治疗方式灵活，消费群众极为广泛，特别是随着健康观念变化，中医药越来越显示出独特优势。中医药文化作为中华民族优秀传统文化的重要组成部分，是我国文化软实力的重要体现。促进旅游业与中医药产业融合发展，有利于游客深入体验中医药文化，是中医药文化推广与资源展示最有效的方式之一，对于普及中医药知识，弘扬中华传统文化具有重要意义。

1.3 研究思路

1.3.1 研究方法

为了顺利完成任务，本文在具体研究方法的选取上，以管理学、旅游学、社会学、地理学等多学科理论为支撑，借鉴国内外学者对相关论题的研究方法，深入分析已有研究方法的优点和不足，最终采用了文献分析法、问卷调查法、深度访谈法、扎根理论、案例研究法、参与观察法等方式收集相关数据，进行定性和定量相结合、宏观和微观相结合的研究。

（1）文献分析法

利用丰富的网络资源和图书资源，如中国知网、EBSCO、Science、SpringerLink、谷歌学术、百度学术等数据资源库，广泛收集国内外关于医疗旅游、康养旅游、中医药健康旅游、旅游产业融合等相关研究资料，并大量阅读收集到的国内外资料，对相关文献进行深入研究，吸收国内外前沿理论及最新研究成果。厘清本研究与现有文献理论观点的继承、完善及拓展关系，并发现在此方面的研究局限与不足。同时，在文献分析的基础上确定本研究的理论基础。

（2）深度访谈法

在前期文献研究的基础上，根据研究问题设计访谈提纲，选取第一批国家中医药健康旅游示范基地创建单位名单中代表性企业的管理者及员工进行半结构式深度访谈，了解受访者对研究问题的思考和看法，在征求访谈对象许可的情况下，及时做好录音等记录，为后续研究深入积累丰富的一手资料。

（3）扎根理论

扎根理论是一种从资料中建立理论的质性研究方法，其倡导在基于数据的研究中发展理论，而不是从已有的理论中演绎可验证性的建设。由于“健康中国”战略背景下旅游业与中医药产业融合发展的方向较为复杂，不适合通过测量和验证假设的定量研究方法。因此，本研究采用扎根理论的方法，对旅游业与中医药产业融合发展的政策、需求、资源等进行深入研究，阐述“健康中国”战略背景下旅游业与中医药产业融合发展的方向与政策建议。

（4）案例研究法

案例研究法不仅能对现象进行翔实描述，还能对现象产生的原因、现象背后的情境因素进行深入分析，这有助于研究者更好地去理解“为什么”的问题。本研究将选取第一批国家中医药健康旅游示范基地创建单位中的代表性企业作为案例，探究“健康中国”战略背景下旅游业与中医药产业融合发展的类型及典型案例建设进展。

（5）参与观察法

参与观察法是观察者直接加入到某一社会群体之中，以内部成员的角色参与他们的各种活动，在共同生活中进行观察，收集与分析有关资料。参与观察法是一种深度的、质性的个案研究方法和设计，其特征是以局内人或成员的角度来了解意义和互动。研究者将选取代表性的中医药健康旅游企业，进行跟踪观察研究，以观察者的身份搜集相关资料。

1.3.2 研究框架

本研究从“健康中国”战略的提出及基本要素出发，阐述了“健康中国”战略背景下旅游业与中医药产业融合发展的理论基础和研究现状，梳理了旅游业与中医药产业融合发展的各项资源，分析了当前旅游业与中医药产业融合发展的进展与不足。最后依托73家国家中医药健康旅游示范基地，总结出目前我国中医药健康旅游发展的6种类型，并选取典型案例进行分析，同时提出未来我国旅游业与中医药产业融合发展的方向与政策建议。

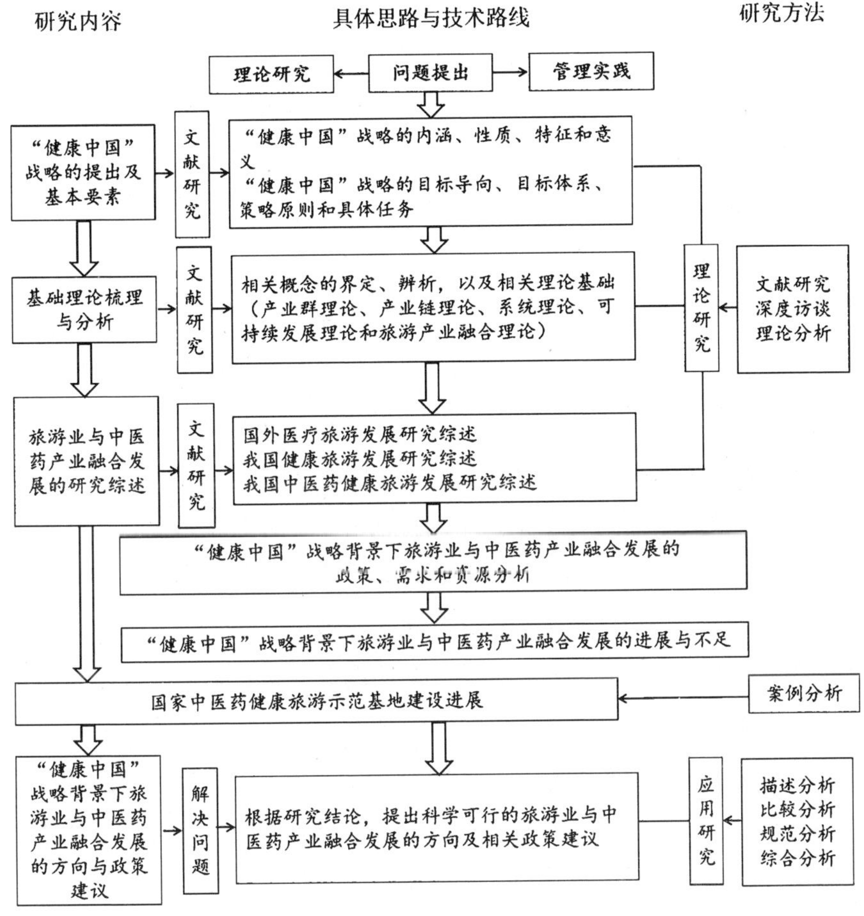

图1-1 研究框架

1.3.3 研究难点和创新点

（1）研究难点

"健康中国"战略背景下旅游业与中医药产业融合发展是一个纷繁复杂的大系统，影响产业发展的因素众多，从中找到影响旅游业与中医药产业融合发展的重要因素是一件十分困难的工作。另外，旅游业与中医药产业融合发展才刚刚起步，各方面还不够成熟，一方面无法进行长期跟踪以获取相关的数据，另一方面旅游业与中医药产业融合发展过程中的代表性企业数据也较难获得。因此，宏观和微观数据的不完善对本研究会产生一定的影响。

（2）研究创新点

一是在研究视角上，坚持辩证唯物主义和历史唯物主义方法论，努力贯彻习近平总书记关于旅游、健康、中医药产业等一系列的重要论述，在梳理研究成果、总结实践经验的基础上，以第一批国家中医药健康旅游示范基地创建单位名单中代表性企业为案例研究对象，探讨"健康中国"战略背景下旅游业与中医药产业融合发展的方向与政策建议。

二是在理论选用上，根植于中国特色社会主义实践，充分发挥旅游产业融合相关理论之间的互补优势，综合运用产业集群理论、产业链理论、系统动力学理论等相关理论，并将这些理论引入旅游业与中医药产业融合发展的研究过程中，构建"健康中国"战略背景下旅游业与中医药产业融合发展的基础理论。

三是在案例研究环节首次运用73家国家中医药健康旅游示范基地作为研究对象，将国家中医药健康旅游示范基地分为六种类型，即种植基地类中医药健康旅游示范基地、产业园类中医药健康旅游示范基地、中医医院类中医药健康旅游示范基地、康养综合体类中医药健康旅游示范基地、旅游景区类中医药健康旅游示范基地和文博场馆类中医药健康旅游示范基地。并将各类型的示范基地选取 1 家进行深度分析，以总结我国旅游业与中医药产业融合发展的实施路径和政策建议。

四是在研究结论方面，根据案例研究的结果，认为我国旅游业与中医药产业融合发展的方向应该为：提升内涵，促进旅游业与中医药产业资源融合；优化设施，实现旅游业与中医药产业功能融合；加强营销，推动旅游业与中医药产业市场融合；完善制度，引导旅游业与中医药产业政策融合；夯实队伍，加强旅游业与中医药产业人才融合。与此同时，也提出了未来旅游业与中医药产业融合发展的政策建议，即建立国家级多部门合作共管协调机制，制定旅游业与中医药产业融合发展的相关政策和制度以及加强公立医院开展国际中医药健康旅游服务的探索。

第 2 章

"健康中国"战略的提出及基本要素

2.1 "健康中国"战略的提出

从"健康中国"理论体系建构发展的时间顺序来看，2008 年是初始之年。2008 年 1 月，时任卫生部部长陈竺、党组书记高强联合在《求是》杂志上发表的文章中首次提及实施"健康中国"战略①，这是"健康中国"战略的首次发声。2014 年 12 月，习近平总书记在江苏调研考察时首次提出"没有全民健康，就没有全面小康"的重要论断②。2015年3月，在第十二届全国人大第三次会议上，李克强总理在政府工作报告中强调：

① 陈竺，高强．走中国特色卫生改革发展道路 使人人享有基本医疗卫生服务［J］. 求是，2008（1）：35-38.

② 李斌．全力推进健康中国建设［J］. 紫光阁，2015（12）：21，35.

"健康是群众的基本需求，我们要不断提高医疗卫生水平，打造健康中国。"[①]2015 年 9 月，原国家卫生和计划生育委员会全面启动《健康中国建设规划（2016—2020）》编制工作；同年 10 月，党的十八届五中全会提出"推进健康中国建设"的新目标，为更好地满足人民群众对健康的新期盼做出了制度性安排，其本质是将"健康中国"上升为党和国家的战略。2016 年 7 月，习近平总书记会见时任世界卫生组织（WHO）总干事陈冯富珍时，提出要实施"健康中国"战略，为实现"两个一百年"奋斗目标打下坚实的健康基础。2016 年 8 月，全国卫生与健康大会在北京召开，会上习近平总书记提出"要把人民健康放在优先发展的战略地位"，明确了"以基层为重点，以改革创新为动力，预防为主，中西医并重，将健康融入所有政策，人民共建共享"的 38 字工作方针[②]。2016 年 10 月，《"健康中国 2030"规划纲要》出台，这是世界上第一个由国家元首提出并亲自推动的健康战略。2017 年，"实施健康中国战略"被写进党的十九大报告[③]。2019 年 7 月，《健康中国行动（2019—2030 年）》等相关文件陆续出台。

近年来出台的与"健康中国"相关的政策汇总，如表 2-1 所示。

表 2-1　近年来出台的与"健康中国"相关的政策

年份	事项	要点
2008	健康中国 2020 战略研究	提出了"健康中国"这一重大战略思想，把提高人均预期寿命纳入"十二五"国民经济和社会发展主要目标体系提供了依据，为实现卫生事业发展和国民健康水平提高提供了重要抓手

① 钟东波 . 将健康确立为国家建设发展目标［J］. 中国党政干部论坛，2016（1）：83.

② 习近平在全国卫生与健康大会上强调 把人民健康放在优先发展战略地位 努力全方位全周期保障人民健康［J］. 党建，2016（9）：4-6，9.

③ 李斌 . 全面实施健康中国战略［J］. 紫光阁，2017（11）：17.

续表

年份	事项	要点
2012	党的十八大报告	提出2020年全面建成小康社会的目标，重点推进医疗保障、医疗服务、公共卫生等方面的综合改革，扶持中医药和民族医药事业发展
2013	关于促进健康服务业发展的若干意见	明确了加速健康产业发展的具体措施
2015	政府工作报告	明确了健康是群众的基本需求，要不断提高医疗卫生水平，打造健康中国
2015	十八届五中全会	提出“推进健康中国建设”新目标，将“健康中国”上升为国家战略
2015	中医药健康服务发展规划	对当前和今后一个时期，我国中医药健康服务发展进行了全面部署
2016	国务院办公厅关于促进医药产业健康发展的指导意见	提出要推动医药产业智能化、服务化、生态化，实现产业中高速发展和向中高端转型，不断满足人民群众多层次、多样化的健康需求
2016	全国卫生与健康大会	明确了卫生与健康工作在党和国家事业全局中的重要位置，深刻阐述了推进“健康中国”建设的重大意义、指导思想和决策部署，提出了保障人民健康的迫切任务和历史使命
2016	“健康中国”2030规划纲要	是中华人民共和国成立以来首个在国家层面提出的健康领域中长期发展战略规划，明确了今后15年“健康中国”建设的总体战略及具体任务
2019	健康中国行动（2019—2030年）	是推进“健康中国”建设的“路线图”和“施工图”。

资料来源：根据相关资料整理。

2.1.1 “健康中国”战略的内涵

国家战略以基本国情为出发点，以完善国内战略布局为核心目标，以富民强国为基本追求，其基本含义是基于民本思想，不断为国民谋福祉，确保综合国力的持续增强，完善现代国家制度建设，以政治清明、社会和谐、法制完备、文化繁荣、生态平衡为最终目标导向[①]。20世纪70年代初，我国台湾学者开始关注和研究国家战略领域的基本问题；1974年，战略学家钮先钟先生出版了《国家战略概论》。20世纪80年代，"国家战略"一词被引入我国大陆地区[②]，1994年中国大陆出版了第一部以"国家战略"为书名的学术著作——《国家战略论》[③]。然而，前些年"国家战略"概念不长为人使用，但随着战略研究的不断深入和战略思维的空前活跃，"国家战略"的概念不仅被我国学界和媒体界所接受，国家领导人的讲话、报告、政府文件中也频繁出现该词语。这表明，国家战略已经逐步发展成为当代中国最为重要的战略理念之一。

"健康中国"战略的具体内容起源于我国推进医疗卫生体制改革进程的发展，随着人民生活水平的不断提高，居民疾病谱和生活方式也随之发生重大变化，想要进一步改善健康服务能力，不再仅仅限于"看病难""看病贵"这两大问题，而是要以不断满足人民群众多层次多样化医疗健康服务需求为出发点，把人民健康放在优先发展的战略地位，着重强调人民健康对于决胜全面建成小康社会、建成社会主义现代化强国的重要意义。"健康中国"生动诠释了党和国家为人民谋幸福的初心，为民族谋复兴的使命及参与全球健康治理的担当[④]，是统筹规划国家健康事业的依据，具有全局性、长期性和系统性。

2.1.2 "健康中国"战略的性质

党的十八届五中全会作出"推进健康中国建设"的战略决策。在国

① 门洪华. 中国国家战略体系的建构［J］. 教学与研究，2008（5）：13-20.

② 薄贵利. 论国家战略的科学内涵［J］. 中国行政管理，2015（7）：70-75.

③ 薄贵利. 国家战略论［M］. 中国经济出版社，1994.

④ 邓小玲. 健康中国战略的根本追求［N］. 中国社会科学报，2019-07-30（006）.

务院深化医药卫生体制改革领导小组的领导下，2016 年 3 月成立了以原国家卫生计生委、国家发展改革委、财政部、人力资源和社会保障部等部门为主体，原环境保护部、原食品药品监督总局等 20 多个部门共同参加的起草工作组及专家组[①]；同年，8 月，在中央政治局全体会议上审议通过了《“健康中国 2030”规划纲要》，指出健康中国建设是实现人民健康与经济社会协调发展的国家战略，明确了“健康中国”的国家战略性质。

我国的战略布局是四个全面，即全面建成小康社会、全面深化改革、全面依法治国和全面从严治党。从政治层面而言，“健康中国”战略不仅关系到全面建成小康社会，还关系着深化医疗卫生体制改革，这是对更好地保障人民健康做出的制度性安排，具有显著的国家战略性质，是我国国家战略体系中最为关键的一环，且随着时间的推移其重要性也将愈加凸显。从经济层面而言，中国已经迈入中高收入国家行列，健康是最大的生产力之一，健康产业是庞大的民生产业，具有很强的“抗周期性”[②]，可以培育民生经济新的增长点，有助于在以国内大循环为主体、国内国际双循环相互促进的新发展格局下，推进供给侧结构性改革、优化服务业供给结构、创造就业并拉动经济的健康可持续增长[③]。从社会层面而言，我国社会主要矛盾已经转化为人民日益增长的美好生活需要和不平衡不充分的发展之间的矛盾，“健康中国”的建设关乎社会和谐稳定，顺应的是民生诉求，解决的是民生疾苦，化解的是社会矛盾与经济危机，促进的是国家认同、社会公正与全面发展，维系的是社会安定与

---

① 李斌.《“健康中国2030”规划纲要》辅导读本［M］.北京：人民卫生出版社，2020：41-42.

② 王瑞 . 健康产业新展望［M］. 北京：中信出版集团，2021：8.

③ 哈特 . 医疗服务的政治经济学：第 2 版［M］. 林相森，丁煜，译 . 上海：格致出版社，2014：209-280.

国家安全[①]，彰显的是"人类命运共同体"意识下的"人类卫生健康共同体"，这也深刻体现了中国维护世界和平与发展，推动全球共同繁荣的责任与担当。

2.1.3 "健康中国"战略的特征

分析"健康中国"战略的内涵与性质，可以得出"健康中国"战略具有长期性、广泛性、平等性、指导性和全局性等特征，需要健全国家各部门协调配合机制，完善各司其职、各负其责、顾全大局、协调配合的工作格局[②]，这不仅有利于全面建成小康社会、加快推进社会主义现代化建设，还有利于我国积极参与全球健康治理、履行联合国《2030 年可持续发展议程》，展现良好国家形象。

（1）"健康中国"战略的长期性是由人民对健康欲望的无限需求与人类科技面对疾病、灾难等相对落后的矛盾所共同决定的[③]。

"健康"是人类社会发展永恒的话题，也是人的基本权利之一，人民健康是国家以及社会发展的核心竞争力。现代社会背景下所定义的"健康"不仅仅包含主体的人的身体健康、心理健康、精神健康、人格健全乃至良好的社会适应性，还包括作为客体的社会健康、环境健康等。"健康中国"战略的一个重要宗旨是促进全民健康长寿，实现"健康生活少生病、有病早治早康复、健康服务全覆盖、优质公平可持续"的健康理念，具体内容参见表 2-2 所示[④]。

① 禹华月.健康中国战略的内涵及实践路径浅探［J］.湖南社会科学，2020（3）：165-172.
② 肖捷.完善国家行政体制［J］.求是，2019（22）：26-32.
③ 孙小杰.健康中国战略的理论建构与实践路径研究［D］.吉林大学，2018：16.
④ 李斌.《"健康中国 2030"规划纲要》辅导读本［M］.北京：人民卫生出版社，2020：51.

表 2-2 “健康中国 2030”的原则和理念

项目	主要内容
宗旨	促进全民健康长寿
基本原则	健康优先、质量优先、公平优先、共建共享
基本理念	健康中国，人人有份；健康生活，家家有责
	健康服务，全民覆盖；健康保障，强度递进
	健康促进，预防为主；健康体系，分工合作

资料来源：李斌.《“健康中国 2030”规划纲要》辅导读本［M］. 北京：人民卫生出版社，2020：52.

（2）“健康中国”战略内容具有广泛性，涵盖人的全生命周期和社会发展的各方面。

“健康中国”战略不仅围绕全面建成小康社会、实现“两个一百年”奋斗目标，还充分考虑了与中国经济社会发展各阶段目标有效衔接，同时与联合国《2030 年可持续发展议程》所提出的各项要求相衔接。美国公共卫生署于 1979 年发表了《健康国民：关于疾病预防和健康促进的报告》，这标志着美国健康国民行动的正式启动；此后，美国政府每隔 10 年都会颁布新的“健康国民”规划，至今已发布四期；其中，“健康国民 2000”被世界卫生组织誉为“健康计划的样板”①。日本在 2015 年提出“健康日本 2035”愿景，旨在构建一个面向未来 20 年，适用于日本全人群，有助于日本社会经济增长和财富稳定的医疗卫生体系，改变现有的医疗保健模式，以促进每个人发挥自己的潜能关注自身的健康，以实现“健康日本”的目的②。加拿大于 2001 年成立了未来健康委员会，开始开

① U.S. Department of Health and Human Services. Healthy People 2010：Understanding and Improving Health［R］.Washington，DC：U.S.Government Printing Office，2000.

② 王昊，张毓辉，王秀峰. 健康战略实施机制与监测评价国际经验研究［J］. 卫生经济研究，2018（6）：38-40.

展国家健康战略研究[①]。由此可以看出，国家健康战略是关系社会经济发展的重要战略，并且随着时间的推移，人民生活水平的逐渐提高其重要性也愈加凸显。

（3）"健康中国"战略坚持公平性原则，以全民健康和健康公平为导向，促进健康服务均等化。

健康公平是人类生存和发展过程中最基础的一种机会公平[②]，而"健康中国"战略区别于其他国家健康战略最为显著的特征之一就是以"公平优先、共建共享"为基本原则，按照人人参与、人人享有的要求，逐步缩小我国城乡和地区之间基本健康服务和健康水平的不均衡，不断改善健康的不公平性；与此同时，始终坚持基本健康服务的公益属性，引导非基本健康服务适度、有序、有计划发展，以满足人民生活水平提高后所产生的多样化健康需求。

（4）"健康中国"战略是中华人民共和国成立以来首次在国家层面制定的健康领域中长期战略规划，实践"健康中国"战略需要多部门合作。

落实"将健康融入所有政策"的工作方针，是坚持以人为本的大健康理念，是推进"健康中国"战略工作的"总抓手"和"牛鼻子"。特别是在推进"健康中国"建设的重点领域、重大工作、重要环节中，要明确分工、夯实责任、强力推进。要把政策重点放在保障人民健康相关的社会政策方面[③]，各行政主体出台相关政策文件时，要充分考虑"健康"因素并在工作过程中抓好落实。

① Harald O. Stolberg. The Canadian health care system：Past, present, and future［J］. Journal of the American College of Radiology，2004，1（9）：659-670.

② James Tobin.On Limiting the Domain of Inequality［J］.1970，13（2）：63-277.

③ 杨金侠．"将健康融入所有政策"：新论［N］. 人民日报，2018-08-21（5）.

（5）“健康中国”战略倡导构建人类卫生健康共同体，彰显了中国参与全球健康治理工作的担当。

健康治理已成为当今社会全球治理的重要内容之一，尤其是新冠肺炎疫情在全球的暴发与流行凸显出全球公共卫生治理体系存在的重大问题，构建人类卫生健康共同体已迫在眉睫。习近平总书记在2020年5月第七十三届世界卫生大会视频会议开幕式致辞上指出："中国始终秉持构建人类命运共同体理念，既对本国人民生命安全和身体健康负责，也对全球公共卫生事业尽责。"[①]“健康中国”战略是汇聚中国理念、中国智慧、中国方案的强大思想力量，是新时代国家卫生健康工作的根本遵循，这充分展现了中国作为负责任大国的整体形象，体现了中国共产党胸怀天下的使命和担当，对走出一条具有中国特色卫生健康事业发展道路具有非同凡响的指导意义。

2.1.4 “健康中国”战略的意义

1978年，世界卫生组织（WHO）在国际初级卫生保健大会发布的会议成果《阿拉木图宣言》中明确将健康上升为人类的一项基本权利，认为“健康不仅是疾病与体虚的匿迹，而是身心健康社会幸福的总体状态，是基本人权，达到尽可能高的健康水平是世界范围的一项最重要的社会性目标，这一目标的实现，需要卫生部门及其他多种社会及经济部门共同行动”。[②]与此同时，“健康中国”战略不仅直接关乎中国人民的民生福祉，还关乎我国能否长远发展、能否社会稳定以及能否经济可持续发展，是我国综合国力的直接体现，因而具有重大的战略意义。

① 习近平.团结合作战胜疫情共同构建人类卫生健康共同体——在第73届世界卫生大会视频会议开幕式上的致辞［J］.中华人民共和国国务院公报，2020，1698（15）：6-7.

② 陈育德.重温《阿拉木图宣言》推进健康中国建设［J］.中华预防医学杂志，2018，52（5）：457-459.

（1）政治意义

"健康中国"战略是对马克思主义生命和健康观念的继承和发展，体现了中国共产党始终坚持以人民为中心的发展思想和治国理念。马克思主义理论是关注人的全面发展的理论，而健康是人类美好生活的最基本需求之一，关注人的生命健康特别是广大人民群众的健康是马克思主义理论的重要内容之一。中国共产党和国家领导人历来都高度重视人民健康，从毛泽东思想中的"一切为了人民健康"、邓小平理论中的"社会卫生健康思想"、江泽民"三个代表"重要思想中的"人民健康第一"、胡锦涛"科学发展观"中的"以人为本"，再到习近平新时代中国特色社会主义思想中的"健康中国"战略，正是全面继承和发展了马克思主义关于人的生命和健康观念，结合新时代中国发展面临的新机遇、新挑战，对人民健康重要价值和作用的重新认识。

（2）经济意义

健康是促进人的全面发展的要求，健康产业是庞大的民生产业，也是社会经济发展的核心驱动力。2020年新冠肺炎疫情席卷全球，各国医疗卫生水平和承载能力均遭受重大考验，人民群众自我健康意识急剧提升，对健康产品和健康服务的需求呈爆发式增长。2020年我国国内生产总值首次突破100万亿元，同比增长2.3%，虽然增速远低于2019年的6.0%，但仍成为全球唯一实现经济正增长的主要经济体[①]。按照格罗斯曼等学者的健康需求理论，经济增长将带动健康支出更快增长[②]。诺贝尔经济学奖得主罗伯特·福格尔通过实证分析得出，居民收入每增长1倍，

① 高瑞东，赵格格．中国经济将持续强劲复苏［J］．中国金融，2021（3）：28-29.

② Grossman，M.，"On the Concept of Health Capital and the Demand for Health"，Journal of Political Economy，1972，80（2）：223-255.

健康支出将增长1.6倍[①]。新中国经过70年的发展，在2020年已全面建成小康社会，实现了第一个百年奋斗目标，并在未来15年间我国将逐步从中等偏上收入国家向高收入国家行列迈进，居民消费特征也将从过去的物质型消费向服务型消费转变，其中以中医药健康旅游为代表的大健康产业是服务型消费的重要组成部分，未来大有可期，如表2-3所示。

表2-3 传统医疗行业与大健康产业的区别

	传统医疗卫生行业	大健康产业
目标	以治疗疾病为目的	以保持健康预防疾病为主
产业范围	医药	保健品、健康消费品及服务业
适用人群	有疾病的人群为主	普通大众
适用情景	遵医嘱服药或手术	在工作生活休闲中以多种方式运用
主要特点	病后治疗方案	未病解决方案

资料来源：根据相关资料整理。

（3）社会意义

建设“健康中国”是党和政府的战略选择，人民健康是国家繁荣强盛的重要标志。对于一个国家，健康是开创美好未来的基础；对于一个民族，健康是屹立世界民族之巅的力量；对于一个人，健康是享受美好生活的前提。中华人民共和国成立以来，关于社会主要矛盾有过三次定义：第一次是1956年党的八大指出，社会主要矛盾是人民对于建立先进的工业国的要求同落后的农业国的现实之间的矛盾，是人民对于经济文化迅速发展的需要同当前经济文化不能满足人民需要的

① 李斌.《“健康中国2030”规划纲要》辅导读本［M］.北京：人民卫生出版社，2020：191-192.

状况之间的矛盾[①]。第二次是1981年党的十一届六中全会所提出的，当前社会主要矛盾是人民日益增长的物质文化需要同落后的社会生产之间的矛盾[②]。第三次是2017年党的十九大报告所指出的，当前社会矛盾已经转化为人民日益增长的美好生活需要和不平衡不充分的发展之间的矛盾[③]。以人民健康水平的提高来为人民美好生活奠定基础，是党和政府充分认识到健康是涉及人的需求、安全和发展的最为重要的因素。习近平总书记在不同场合也曾多次强调，"健康中国"战略是中国梦的重要组成部分，实施"健康中国"战略为中华民族的伟大复兴打下了坚实的健康基础[④]。因此，在实现中华民族伟大复兴的关键时期将"健康中国"战略确定为一项国家战略，是实现第二个百年奋斗目标的应有之义。

2.2 "健康中国"战略的基本要素

"健康中国"战略基本要素构成十分完善，是在新时代社会背景下，以"共建共享、全民健康"为战略主题，以提高人民群众健康水平为核心内容，以普及健康生活、优化健康服务、完善健康保障、建设健康环境、发展健康产业五方面为重点内容，把"健康"要素融入一切政策，加快转变我国现阶段"健康领域"发展方式的国家级层次基本战略。

① 李雪峰.关于党的八大召开前后的历史片断回忆［J］.中共党史研究，1996(4)：10-14.

② 中共中央文献研究室.关于建国以来党的若干历史问题的决议注释本［J］.北京：人民出版社，1983.

③ 习近平.决胜全面建成小康社会 夺取新时代中国特色社会主义伟大胜利——在中国共产党第十九次全国代表大会上的报告［J］.党建，2017(11)：15-34.

④ 毛群安，金振娅.开启健康中国的全新时代［N］.光明日报，2016-12-27(008).

2.2.1 "健康中国"战略的目标导向

《"健康中国2030"规划纲要》中明确指出，"推进健康中国建设，是全面建成小康社会、基本实现社会主义现代化的重要基础，是全面提升中华民族健康素质、实现人民健康与社会经济协调发展的国家战略，是积极参与全球健康治理、履行2030年可持续发展议程国际承诺的重大举措"。由此我们可以看出，"健康中国"战略基本包含了三个层次的目标导向，即推动社会发展、实现人民健康和参与全球治理。

（1）推动社会发展

"健康是经济社会发展的基础条件、是民族昌盛和国家富强的重要标志。"健康事业从来不是卫生与健康领域单独存在的问题，而是影响经济社会发展全局的关键问题，这不单是唯物辩证法的观点，也是被历史和现实所证明过的真理。全面建成小康社会是党向人民、向历史作出的庄严承诺，是党和国家各项工作的战略目标[①]。全面建成小康社会，强调的不仅是"小康"，更重要的是"全面"，它不仅要体现在经济、政治、文化等方面的发展，还必须体现在卫生与健康事业上的发展。当前，我国人民健康需求与经济社会发展之间还不够协调、人民群众对健康的需求与现阶段所提供的健康服务之间还存在较大矛盾，最重要的是广大人民群众的健康水平还有待进一步提升。只有更好满足人民群众的健康需求，努力提升人民群众的健康水平，才能更好地为全面建成小康社会打下坚实的基础。

① 习近平.在党的十八届五中全会第二次全体会议上的讲话（节选）[J].求是，2016，000（1）：3-10.

（2）实现人民健康

习近平总书记曾在不同场合多次指出，“我们党没有自己特殊的利益，党在任何时候都把群众利益放在第一位。这是我们党作为马克思主义政党区别于其他政党的显著标志”。中国共产党自成立之日起就为尊重和保障人权一直做着不懈努力，中华人民共和国成立后一直以“为人民服务”为工作宗旨；在战争年代，中国共产党在面临敌人不断进攻的艰苦条件下，初步建立了部队卫勤体系与地方卫生体系，增强了军民的身体健康和卫生观念，成为中国特色医疗卫生事业的开端[①]；中华人民共和国成立后我国在第一时间就建立起了拥有公益性质的医疗卫生机构，努力开展群众卫生运动；在迈向全面建成小康社会的历史关键节点，党和政府正式提出“健康中国”战略，正是认识到生命健康对于人民群众的重要性。对于中国共产党与中国政府来说，保护人民生命安全与身体健康，既是保障人民的利益，又是保障国家的利益，也是推进“健康中国”战略的根本出发点[②]。

（3）参与全球治理

习近平总书记曾指出：“人人享有健康是全人类共同愿景，也是共建人类命运共同体的重要组成部分。”[③] 人类共处在地球村上，健康问题与全球人民息息相关，世界各国政府及人民应该共同携手应对健康问题，秉持合作共赢的基本理念，永远坚持共建共享，坚决摒弃“建墙”和“甩锅”思维，就如同习近平总书记所言：“邻居出了问题，不能光想着扎好自家篱笆，而应该去帮一把。”[④] “健康中国”战略，就是中国构建人类命运共同体和人类卫生健康共同体的具体表现，也是中

① 李乾坤．长征前革命根据地的医疗卫生事业［J］．军事历史研究，2018，32（3）：1-14.
② 孙小杰．健康中国战略的理论建构与实践路径研究［D］．吉林大学，2018：22.
③ 习近平致信祝贺博鳌亚洲论坛全球健康论坛大会开幕［N］．人民日报，2019-06-12（001）.
④ 习近平．习近平谈治国理政第二卷［M］．北京：外文出版社，2017.

国共产党及中国政府积极努力参与全球公共卫生治理的体现，更是中国共产党及中国政府落实联合国《2030 年可持续发展议程》的实际行动。

2.2.2 "健康中国"战略的目标体系

"健康中国"战略作为我国的长期国家战略，其不同阶段所制定的目标是顺应时代潮流、符合发展规律、综合考虑国内经济社会和卫生健康领域发展水平所制定的，与我国经济社会发展的总体目标及阶段性目标相适应。"健康中国"战略对未来我国健康领域发展的三个时期（2020 年、2030 年和 2050 年）分别进行了规划，其最终目标是在 2050 年建成与社会主义现代化国家相适应的健康国家，如图 2-1 所示。

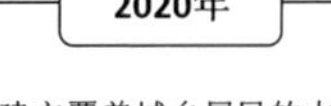

2020年	2030年	2050年
◆ 建立覆盖城乡居民的中国特色基本医疗卫生制度 ◆ 健康素养水平持续提高 ◆ 健康服务体系完善高效 ◆ 人人享有基本医疗卫生服务和基本体育健康服务 ◆ 基本形成内涵丰富、结构合理的健康产业体系 ◆ 主要健康指标居于中高收入国家前列	◆ 促进全民健康的制度体系更加完善 ◆ 健康领域发展更加协调 ◆ 健康服务质量和健康保障水平不断提高 ◆ 健康生活方式得到普及和基本实现健康公平 ◆ 健康产业繁荣发展 ◆ 主要健康指标进入高收入国家行列	◆ 建成与社会主义现代化国家相适应的健康国家

图 2-1 "健康中国"战略的阶段性发展目标

资料来源：根据《"健康中国 2030"规划纲要》整理。

全民健康是建设"健康中国"最为根本的目的[①]。全民参与、全程覆

---

① 李斌.《"健康中国2030"规划纲要》辅导读本［M］.北京：人民卫生出版社，2020：7.

盖、分工合作、权责明确的整合型健康体系①，是为达成"健康中国"战略所构建的具有中国特色的分工合作制国民健康体系，如图 2-2 所示。其主要特点是以促进全民的健康长寿为宗旨，以信息技术为支撑，分工明确，责任到人，健康生活和健康服务相互促进，经济与社会相互支撑；其主要功能是为全民提供从胎儿到生命终点的全程健康服务和健康保障。

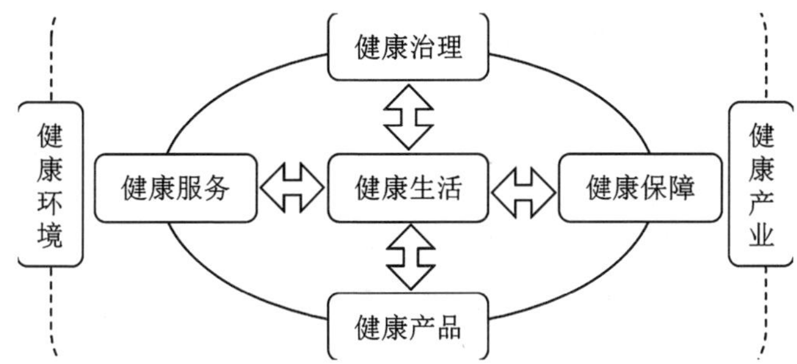

图 2-2　分工合作制国民健康体系的结构示意

资料来源：根据《"健康中国 2030"规划纲要》整理。

目前"健康中国"战略的具体目标只能通过已发布的《"健康中国 2020"战略研究报告》和《"健康中国 2030"规划纲要》进行分析对比，如图 2-3 所示。由此可以看出，在未来的"健康中国"战略中，完整医疗卫生体系的构建依然是重点发展的领域之一，特别是政府更加注重"预防"在整个全民健康工作中的地位及重要性；与此同时，调动人民群众对健康生活方式的积极性，以健康生活方式的有效构建和良好健康生活环境的建设作为未来"健康"领域重点发展的路径和措施之一被重点提及。在《"健康中国 2030"规划纲要》中还有一点值得我们注意，就是政府更加注重人民健康与社会经济可持续发展之间的良性关系。

① 李斌.《"健康中国2030"规划纲要》辅导读本［M］.北京：人民卫生出版社，2020：53.

《"健康中国2020"战略研究报告》

- 国民主要健康指标进一步改善，减少地区间健康状况的差距
- 完善卫生服务体系，提高卫生服务可及性和公平性
- 健全医疗保障制度，减少居民疾病经济风险
- 控制危险因素，遏止、扭转和减少慢性病的蔓延和健康危害
- 强化传染病和地方病防控，降低感染性疾病危害
- 加强监测与监管，保障食品药品安全
- 依靠科技进步，适应医学模式的转变，实现重点前移、转化整合战略
- 继承创新中医药，发挥中医药等我国传统医学在保障国民健康中的作用
- 发展健康产业，满足多层次、多样化卫生服务需求
- 履行政府职责，加大健康投入，保障"健康中国2020"战略目标实现

《"健康中国2030"规划纲要》

- 人民健康水平持续提升

  人民身体素质明显增强，2030年人均预期寿命达到79.0岁，人均健康预期寿命显著提高。
- 主要健康危险因素得到有效控制

  全民健康素养大幅提高，健康生活方式得到全面普及，有利于健康的生产生活环境基本形成，食品药品安全得到有效保障，消除一批重大疾病危害。
- 健康服务能力大幅提升

  优质高效的整合型医疗卫生服务体系和完善的全民健身公共服务体系全面建立，健康保障体系进一步完善，健康科技创新整体实力位居世界前列，健康服务质量和水平明显提高。
- 健康产业规模显著扩大

  建立起体系完整、结构优化的健康产业体系，形成一批具有较强创新能力和国际竞争力的大型企业，成为国民经济支柱性产业。
- 促进健康的制度体系更加完善

  有利于健康的政策法律法规体系进一步健全，健康领域治理体系和治理能力基本实现现代化。

图 2-3 《"健康中国 2020"战略研究报告》和《"健康中国 2030"规划纲要》具体战略目标对比

资料来源：根据《"健康中国 2020"战略研究报告》《"健康中国 2030"规划纲要》整理。

2.2.3 "健康中国"战略的策略原则

通过总结《"健康中国 2020"战略研究报告》和《"健康中国 2030"规划纲要》的相关研究成果，我们可得知"健康中国"战略建设必须坚持健康优先、改革创新、科学发展和公平公正的原则，如图 2-4 所示。

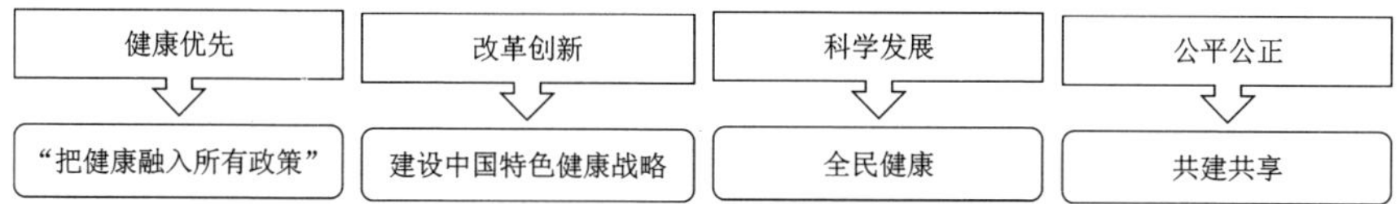

图 2-4 "健康中国"战略的策略原则

资料来源：根据《"健康中国 2020"战略研究报告》《"健康中国 2030"规划纲要》整理。

（1）健康优先原则，即"把健康融入所有政策"。

"把健康融入所有政策"思想的正式提出源于 2013 年 6 月第八届国际健康促进大会所达成的《赫尔辛基宣言》，并认为"把健康融入所有政策"是实现联合国千年发展目标的重要组成部分[①]。决定"健康"的社会因素非常广泛，不同行政主体所出台的不同政策都会对"健康"产生深刻的影响，要解决"健康"问题，首先就要把"健康"摆在优先发展的战略地位，将"促进健康"的理念融入不同行政主体所制定不同政策实施的全过程，努力加快形成有利于"健康"的生活方式、生态环境和经济社会发展模式，共同构筑一个安定、和谐且能够承载人们美好生活的健康社会。

（2）改革创新原则，即建设中国特色健康战略。

党领导的卫生与健康事业是科学社会主义基本原则之一[②]，习近平总书记曾强调："推进健康中国建设，是我们党对人民的郑重承诺。"[③]因此，实施健康中国战略，必须坚持中国共产党领导。与此同时，要发挥市场机制的调节作用，清除体制机制障碍，冲破传统思想观念的束缚，动员、鼓励社会资本参与健康服务，尤其是在个性化特需服务、高端健康服务等非基本健康服务领域发挥引领作用，满足人民群众多样化、多层次、

① 袁雁飞，王林，夏宏伟，郭浩岩．将健康融入所有政策理论与国际经验［J］．中国健康教育，2015，31（1）：56-59.

② 左士辉．新时代健康中国战略研究［D］．辽宁师范大学，2021.

③ 习近平．习近平谈治国理政第二卷［M］．北京：外文出版社，2017：373.

多方面的健康服务需要。强化企业的社会责任与社会担当，鼓励有能力的企业以回馈社会为目的投资健康产业。除此之外，要充分发挥科技创新和信息化在中国经济社会发展过程中“领头羊”作用，最终形成具有中国特色、促进全民健康的制度体系。

（3）科学发展原则，即全民健康。

我国的卫生健康事业始终坚持以人民为中心，这是由中国共产党的性质、宗旨、方针、工作路线和执政理念等共同决定的。习近平总书记曾指出：“人民立场是中国共产党的根本政治立场，是马克思主义政党区别于其他政党最为显著的标志。”[①]健康是人民群众永恒的追求，以人民为中心与维护人民健康是不可背离的，这就要求我们把握人民健康的基本发展规律，立足全人群和全生命周期两个着力点，始终坚持“预防为主、防治结合、中西医并重”的科学发展原则，不断转变我国健康领域现有的服务模式，推动我国健康服务从粗放型向集约型转变，最终形成具有中国特色的医疗卫生服务体系。与此同时，充分运用我国特色医疗资源，不断增强人民群众健康获得感、幸福感。

（4）公平公正原则，即共建共享。

习近平总书记曾指出：“广大人民群众共享改革发展成果，是社会主义的本质要求，是我们党坚持全心全意为人民服务根本宗旨的重要体现。我们追求的发展是造福人民的发展，我们追求的富裕是全体人民共同富裕。改革发展搞得成功不成功，最终的判断标准是人民是不是共同享受到了改革成果。”[②]随着我国经济社会的高速发展，“健康”已逐渐成为人民群众的首要追求，“健康中国”战略从供给侧和需求侧两端深度发

① 习近平．在庆祝中国共产党成立 95 周年大会上的讲话（2016 年 7 月 1 日）［J］．求是，2021（8）：4-20.

② 习近平．习近平主持召开中央全面深化改革领导小组第十次会议强调：科学统筹突出重点对准焦距，让人民对改革有更多获得感［N］．人民日报，2015-02-28.

力，以农村和基层为重点领域，努力统筹社会、行业和个人三个不同层面，有计划地逐步缩小城乡、不同地区及不同人群基本健康服务和健康水平之间所存在的较为明显的差异，形成共同维护和促进健康的强大合力。"健康中国"战略最终达成的目的就是"人人享有健康服务"，实现公平公正的全覆盖，以实现全民健康。

2.2.4 "健康中国"战略的具体任务

习近平总书记曾强调，要以普及健康生活，优化健康服务，完善健康保障，建设健康环境，发展健康产业为重点，加快推进健康中国建设。习近平总书记所提及的"健康生活""健康服务""健康保障""健康环境""健康产业"这五大方面，就是实施"健康中国"战略的五个具体任务。

（1）普及健康生活是前提，为"健康中国"建设奠定重要的基础。

伴随着我国社会经济的高速发展和城市物质与空间的不断变迁，人民群众的生活方式已逐渐成为除基因和环境因素外影响人类健康的第三大关键因素[①]。根据世界卫生组织的研究，在影响人体健康和寿命的众多因素中，排在第一位的是生活方式与行为，其占比高达 70%；排在第二位的是遗传和医疗，约占 30%[②]。因此，在人民群众日常生活中普及健康生活方式是促进人类健康的重要方式之一，是有效预防和控制各类疾病的基础性工作[③]，也是改善与提升国民健康素质的重要途径，更是助力"健康中国"战略建设的基础，如表 2-4 所示。

---

① Jarron M. Saint Onge and Patrick M. Krueger. Health lifestyle behaviors among U.S. adults［J］. SSM－Population Health，2017，3：89-98.

② M.Г.科洛斯尼齐娜，M.T.西季科夫，张广翔.影响健康生活方式的宏观因素［J］.社会科学战线，2014（7）：236-245.

③ 李斌.《"健康中国2030"规划纲要》辅导读本［M］.北京：人民卫生出版社，2020：93.

表 2-4　健康生活行动议程框架

项目	婴幼儿（0~3 岁）	学习期（3~18 岁）	工作期（18~60 岁）	退休后（60 岁及以上）
重点领域	孕期保健	健康素养	健康素养	健康素养
	平安分娩	营养与超重	合理膳食	合理膳食
	新生儿健康	适量运动	适量运动	适量运动
	婴幼儿健康	心理健康	心理和精神健康	心理和精神健康
	婴幼儿营养	充足睡眠	充足睡眠	适量睡眠
	意外伤害	视力与口腔	药物、烟草和酒精	药物、烟草和酒精
		性和青春期	性和生殖健康	健康护理
		健康习惯	慢性病和职业病	慢性病和老年病
		意外伤害	意外伤害	意外伤害
行动计划	母婴健康平安计划	儿童健康成长计划	职业人群远离亚健康	健康老人计划
	全民健康素养促进行动计划、全民健身活动计划、重大疾病和传染病防控计划			
	公共卫生服务能力倍增计划、健康环境改善计划			
重大项目	健康生活全程规划、健康生活行为指南			
核心目标	让人民少生病或不生病，提高健康长寿人口的比例			
	降低疾病的发生率，提高健康水平和生活质量，降低健康服务的社会成本			

资料来源：李斌.《“健康中国 2030”规划纲要》辅导读本［M］. 北京：人民卫生出版社，2020：55.

（2）优化健康服务是重点，为“健康中国”建设提供有力的支持。

习近平总书记曾指出，加快提高卫生健康供给质量和服务水平，是适应我国社会主要矛盾变化、满足人民美好生活需要的要求，也是实现经济社会更高质量、更有效率、更加公平、更可持续、更为安全发展的基础。[①]我国的健康服务供给主要由公共卫生服务、医疗服务、医药服务以及专门针对重点人群的服务所构成。但是，当前我国健康服务供给主体较为单一、供给总量不足、地区间医疗服务还存在较大差异，不能满足人民群众对健康服务多样化、个性化的需求。因此，应加大健康资源供给侧结构性改革，优化健康资源（服务）供给，不断缩小地区差距、人群差距，增强民众获得健康资源（服务）的公平性与便捷性，最终实现全民健康。

（3）完善健康保障是关键，为"健康中国"建设提供坚强的支撑。

全民健康是健康中国的根本目的，全民健康保障是当今世界健康政策发展的潮流。而"健康中国"两大着力点分别是：立足全人群和全生命周期，这就相对于传统的全民医疗保障，全民健康保障要惠及更多的人群，提供的保障服务更具可及性和系统性，使全体国民在全生命周期内都能够得到有质量的、可负担的全面健康服务。

（4）建设健康环境是核心，为"健康中国"建设提供强大的保障。

习近平总书记曾指出，良好的生态环境是人类生存与健康的基础。[②]经过改革开放40余年的发展，我国的经济和社会面貌发生了翻天覆地的变化，成就了举世瞩目的"中国速度"和"中国奇迹"；与此同时，高资源消耗的经济增长使我国的生态环境加剧恶化，各类污染物排放量均居世界首位，并远远超过环境容量极限[③]。根据世界卫生组织相关统计数据显示，世

---

① 习近平.在教育文化卫生体育领域专家代表座谈会上的讲话［N］.人民日报，2020-09-23（002）.

② 习近平.习近平谈治国理政第二卷［M］.北京：外文出版社，2017：372.

③ 吕忠梅.控制环境与健康风险 推进"健康中国"建设［J］.环境保护，2016，44（24）：21-27.

界上 70% 的疾病和 40% 的死亡人数与环境因素有关[①]。因此，我们要坚守人与自然和谐共生，牢固树立“绿水青山就是金山银山”的思想，实行最严格的生态环境保护制度，切实将影响人民身体健康的环境问题扼杀在摇篮里。

（5）发展健康产业是动力，为“健康中国”建设提供强劲的动能。

当今世界，人工智能、医疗机器人、3D 打印、智慧可穿戴设备等新技术不断发展，健康产业的全要素市场已经悄然形成，健康产业不再只是医生和患者、医院和药品的二元制发展误区，而是从主动健康与被动健康两个层面分别向前、向后衍生，内涵和外延得到进一步丰富，并形成庞大的产业集群。在“健康中国”战略背景下我国健康产业蕴含着无限的市场潜力，将成为中国经济发展的新增长点。

---

① 宋茂勇，江桂斌.加强环境与健康研究 助力美丽中国建设［J］.中国科学院院刊，2020，35（11）：1317-1320.

第3章

旅游业与中医药产业融合发展的理论基础

3.1 相关概念的界定

3.1.1 产业

在英文表达中，“行业”“工业”“产业”甚至“市场”都用“industry”一词来表示，这说明“产业”是一个相对比较模糊的概念。在不同场合、不同历史时期、不同研究领域下，“产业”的具体含义都有所不同。在以亚当·斯密为代表的古典经济学派中，“产业”的概念是在研究分工时被提及的，而且往往等同于“行业”的概念①。马克思在分析社会物质生产活动及分工种类时，指出：单就劳动本身而言，可以把社会生产分为农业、工业等大类，称为一般分工。把生产大类分为种和亚

① 李美云．服务业的产业融合与发展［M］．北京：经济科学出版社，2007：31.

种，称为特殊分工。把工厂内部的分工，称为个别分工①。而这之后，主流经济学对于分工和专业化领域的研究逐渐减少，研究重点日趋转移到了资源分配与价格制度之间的关系，研究对象也主要集中于宏观经济学和微观经济学中所提及的经济总量和经济个量，而对两者之间的"产业"所组成的经济活动研究相对较少，因此"产业经济学"由此应运而生。此后，"产业"的概念作为产业经济学、战略管理学等诸多学术研究领域的核心概念受到众多学者的广泛关注和持续研究。

以迈克尔·波特为代表的从事现代产业组织理论、竞争理论等领域研究的专家学者认为：产业是生产同类或相互间具有密切替代关系的产品、服务的企业集合②。伦敦商学院的塞普勒将"产业"定义为："拥有足够的关于同一个市场关键信息的企业群"。北卡罗来纳大学的贝蒂和希特从战略管理的角度作为出发点，把"产业"定义为："一组具有相同能力的企业群体。"③总体上看，国外学者对于"产业"概念的研究一直处于探索阶段。

我国学者对于"产业"也进行了较为深入的研究，最具代表性的观点认为"产业"是介于宏观与微观经济之间，具有相同性质的一定数量的经济组织的集合④。史忠良（2007）认为：产业是具有某种共同功能和经济活动特点的企业集合，又是以国民经济某一特定标准划分的部分⑤。刘志彪（2009）认为：产业是生产同类或有密切替代关系的产品、服务的企业集合⑥。国内比较主流的对于"产业"界定的方法有三种：第一

① 卡尔·马克思.资本论第一卷［M］.中共中央马克思恩格斯列宁斯大林著作编译局，译.北京：人民出版社，2004：392.

② 韩丹."产业"与"体育产业"辨析［J］.山东体育学院学报，2003（2）：5-9.

③ 李美云.服务业的产业融合与发展［M］.北京：经济科学出版社，2007：32-37.

④ 唐晓华.产业经济学教程［M］.北京：经济管理出版社，2007：159.

⑤ 史忠良.新编产业经济学［M］.北京：中国社会科学出版社，2007：10.

⑥ 刘志彪.现代产业经济学［M］.北京：北京高等教育出版社，2009：3.

种，从供给的角度出发，将“产业”定义为“生产同类或具有密切替代关系的产业、服务的经济活动集合”；第二种，从需求的角度出发，将“产业”定义为“具有使用相似原材料、相似工艺技术或使用相同用途产品的经济活动的集合”；第三种，从技术的角度出发，将“产业”定义为“使用共同技术规则的商业组织”[①]。本研究在综合国内外相关学者研究成果的基础上，认为“产业”是指具有某种共同特性的企业的集合。

根据产业的定义，需要对产业进行分类。1935 年新西兰经济学家费歇尔在其著作《安全与进步的冲突》一书中首次系统地提出了三次产业分类法[②]。在此基础上，联合国于 1971 年颁布、1986 年修订了《全部经济活动的国际标准产业分类索引》，将全部经济活动分为十大类，以统一各国在国民经济上的统计口径[③]。我国于1984年首次发布《国民经济行业分类》，先后又分别于 1994 年、2002 年、2011 年和 2017 年进行了四次修订。

3.1.2 旅游业

现代旅游业的开端可以追溯到英国人托马斯 · 库克于 1841 年组织的第一次团体旅游活动，并于 1845 年成立了世界上第一家旅行社，成为世界旅游代理业务的先驱[④]。第二次世界大战以后，国际局势相对稳定，经济迅速增长，以交通为代表的基础设施建设速度不断提升，国际旅游人

① 陈劲，王焕祥 . 演化经济学［M］. 北京：清华大学出版社，2008：167.

② 薛同锐 . 中国和印度的第三产业发展比较［J］. 福建论坛（人文社会科学版），2012（S2）：83-86.

③ 向铁梅，黄静波 . 国民经济行业分类与国际标准产业分类中制造业大类分类的比较分析［J］. 对外经贸实务，2008（11）：33-36.

④ 傅广生 . 现代旅游业在英国的诞生［J］. 学海，2005（4）：127-132.

次与旅游收入逐年增加，旅游业成为全球增长最快的产业之一。自 1978 年改革开放以来，我国旅游业经历了“外事接待”“产业化进程”“全面发展”“融入国家战略”四个历史发展阶段，旅游业已日渐成为满足人民群众美好生活需要的重要抓手，如图 3-1 所示。

“外事接待”阶段	“产业化进程”阶段	“全面发展”阶段	“融入国家战略”阶段
✓ 1978年旅游业作为改革开放的产物得以诞生。 ✓ 1979年邓小平连续发表多篇讲话，要求尽快发展旅游业。 ✓ 1981年国家第一个关于旅游业发展的战略性文件《国务院关于加强旅游工作的决定》（1981年国务院80号文件）出台，明确了旅游业在我国的两个定位。	✓ 1981年国务院主持制定了旅游业第一个发展规划。 ✓ 1986年旅游业列入国民经济发展“七五”计划，旅游业由外事接待服务向经济产业转变。 ✓ 1991年国民经济发展“八五”计划中旅游业正式被定性为产业。 ✓ 1992年旅游业被明确为第三产业的发展重点。	✓ 1995年5月1日起我国实行“双休日”制度。 ✓ 2009年国务院《加快发展旅游业的意见》（国发〔2009〕41号）提出，“把旅游业培育成为国民经济的战略性支柱产业和人民群众更加满意的现代服务业”。 ✓ 2013年《中华人民共和国旅游法》开始实施。	✓ 2014年国务院印发《关于促进旅游业改革发展的若干意见》（国发〔2014〕31号）。 ✓ 2016年国务院总理李克强在夏季达沃斯论坛上提出“五大幸福产业”的概念，“旅游”位居“五大幸福产业”之首。 ✓ 2018年政府工作报告中明确“创建全域旅游示范区”。

图 3-1 我国旅游业的发展阶段

资料来源：根据相关资料整理。

旅游业在国民经济中产业地位的问题始终是影响旅游业发展的核心问题；与此同时，世界上大多数国家没有将旅游业单独纳入国民经济行业分类标准中，而学术界对于“旅游业”的概念至今也没有形成统一的共识①。但是，从实践层面看，要想确定旅游业在国民经济和社会发展中的地位，首先务必要解决的问题就是如何界定“旅游业”概念的问题。曹国新（2007）认为：对产业的定义要符合当时的历史阶段，根据社会经济发展的实际情况做出客观的判断；在当今社会背景下应以“消费”为基础，不能以传统的“生产为主、消费为辅”的角度出发，旅游业不纳入产业肯定是不符合实际的；因此，与旅游消费相关的企业都应该归

① 占佳 . 旅游产业范围界定应从基本概念入手［J］. 旅游学刊，2007（12）：9-10.

属于旅游产业[①]。

不同学者从不同角度对于“旅游业”的概念界定了不同的内涵。如田里在其主编的《现代旅游学导论》中提出：“旅游业是为旅游者进行旅行游览活动提供各种产品和服务而收取费用的行业，它以旅游资源为凭借，以旅游设施为物质条件，为旅游者提供各种商业和劳务服务的一系列相关联的行业。”[②] 张凌云（2000）依据旅游活动的要素，将“旅游业”定义为：“满足消费者旅游活动中所需的‘食、住、行、游、购、娱’等多方面的各种产品和劳务的部门或企业的集合。”[③] 余洁（2007）从产业群的角度认为：“旅游业是指为游客直接或间接提供服务的行业或部门所构成的集群。”[④] 罗明义（2007）根据旅游产品的消费主体特征认为：凡是能够满足消费者需求的旅游供给、旅游产品和旅游消费都可以纳入旅游产业的范畴[⑤]。李天元（2014）对旅游业的定义目前在行业内公认度较高，本文也引用其对旅游业的界定，他认为：旅游业是以旅游者为对象，为其旅游活动创造便利条件并提供其所需商品和服务的综合性产业[⑥]。

3.1.3 产业融合

“产业融合”作为一种经济现象，是指为了适应产业增长而发生的产业边界的收缩或消失。产业融合目前已成为全球经济发展的潮流，并正在重塑着产业的结构形态和产业边界[⑦]。自 20 世纪 70 年代起，以信息经

① 曹国新 . 旅游产业的内涵与机制［J］. 旅游学刊，2007（10）：6-7.

② 田里 . 现代旅游学导论［M］. 云南：云南大学出版社，1994.

③ 张凌云 . 试论有关旅游产业在地区经济发展中地位和产业政策的几个问题［J］. 旅游学刊，2000（1）：10-14.

④ 余洁 . 文化产业与旅游产业［J］. 旅游学刊，2007（10）：9-10.

⑤ 罗明义 . 关于“旅游产业范围和地位”之我见［J］. 旅游学刊，2007（10）：5-6.

⑥ 李天元 . 旅游学概论（第七版）［M］. 天津：南开大学出版社，2014：150.

⑦ 薛玉莲 . 河南省旅游业融合与创新发展研究［M］. 北京：中国经济出版社，2017：1.

济为核心的高新技术快速发展和迅速扩散，以及消费者需求变化的有效引领和拉动，致使部分产业的边界逐渐模糊甚至消失，并日趋产生了新的产业形态。这种现象早期发生在媒体、电信和信息产业，后来逐渐扩散到服务业领域，并最终向农业领域和工业领域渗透发展。产业融合作为一种革命性的产业创新，使原来基于分工的产业经济理论面临着巨大的挑战[①]，为此受到了各界人士的广泛关注，并产生了大量的实践研究成果。但与产业融合实践恰恰相反的是，"产业融合"的基础定义至今在学术领域没有达成一致的意见。

最早研究"产业融合"理论的是美国学者罗森博格（Rosenberg），他于1963年基于工具技术在不同产业的应用提出了"技术融合"的概念[②]。此后，Lei（2000）[③]，Bierly和Chakrabarti（2001）[④]，Fai和Tunzelmann（2001）[⑤]在沿用罗森博格概念的基础上，指出技术融合的实质是不同产业分享技术和知识的过程。第二次世界大战以后，以原子能、电子计算机、生物工程等技术发明为标志的第三次科技革命极大地推动了产业的发展和变革，"数字融合"逐渐替代"技术融合"对产业融合的概念解释在学术领域风靡一时。Yoffie（1997）将产业融合定义为"原本相对独立的产品采用数字技术进行了整合"。[⑥]此外，也有部分学者采

① 刘祥恒.旅游产业融合机制与融合度研究［D］.云南大学，2016：59.

② Rosenberg N.Technological change in the machine tool industry：1840-1910［J］.The Journal of Economic History，1963（23）：414-446.

③ Lei David T.Industry Evolution and Competence Development：The Imperatives of Technological Convergence［J］.Intrenational Journal of Technology Management，2000，19（7-8）：699-738.

④ Bierly，P.E.，A.Chakrabarti.Dynamib Knowledge Strategies and Industry Fusion［J］.International Journal of Manufacture Technology，2003，3（1-2）：31-48（18）.

⑤ Fai，Felicia，N.von Tunzelmann.Industry-specific Competencies and Converging Technological Systems：Evidence from Patents［J］.Structural Change and Economic Dynamics，2001，12（2）：141-170.

⑥ David B.Yoffie.Competing in the age of digital convergence［M］.Boston：Harvard Business School Press，1997.

用案例分析的方法对不同产业间技术融合的现象进行了定义和解释。比较有代表性的有 Bally（2005）提出技术融合不单一发生在信息通信产业中，在数码产品、机械设备、医疗健康等领域都会伴随着技术融合[①]。Greenstein 和 Khanna（1997）从产业边界的角度出发，提出了：产业融合是为了适应产业增长的目标而发生的在一定情况下产业边界的收缩甚至消失[②]。日本产业经济学家植草益（2001）从产业融合的原因和结果两个角度揭示了产业融合的意义及作用，他认为：产业融合就是通过技术革新和放宽限制来降低不同行业之间的进入壁垒，以加强不同企业乃至行业间的竞争、合作关系[③]。

我国学者对于“产业融合”概念的研究相对于国外学者起步较晚。马健（2002）通过对产业融合基本规律和特征的总结，认为：产业融合是由于技术进步和放松管制而发生在产业边界或交叉处的技术融合，使得原有产业的产品特征、市场需求和企业间的关系发生了变化，从而导致产业界限的模糊甚至重新划分产业边界[④]。胡汉辉、邢华（2003），陈柳钦（2008）[⑤]等也持有和马健相同的观点[⑥]。厉无畏（2002）从产业互动的角度出发，认为：产业融合是指不同产业或同一产业内的不同行业之间，通过相互渗透、相互交叉，逐渐融为一体，并最终形成新产业的动

① Bally N.Deriving Managerial Implications from Technological Convergence along the Innovation Process：A Case Study on the Telecommunications Industry［R］.Zurich：Swiss Federal Institute of Technology（ETH Zürich），2005.

② Greenstein S.，Khanna T.What does industry convergence mean?［A］.In：Yoffie，D（ed.）：Competing in the age of digital convergence［C］.Boston，1997：201-226.

③ 李美云．国外产业融合研究新进展［J］．外国经济与管理，2005（12）：12-20，27.

④ 马健．产业融合理论研究评述［J］．经济学动态，2002（5）：78-81.

⑤ 陈柳钦．产业融合问题研究［J］．长安大学学报（社会科学版），2008（1）：1-10.

⑥ 胡汉辉，邢华.产业融合理论以及对我国发展信息产业的启示［J］.中国工业经济，2003（2）：23-29.

态发展过程[①]。这一概念所描述的"融合"现象，试图摆脱信息技术产业对传统产业融合的限制，得到了国内学术界的广泛认同。

产业融合对于推动产业发展和经济增长具有非常重要的作用，比如催生新产品与新服务、促进资源的合理分配、促进就业和人力资本发展、派生出信息产业发展的巨大增值机会等，甚至对整个经济与社会的发展都会产生广泛影响[②]。本研究在综合以上专家学者的研究成果基础上，认为：产业融合是指两个及两个以上以前相对独立、性质不同的产业或同一产业内的不同行业各自突破彼此的边界，相互渗透、延伸、介入乃至重组，并逐渐融合成为具有多个产业特性的新产业、新业态或新产品的动态发展过程。

3.1.4 旅游业融合

产业融合是当今国际产业发展的业态创新趋势之一，也是旅游业在创新发展过程中不可逆转的潮流。旅游业号称"无边界产业"，超越一二三产业，又涵盖一二三产业。因此，我们要正确认识"旅游业融合"的概念。

通过对相关文献的查阅与检索，还未发现国外学者对于"旅游业融合"这一概念的明确表述，但是有部分学者以旅游业与某一具体产业融合发展所形成的新的旅游业态作为研究对象对"旅游业融合"的概念展开研究。如 Nilsson PA（2002）, Piling M、Dettori DG 和 Pada A（2006）共同认为：农业旅游是人们将旅游业与农业生产、服务、体验等项目融合在一起，为旅游者提供游玩和学习的场所，并因此能够带来额外收入的

---

① 厉无畏 . 产业融合与产业创新［J］. 上海管理科学，2002（4）：4-6.

② 周振华 . 产业融合：产业发展及经济增长的新动力［J］. 中国工业经济，2003（4）：46-52.

一系列活动[①②]。Gholam Reza Taleghani 和 Ali Ghafary（2014）认为：体育旅游是旅游业与体育产业融合后所产生的一种新型旅游业态，是旅游产品的重要组成部分，并已逐渐成为很多国家社会经济发展的新领域和重要组成部分[③]。

与国外学者相比，国内学者对于“旅游业融合”概念研究的成果较为丰富，具有代表性的成果如下，张凌云（2011）、何建民（2011）认为：旅游产业融合通常是指与其他产业之间或旅游产业内不同行业之间相互渗透、交叉，最终融合为一体，逐步形成新产业的动态发展过程[④⑤]。赵黎明（2011）提出：旅游产业融合是旅游业与其他行业相互影响、相互交叉、相互渗透，产生新的产业要素和产业形态的过程[⑥]。严伟（2014）基于演化经济学视角对“旅游业融合”的概念进行了阐述，他认为：旅游业融合实质上是一个起始于打破惯例、变异、创生，然后通过选择机制和遗传机制扩散到整个旅游产业的过程[⑦]。田里（2016）认为：旅游融合是旅游业与其他产业或旅游业内不同行业之间相互延伸、渗透、重组、替代，逐步形成新产业、新业态、新产品的动态过程[⑧]。

根据对产业融合理论的总结，着重考虑旅游业产业特性及研究目的，

① Nilsson P A.Staying on farms：an ideological background［J］.Annals of Tourism Research，2002，29（1）：7-24.

② Puling M，Dettori D G，Paba A.Life cycle of agrotouristic firms in Sardinia［J］.Tourism Management，2006，（27）5：1006-1016.

③ Gholam Reza Taleghani，Ali Ghafary.Providing a management model for the development of sports tourism［J］.Annale of Tourism Research，2014（12）：289-298.

④ 张凌云．旅游产业融合的基础和前提［J］．旅游学刊，2011，26（4）：6-7.

⑤ 何建民．我国旅游产业融合发展的形式、动因、路径、障碍及机制［J］．旅游学刊，2011，26（4）：8-9.

⑥ 赵黎明．经济学视角下的旅游产业融合［J］．旅游学刊，2011，26（5）：7-8.

⑦ 严伟．演化经济学视角下的旅游产业融合机理研究［J］．社会科学家，2014（10）：97-101.

⑧ 田里．旅游融合发展理论与实践［M］．北京：中国环境出版社，2016.

本研究对"旅游业融合"的概念可以表述为：在消费者需求、技术进步、创意引领等外部环境因素的有力推动下，旅游业内外各企业为了实现更持续的发展，旅游业和其他产业及旅游业内不同行业彼此突破边界，相互渗透、延伸、介入乃至重组，并逐渐形成新产业、新业态或新产品的动态发展过程。

3.1.5 中医药产业

关于"中医药产业"的定义在学术界有很多种，其中比较有代表性的定义有齐谋甲等（1988），他们认为：中医药产业是指中医药的生产、供应、科研、应用以及经营管理等形成的社会生产企业，这其中既包括工业和农副业，又包括商业和服务业[①]。李泊溪（2001）在齐谋甲等定义的基础上，根据中医药产业现代化发展的现实特点，对中医药产业的概念进一步完善，对中医药产业的范畴进一步补充，认为：中医药产业是国民经济中从事中医药类产品的生产、经营、研究等相关经济活动领域的总合，包括中医药农业、中医药工业、中医药商业和中医药知识业[②]。薛文礼（2007）创新性的运用产业集群的视角对"中医药产业"进行定义，他认为：中医药产业是以中医理论为指导，在传统中医药基础上，运用现代工业化方法形成的具有规模化、标准化和规范化的新兴健康产业群，包括中药、保健品和医疗器械等行业[③]。王海燕（2014）认为：中医药产业是从事中医药及相关领域的生产、流通、应用以及经营管理等的企业和相关组织及其系列经济活动的集合，它涉及与中医、中药有关

① 齐谋甲．当代中国的医药事业［M］．北京：中国社会科学出版社，1988：23.

② 李泊溪．中药现代化产业推进战略［M］．北京：中国中医药出版社，2001.

③ 薛文礼．中药产业国际竞争力的生产要素现状及评价［J］．辽宁中医药大学学报，2007，9（3）：79.

的所有经营组织和经营活动，是一个全面的链条和产业体系[①]。这一概念涉及了与中医和中药有关的全产业链条和产业体系，而不仅仅是“中医药”这一单一的产业。与此同时，从民族特性的角度来讲，中医药产业除涉及我国汉族常使用的中医药开发和相关经营以外，还应该包括我国主要民族传统医药产业开发和经营，如藏医药产业、蒙医药产业、维医药产业、苗医药产业、壮医药产业等。

综合不同学者的观点，本研究将“中医药产业”定义为：以中医药为资源（包含我国民族传统医药资源）的一切有形产品和无形产品的开发和经营。

3.1.6 中医药健康旅游

最早提出“中医药健康旅游”概念的是王景明、王景和，王景明、王景和（2000）认为：中医药旅游是指中医药资源和旅游资源在长期发展过程中相互融合发展后的产物，是中医药资源和旅游资源的一次延伸[②]。张群（2002）在其基础上提出：中医药健康旅游是以中医药为载体的一种旅游项目，集旅游与中医药于一体，是中医药产业的延伸和旅游业的扩展[③]。田广增（2005）比张群的定义更加完善，增加了各种医疗和健身方法作为中医药旅游的对象[④]。张群与田广增的定义中具有共同点是，都强调了中医药文化在中医药旅游中的作用，认为中医药文化是一种体验，是中医药旅游发展的基础。此后许多学者或是沿用了张群对于

① 王海燕 . 中国西部中医药产业可持续发展研究［D］. 天津大学，2014：47.

② 王景明，王景和 . 对发展中医药旅游的思考与探索［J］. 经济问题探索，2000（8）：85-86.

③ 张群 . 我国中医药专项旅游开发初探［J］. 北京第二外国语学院学报，2002（6）：77-80，85.

④ 田广增 . 我国中医药旅游发展探析［J］. 地域研究与开发，2005（6）：82-85.

“中医药健康旅游”的定义，如刁宗广（2010）[①]，虢剑波、冯进（2012）[②]等；或是沿用了田广增对于“中医药健康旅游”的定义，如李时、宋明（2008）[③]，高婷婷（2012）[④]等。还有的是将张群与田广增的定义进行了融合和取舍，如孙永平、刘丹（2007）[⑤]，将“中医药健康旅游”的定义扩展为“与中医药相关的各种旅游活动的集合”。

除了上述“中医药健康旅游”“中医药旅游”外，还有学者提出了其他的名称和概念，如中医药文化旅游［石斌（2011）[⑥]，韩路宾、郑久良等[⑦]］、中医药文化体验旅游［刘华云、侯胜田（2014）[⑧]］、中医药养生旅游［郑强、杨长平等（2017）[⑨]］、生态型中医药旅游［张文菊、张念萍（2013）[⑩]］等。此外，原国家旅游局和国家中医药管理局联合下发的《关于促进中医药健康旅游发展的指导意见》中曾明确指出，“中医药健康旅游是旅游与中医药融合发展的新兴旅游业态”。综上所述，从概念的发展来看，中医药旅游资源的范围逐渐扩大，从早期的只包含中医药动植物资源到后期的与中医药相关的各种旅游活动。

---

① 刁宗广.中医药旅游发展中存在的问题及解决对策［J］.社会科学家，2010(1)：95-97.

② 虢剑波，冯进.湖南中医药旅游的研究现状及意义［J］.中国医药指南，2012，10(6)：211-213.

③ 李时，宋明.中国特色旅游——中医药旅游开发与发展对策研究［J］.中国科技信息，2008（2）：165，167.

④ 高婷婷.广东省中医药文化旅游的开发与发展对策［J］.中国医学创新，2012，9(17)：133-134.

⑤ 孙永平，刘丹.中医药旅游研究初探［J］.商场现代化，2007（13）：357.

⑥ 石斌.灵台县中医文化旅游开发研究［D］.西北大学，2011.

⑦ 韩路宾，郑久良，明鹏飞，江娜，陈奥竹，崔伟伟，赵雨赪.亳州市中医药文化旅游发展问题与对策研究［J］.现代经济信息，2013（11）：394-397.

⑧ 刘华云，侯胜田.北京市实施中医医疗旅游发展战略存在的问题及对策［J］.医学与社会，2014，27（2）：40-43.

⑨ 郑强，杨长平，冯贤贤，柴念，王敏.“十三五”规划下我国中医药养生旅游发展研究——以四川省为例［J］.四川旅游学院学报，2017（3）：47-50，100.

⑩ 张文菊，张念萍.生态型中医药旅游发展探析［J］.湖南工业职业技术学院学报，2013，13（1）：37-40.

因此，按照“旅游”概念的组成要素来定义，本研究将“中医药健康旅游”定义为：中医药健康旅游是旅游业与中医药健康产业的深度融合，以满足人民生活水平提高后的多样化健康需求为主要目的，核心要素是旅游活动、健康保健和文化体验。

3.2 相关概念辨析

目前，学术界对于“中医药健康旅游”的概念尚不统一，从时间序列来看，与“保健旅游”“健康旅游”“养生旅游”“医疗旅游”“康养旅游”等概念提出的时间相比“中医药健康旅游”更早，且这些旅游业态与中医药健康旅游联系极为紧密，因此要厘清“中医药健康旅游”的概念，需要回到“保健旅游”概念的源头。

3.2.1 保健旅游与健康旅游

保健旅游的概念兴起于西方。1987 年，Goodrich J N 和 Goodrich G E 率先提出“Healthcare Tourism”（保健旅游）这一概念，并将其定义为“旅游设施（如酒店）或旅游目的地（如巴登、瑞士）为吸引旅游者，有意识地提升其健康保健服务或基础设施，这些健康旅游服务包括医疗检查（酒店或目的地内组织专业医护人员提供）、特殊的餐食、药物注射、维生素复合物摄入等各种特殊疾病的诊治和草药治疗等，从而吸引更多的游客”①，由此在学术领域开启了将“健康”与“旅游”相结合研究的先河。1993 年，Goodrich J N 对其提出的“Healthcare Tourism”这一概念进行了扩展与深化，并以古巴为案例总结了“Health Tourism”

① Goodrich J N，Goodrich G E.Health—care Tourism—An Exploratory Study［J］.Tourism Management，1987，8（3）：217-222.

（健康旅游）的两种形式，即为来自其他国家的患者提供医疗服务和为旅游者提供保健服务[①]。此后，“健康旅游”这一概念得到广泛应用。Didaskalou 和 Nastos（2003）指出：健康旅游是一种介于医疗和旅游之间的多元化旅游产品，并用这一概念来描述旅游者以健康为目的的度假行为[②]。Borman（2004）认为：医疗旅游是常规旅游与医疗保健服务设施（Facilities for Healthcare Services）相结合的独特旅游吸引物（Unique Attractions）[③]。Carrera 和 Bridges（2006）则认为：健康旅游是在异地开展有组织、有规模的旅游，其最终目的是维护、增强和恢复游客的身心健康[④]。

我国学者郭鲁芳、虞丹丹（2005）认为：健康旅游范围极为广泛，凡是有益于身心健康的旅游活动皆可纳入此领域[⑤]。王艳、高元衡（2007）认为：健康旅游是指旅游过程中能够改善和提高旅游者身心健康状况的各种旅游活动的集合，主要包括三个方面，即旅游目的、旅游过程和旅游效果[⑥]。广义而言，“健康旅游”被看作旅游者出于健康原因离开常住地去异地开展旅游活动所导致的所有关系与现象的总和，其中“恢复、保持、增强身心健康”是健康旅游的核心内涵。

---

① Goodrich J N.Socialist Cuba：A Study of Health Tourism［J］.Journal of Travel Research，1993，32（1）：36-41.

② Didaskalou E A，Nastos P.The role of climatic and bioclimatic conditions in the development of health tourism product［J］.Anatolia，2003，14（2）：107，126.

③ Borman E.Health Tourism：Where healthcare，ethics，and the state collide［J］.BMJ：British Medical Journal，2004，328（7431）：60.

④ Carrera P M，Bridges J F.Globalization and Healthcare：Understanding Health and Medical Tourism［J］.Expert Review of Pharmacoeconomics & Outcomes Research，2006，6（4）：447-454.

⑤ 郭鲁芳，虞丹丹.健康旅游探析［J］.北京第二外国语学院学报，2005（3）：63-66.

⑥ 王艳，高元衡.健康旅游概念、类型与发展展望［J］.桂林旅游高等专科学校学报，2007（6）：803-806.

3.2.2 养生旅游

1959年，美国医师Halbert Dunn将“Wellbing”（幸福）和“Fitness”（健康）相结合，提出“Wellness”，并将其定义为“为充分发挥正常个体潜能的一种综合运行方法，它要求个体在运行环境中保持相对平衡协调、方向明确”；同时认为，自我丰盈的满足状态是养生的一种最高境界①。Finnicum和Zeiger（1996）从五个方面，即身体（Physical）、智力（Intellectual）、社会（Social）、精神（Spiritual）和环境（Environmental conditioning）来解释20世纪50年代Halbert Dunn发起的养生运动（Wellness movement），并将其拓展到旅游方面②。2001年，Mueller和Kaufmann提出了“Wellness Tourism”这一专门术语，并将其定义为“旅游者以保持和促进健康为主要动机而进行的旅游活动的总和”，同时将“Wellness Tourism”归于健康旅游的子类③。其他学者，如Voigt、Brown和Howat（2011）④，Lim、Kim和Lee（2015）⑤和瑞士伯尔尼大学旅游休闲研究中心⑥认同Mueller和Kaufmann的观点，认为“保持和促进健康”

① Dunn H L.What High-level Wellness Means［J］.Canadian Journal of Public Health，1959，50（11）：447-457.

② Finnicum P，Zeiger J C.Tourism and wellness：A natural alliance in a natural state［J］.Parks and Recreation，1996，31（9）：84-90.

③ Mueller H，Kaufmann E L.Wellness Tourism.Market Analysis of a Special Health Tourism Segment and Implications for the Hotel Industry［J］.Journal of Vacation Marketing，2001，7（1）：5-17.

④ Voigt C，Brown G，Howat G.Wellness Tourists：In Search of Trans formation［J］.Tourism Review，2011，66（1）：16-30.

⑤ Lim Y J，Kim H K，Lee J T.Visitor Motivational Factors and Level of Satisfaction in Wellness Tourism：Comparison between First-time Visitors and Repeat Visitors［J］.Asia Pacific Journal of Tourism Research，2015，21（2）：1-20.

⑥ 王燕.国内外养生旅游基础理论的比较［J］.技术经济与管理研究，2008（3）：109-110，114.

是"Wellness Tourism"（养生旅游）的关键。

2005年，中国社会科学院张广瑞研究员首次引用"Wellness Tourism"这一专门术语，尽管张广瑞研究员将"Wellness Tourism"翻译为"健康旅游"，但不影响国内学者对于养生旅游这一新兴旅游业态的认知和研究①。黄力远、徐红罡（2018）认为：保持和促进健康而进行的旅游就是养生旅游（Wellness Tourism）②。杨铭铎、陈心宇（2009），认为：养生旅游是以现代养生观念为指导，以维护健康或保护健康为主要动机，以强身健体、修身养性等为目的，以康体、娱乐等为主要方式的一种综合休闲旅游活动③。由此可以看出，国内较多学者对于"养生旅游"（Wellness Tourism）观点与Mueller和Kaufmann的观点一致，都聚焦于"保持和促进健康是消费者的基本动机"。但与此同时，周作明（2012）将"养生旅游"翻译为"Health Tourism"，并认为："养生旅游"是一种专项旅游，是旅游者离开常住地前往具有养生资源的旅游地开展以健康为主题的旅游活动④；这比多数学者对于"养生旅游"概念的界定更为宽泛，与之前所提及的"健康旅游"概念更为相似。

3.2.3 医疗旅游

在国际上，"医疗旅游"最常用的英文表达方式是"Medical Tourism"，相应的还有"Health Tourism"（健康旅游）、"Surgical Tourism"（外科手术旅游）或"Medical Outsourcing"等不同表达方式。

---

① 陈永涛，谭志喜．养生旅游概念探析［J］．商业时代，2014（7）：131-133.

② 黄力远，徐红罡．巴马养生旅游——基于康复性景观理论视角［J］．思想战线，2018，44（4）：146-155.

③ 杨铭铎，陈心宇．休闲、养生、度假旅游概念辨析［J］．黑龙江科技信息，2009（29）：109，316.

④ 周作明．中国内地养生旅游初论［J］．林业经济问题，2010，30（2）：141-145.

相对而言，“Health Tourism”一词的历史更为久远，可以追溯到14世纪初欧洲或加勒比海地区的温泉疗养地①（例如，英国的巴斯、瑞士的圣莫里斯、德国巴登-巴登、牙买加、巴哈马等地区），而“Medical Tourism”则是从“Health Tourism”演化出来的一个细分旅游市场②。在行业内，通过Google搜索引擎对关键词进行检索，也能得到证实“Health Tourism”比“Medical Tourism”检索结果更多，如表3-1所示。与“Health Tourism”相比“Medical Tourism”在服务内容上更倾向于疾病诊断、侵入性手术、医疗护理等内容，但也包括养生、美容、整形等项目。

表3-1　Google检索“医疗旅游”常用英文表达方式结果列表

检索关键词	检索结果（亿个）	占合计的百分比（%）
Health Tourism	14.20	62.64
Medical Tourism	7.46	32.91
Surgical Tourism	0.22	0.97
Medical Outsourcing	0.79	3.48
合计	22.67	100.00

注：检索时间为2021年9月28日09：55—09：58。

数据来源：Google检索。

在国际学术界，Lunt和Carrera（2010）认为：医疗旅游是旅游者选择境外或海外目的地接受异地治疗，包括牙科手术、心脏手术、器官或组织移植等③。Crooks和Turner等（2011）认为：医疗旅游是旅游者到境

① 高静，刘春济.国际医疗旅游产业发展及其对我国的启示［J］.旅游学刊，2010，25（7）：88-94.

② Connell J.Medical tourism：Sea, sun, sand and surgery［J］.Tourism Management，2006，27（6）：1093-1100.

③ Lunt N，Carrera P.Medical tourism：Assessing the evidence on treatment abroad［J］.Maturitas，2010，66（1）：27-32.

外去接受医疗服务的全过程[①]。Chen和Chang等（2013）认为：医疗旅游是旅游者为寻求身心健康到目的地进行休闲的活动，包括但不限于牙科治疗、器官移植、运动健身等[②]。Shahzad和Shariful（2014）认为：医疗旅游是旅游者到另一个国家获得卫生保健的过程，包括到目的地择期手术、牙科治疗、生殖治疗及医学检查等行为[③]。由此可以看出，以上学者共同认为"旅游者以获得健康为根本目的"是医疗旅游的核心内涵，同时还具有"跨境""主动接受医疗服务""旅游活动"三个最为显著的特征。随着研究的不断深入，世界旅游组织（UN-WTO）与世界卫生组织（WHO）都对"医疗旅游"（Medical Tourism）进行了定义，前者认为："医疗旅游是指以医疗护理、康复和修养为主题的旅游服务。"[④]后者认为："医疗旅游是集医疗、保健、养生、旅游、娱乐为一体，寓休闲于治病，寓治病于休闲。"[⑤]

我国学者张文菊、杨晓霞（2007）认为：医疗旅游是旅游者在常住地不能够得到完善的医疗服务，而在异地特色医疗、旅游等服务或活动的吸引下，去异地接受医疗或旅游服务的全过程[⑥]。刘庭芳、苏延芳

① Crooks V A，Turner L，Snyder J，et al.Promoting medical tourism to India：Messages，images and the marketing of international travel patient［J］.Social Science & Medicine，2011，72（5）：726-732.

② Chen K H，Chang F H，Wu C.Investigating the wellness tourism factors in hot spring hotel customer service［J］.International Journal of Contemporary Hospitality Management，2013，25（7）：1092-1114.

③ Shahzad K，Shariful A.Kingdom of Saudi Arabia：A potential destination for medical tourism［J］.Journal of Taibah University Medical Sciences，2014，9（4）：257-262.

④ 中国全科医学编辑部.全科医生小词典——医疗旅游［J］.中国全科医学，2014，17（10）：1092.

⑤ 王欣，邹统钎，耿建忠，等.中国康养旅游发展报告（2019）［J］.北京：社会科学文献出版社，2020：61.

⑥ 张文菊，杨晓霞.国际医疗旅游探析［J］.桂林旅游高等专科学校学报，2007（5）：736-740.

等（2009）从旅游和健康互为表里的关系入手，将“医疗旅游”定义为：“一切能为旅游者健康作出贡献的旅游活动。”[①] 高静、刘春济（2010）认为：医疗旅游是医疗产业与旅游产业相结合的一种旅游形式，是将疾病治疗、整形美容、养生保健等医疗护理与休闲、娱乐、度假等旅游活动相融合所形成的一种让旅游者恢复身心健康的旅游活动。雷铭（2017）认为：医疗旅游是以医疗护理、疾病与健康、康复与休养为主题的旅游服务[②]。由此可见，我国学者早期对于“医疗旅游”概念的研究多涉及异地（国际旅游或跨地区旅游），且参与主体多为身患某种疾病的患者，而今医疗旅游活动范围与参与人群都在不断扩大。

3.2.4 康养旅游

国外学者对于“康养旅游”概念尚未形成共识。正如 Melanie 和 Laszlo（2009）在《Health and Wellness Tourism》一书中所言，对“康养旅游”进行定义是极具挑战性的，因为目前许多国家和机构在标签化这种类型的旅游时，由于受语言文化、历史背景等诸多因素影响用词均不统一，使用的相关词语有“Wellness”“Health”“SPA”“Health Tourism”“Wellness Tourism”等。大部分学者认同这些表述之间存在着一定的含义不同，并且对“Health Tourism”和“Wellness Tourism”进行区分，也成为国外学者争论的焦点[③]。Cornelia（2011）通过梳理相关著作和文献发现，凡是能提高旅游者健康、保健、生活质量的旅游活动，都有可能被研究者归为康养旅游。Eva（2015）认为：康养旅游与健康旅游有着最为

---

① 刘庭芳，苏延芳，苏承馥.亚洲医疗旅游产业探悉及其对中国的启示［J］.中国医院，2009，13（1）：74-77.

② 雷铭.医疗旅游研究现状及启示［J］.中国卫生政策研究，2017，10（7）：65-70.

③ 王欣，邹统钎，耿建忠，等主编.中国康养旅游发展报告（2019）［M］.北京：社会科学文献出版社，2020：200.

根本的区别，这其中最为显著的不同就是选择康养旅游的旅游者其动机一般是自愿的[①]。在这里要特别说明的是一般情况下康养旅游者可以处于健康状态也可以处于非健康状态，只是对健康者而言，他们更注重健康养生和疾病预防（Vincent 和 Deniz，2013）[②]，对于非健康者而言，他们更倾向于疾病的诊治。

在我国学术界“康养”一词最初由刘丽勤（2004）[③]在介绍国家森林公园时提出，但并未就其进行过多的解释。随后王赵（2009）对“康养旅游”作出了初步界定，认为：康养旅游就是一种建立在自然生态环境与人文环境基础上，结合游乐、康体、休闲等形式，以达到强身健体、修身养性等目的的旅游活动[④]。可以看出，王赵对“康养旅游”的概念是从康养旅游发展的基础、形式和目的入手，对“康养旅游”的概念进行界定；此后绝大多数国内学者是基于这种方式，在结合地区实践情况、旅游功能等基础上对“康养旅游”进行定义。2016 年，原国家旅游局颁布了《国家康养旅游示范基地标准》（LB/T 051—2016），这其中将“康养旅游”（Health and Wellness Tourism）定义为：“通过养颜健体、营养膳食、修身养性、关爱环境等各种手段，使人在身体、心智和精神上都达到自然和谐的优良状态的各种旅游活动的总和。”[⑤]与此同时，徐红罡在《〈国家康养旅游示范基地标准〉解读》中认为：“康养旅游”就是健康和养生旅游的简称[⑥]。此外，还有学者认为“康养旅游”是以良好的物质条

---

① Éva Csirmaz, Károly Pető PhD.International Trends in Recreational and Wellness Tourism［J］. Procedia Economics and Finance，2015，32（4）：755-762.

② Vincent C.S.Heung and Deniz Kucukusta.Wellness Tourism in China：Resources, Development and Marketing［J］.International Journal of Tourism Research，2013，15（4）：346-359.

③ 刘丽勤 . 久藏深闺的木王国家森林公园［J］. 陕西林业，2004（4）：28.

④ 王赵 . 国际旅游岛：海南要开好康养游这个“方子”［J］. 今日海南，2009（12）：12.

⑤ LB/T 051—2016，国家康养旅游示范基地［S］.

⑥ 杨振之 . 中国旅游发展笔谈——旅游与健康、养生［J］. 旅游学刊，2016，31（11）：1.

件为基础的专项度假旅游，其最终目标是让旅游者获得幸福感①。也有学者认为，“康养旅游”是一种健康的生活方式②，或是实现养生健体、康养身心、休闲娱乐的一系列旅游活动③，或是一种从“洗”眼、“洗”肺、“洗”心到养眼、养身、养心的一项旅游活动④，或是以最终达到身心健康与精神愉悦的各种旅游活动的总和⑤。

3.2.5 概念间的关系

综上所述，“健康旅游”是旅游者出于健康原因离开常住地去异地开展旅游活动所导致的所有关系与现象的总和。“中医药健康旅游”“养生旅游”“医疗旅游”“康养旅游”都应属于“健康旅游”的范畴；但是，这些概念背后所呈现的旅游者动机、依托资源、价值目标、需求市场和产品供给等方面都具有一定差异，具体参见表 3-2 所示。

表 3-2 “健康旅游”相关概念的差异

名称	健康旅游 Health Tourism			
	中医药健康旅游	养生旅游	医疗旅游	康养旅游
依托资源	中医药资源	健康资源	医疗资源	环境资源
需求市场	中产阶级、特定疾病人群、外国人等	中老年人	发达国家中产阶级、寻求全球最佳条件的富裕人群、特殊医疗人群等	中产阶级、年轻人、老年人

① 任宣羽 . 康养旅游：内涵解析与发展路径［J］. 旅游学刊，2016，31（11）：1-4.

② 谢晓红，郭倩，吴玉鸣 . 我国区域性特色小镇康养旅游模式探究［J］. 生态经济，2018，34（9）：150-154.

③ 田云国，段文英 . 山西康养旅游开发研究［J］. 河北旅游职业学院学报，2019，24（1）：30-32，38.

④ 叶宇 . 西南喀斯特地区康养旅游地优选研究［D］. 云南师范大学，2018.

⑤ 谢文彩 . 武汉市康养旅游地空间分布特征及其影响因素研究［D］. 华中师范大学，2018.

续表

名称	健康旅游 Health Tourism			
	中医药健康旅游	养生旅游	医疗旅游	康养旅游
产品供给	生态观光、中医治疗、中医养生、文化宣传等	养生文化、养生餐饮等	整形美容、器官移植、肿瘤治疗等现代医学手术	森林、温泉、健身、瑜伽、禅修、SPA 等
价值目标	满足人民群众对健康需求，促进旅游业转型，提升中医药的社会贡献率和弘扬中华传统文化	自我丰盈的满足状态	治愈疾病、维护健康	身心健康与精神愉悦

资料来源：根据相关资料整理。

与此同时，对于"健康旅游"的分类在学术界也有讨论，结论大致可以分为"两类说""三类说""四类说"。所谓"两类说"，指的是部分学者将健康旅游分为"医疗旅游"和"养生旅游"两大类别[①]。所谓"三类说"，是指有部分国外学者把"体育旅游"或"温泉旅游"单独算为健康旅游的一个子类别，即健康旅游分为"体育旅游""医疗旅游""养生旅游"[②]或"温泉旅游""医疗旅游""养生旅游"[③④]；我国学者杨荣斌（2014）将旅游者的身体状况分为"疾病""亚健康""健康"状态，同时对应的健康旅游类型分别是"医疗

① Han J S, Lee T J, Ryu K.The Promotion of Health Tourism Products for Domestic Tourists [J]. International Journal of Tourism Research，2017，20（3）：1-10.

② Joppe M. One Country's Transformation to Spa Destination：The Case of Canada [J].Journal of Hospitality and Tourism Management，2010，17（1）：117-126.

③ Zbuchea A, Cioac ǎ A, Dinu M. Health Care Tourism in Romania：Main Features and Trends [J] .Journal of Tourism Challenges&Trends，2010，3（2）：26.

④ Sanela V.Business Performance of Health Tourism Service Providersin the Republic of Croatia [J] .Acta Clinica Croatica，2016，55（1）：79-85.

旅游”“保健旅游”“养生旅游”[①]。罗艺文（2013）以我国海南省为研究对象，将“健康旅游”类型分为“保健养生类”“疾病治疗类”“中医药特色类”[②]。“四类说”具体所指不同，Kim 和 Boo 等（2011）根据医疗介入程度由深到浅，将健康旅游划分为“医疗旅游”“健康预防旅游（美容旅游）”“养生旅游”“乡村 / 城市旅游”[③]；整体来看，尽管学者们对于“健康旅游”的分类及类别数目各有看法，但多数学者认为“健康旅游”的范围更加广泛，“中医药健康旅游”只是其子集。也有个别极少数学者认为，“康养旅游”比“健康旅游”的范围更加广泛[④]。

其次，在“健康旅游”与“中医药健康旅游”“医疗旅游”“康养旅游”等概念的关系方面，学术界也众说纷纭。信慧娟、段文军（2020）认为：“康养旅游”是“养生旅游”和“健康旅游”的总称，“医疗旅游”是健康旅游的一个分支，而“中医药健康旅游”是具有中国医疗特色的专项旅游活动，如图 3-2-A 所示。冷林燕（2019）认为：在中国社会背景下“康养旅游”就是“健康旅游”，其包括“养生旅游”和“医疗旅游”两大类别，且“养生旅游”和“医疗旅游”的交集为“温泉旅游”和“医疗保健旅游”，如图 3-2-B 所示[⑤]。李鹏、赵永明等（2020）认为：“健康旅游”由“医疗旅游”和“康养旅游”共同构成，

---

① 杨荣斌.健康旅游理论初步研究——对相关概念范畴的辨析［J］.长春理工大学学报（社会科学版），2014，27（3）：74-75，122.

② 罗艺文.海南发展医疗旅游的策略研究［J］.海南师范大学学报（社会科学版），2013，26（5）：133-139.

③ Kim Y H, Boo C, Demirer I, et al. A Case Study of Health Tourismin the Jeju Province, South Korea［J］. Hospitality Review，2011，29（1）：64-84.

④ 信慧娟，段文军.我国中医药旅游研究综述［J］.乐山师范学院学报，2020，35（4）：69-75.

⑤ 冷林燕 . 健康意识对高校教师康养旅游意向的影响研究［D］. 华侨大学，2019.

如图 3-2-C 所示[①]。

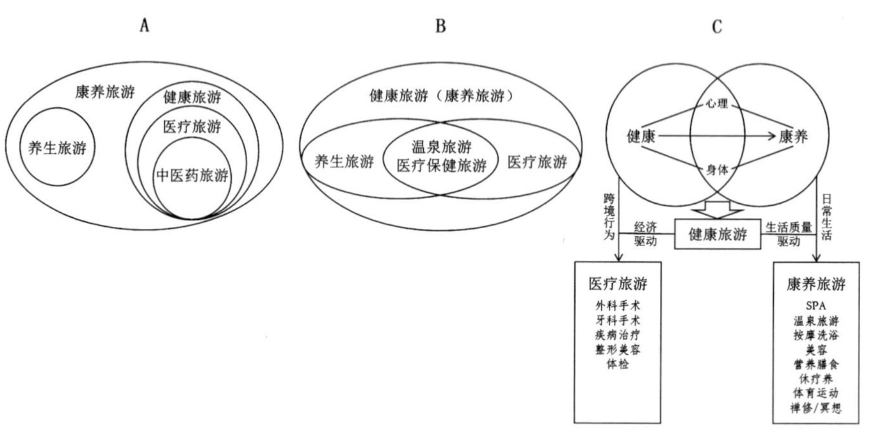

图 3-2　学术界对"健康旅游"与相关概念关系之间的不同观点

资料来源：根据相关文献整理。

综上所述，"中医药健康旅游"是一个较为综合且复杂的概念，与"健康旅游""医疗旅游""康养旅游"等概念之间有明显的交叉，形成了"概念丛林"。从范畴上看，"健康旅游"概念涵盖范围最广，包括以健康为目的的各种形式的旅游活动。"中医药健康旅游"与其他四种旅游活动交叉之处是"中医药健康旅游"既有诊疗功能，也有养生保健功能，还有弘扬中华传统文化的功能。而"康养旅游"倾向于提高生活质量，"养生旅游"倾向于防病，"医疗旅游"倾向于治疗，"中医药健康旅游"兼顾三者的功能。

---

① 李鹏，赵永明，叶卉悦.康养旅游相关概念辨析与国际研究进展［J］.旅游论坛，2020，13（1）：69-81.

3.3 相关理论基础

3.3.1 产业集群理论

产业集群理论由美国哈佛大学迈克尔·波特创立，最早出现在他的代表作《国家竞争优势》一书中，在此书中，波特教授首次明确提出了“产业集群”的概念，这一概念的出现既肯定了产业集群的地理集聚性特征，也强调了产业集群内企业和关联机构间的竞争与合作，得到了业内的普遍认可。波特教授创立的“产业集群理论”主要是在亚当·斯密（Adam Smith，1776 年）的“分工协作理论”、马歇尔（Marshall，1890 年）的“外部经济理论”、韦伯（Weber，1909 年）的“产业区位理论”、佩鲁（Francois Perrour，1945 年）的“增长极理论”、巴格纳斯科（Bagnasco，1977 年）的“新产业区位理论”和波特（Porter，1990）的“新竞争优势理论”等基础上提出的。该理论认为，产业集群的形成能为地区产业带来多种有利效应，如外部效应、规模效应、区域品牌效应等，这就提示我们中医药健康旅游产业发展过程中应该高度重视打造产业集群，通过产业集群的打造形成区域中医药健康旅游特色品牌，发挥规模效应与外部效应，促进旅游业与中医药产业高质量融合发展，从而获得更大的产业效益。

（1）外部经济理论

新古典经济学家的代表人物马歇尔在继承亚当·斯密“劳动分工”理论的基础上，进一步研究了产业集聚的问题，他提出了“内部经济”和“外部经济”这两个概念；并认为“外部经济”会促使中小企业集聚并最终形成产业集群。“外部规模经济”一般情况下是指企业利用地理接近性，通过规模经济使企业生产成本处于或接近一个相对最低状态，使无法获得内部规模经济的单个企业通过外部合作获得规模经济[①]。

（2）产业区位理论

韦伯是经济学界较早提出“产业区位理论”的学者，其主要贡献是对工业区位进行了系统且规范的研究。韦伯认为集聚的产生过程是自下而上的，是通过不同企业对集聚优势的追求而主动形成的。与此同时，韦伯还认为产业集群大致可以分为两个阶段：第一阶段被称为“低级阶段”，即企业自身的简单规模扩张而引起的产业集中化；第二阶段被称为“高级阶段”，即依靠大企业完善的组织方式集中于某一特定地方，并引起同类型企业的注意，从而形成大规模生产并带来显著的经济优势[②]。

（3）增长极理论

“增长极”的概念最早是由法国经济学家佩鲁提出，是其分析具有支配效果发生的经济的非经济均衡增长时所引入的。“增长极”概念是与“推动性单位”（Propulsive Unit）这一概念同时提出的。佩鲁首先定义了“推动性单位”，他认为：推动性单位是一种起支配作用的经济单位，当它增长或创新时能引起其他经济单位增长。而增长极是被称为“在特定环境中的推动性单位”。[③]1966 年，以保德维尔（Boudeville）为代表的区位理论学派，将“增长极”概念用于向虚拟空间经济发展转移，即推动性产业—聚集—经济增长发展[④]。

（4）新产业区位理论

意大利学者巴格纳斯科 1977 年提出了“新产业区”的概念，认为新

---

① 阿尔弗雷德·马歇尔 . 马歇尔文集（第 1 卷）：产业经济学［M］. 北京：商务印书馆，2019.

② 阿尔佛雷德·韦伯 . 工业区位论［M］. 北京：商务印书馆，2010.

③ 刘勇 . 区域经济发展与地区主导产业［M］. 北京：商务印书馆，2006.

④ 范晓屏 . 工业园区与区域经济发展［M］. 北京：航空工业出版社，2005.

产业区是具有共同社会背景的人们和企业在一定自然地域上所共同形成的“社会地域生产综合体”。新产业区的首要标志是本地化网络，也就是区域内行为主体之间的正式合作联系以及其在长期交往过程中所发生的非正式交流关系。区域产业集群一旦形成就拥有难以复制的特性。

（5）新竞争优势理论

波特在1990年所著的《国家竞争优势》一书中，从战略的竞争优势角度研究产业集聚现象，并给出了一个新的称谓，即“产业集群”，代替之前所用的“产业区”的称谓①。他认为产业集群能否提高企业的生产效率、创新能力，降低企业进入风险，进而提高国家的综合竞争力，主要取决于“生产要素条件”“需求条件”“相关供应商或支撑产业”“企业的战略与结构”四个主要因素和两个间接因素，即“政府”和“机遇”，他们共同构成“钻石模型”，如图3-3所示②。这个模型一旦形成，就会推动产业、企业的竞争优势形成及不断提高。

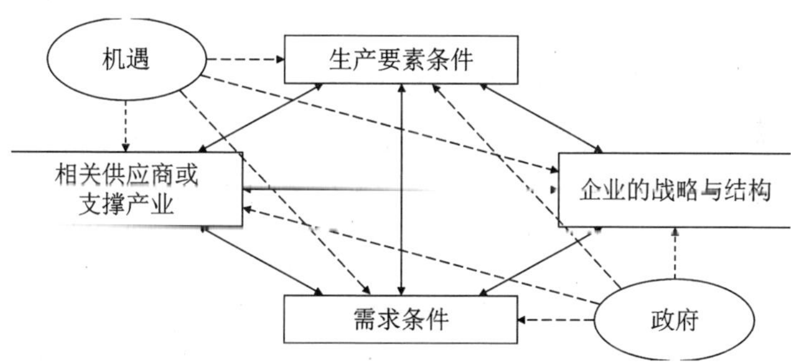

图3-3 波特的“钻石模型”

资料来源：迈克尔·波特.国家竞争优势［M］.北京：中信出版社，2014.

① 迈克尔·波特.国家竞争优势［M］.北京：中信出版社，2012.

② 迈克尔·波特.国家竞争优势［M］.北京：中信出版社，2014.

3.3.2 产业链理论

“产业链”是产业经济学中的一个概念，马歇尔将分工理论引入到企业间的“协作理论”成为“产业链理论”的起源。1958 年，赫希曼（Hirschman）在著作《经济发展战略》一书中，正式提出了“产业链”的概念，即“各个产业部门之间基于一定的技术经济关联，并依据特定的逻辑关系和时空布局关系客观形成的链条式关联关系形态”。随着“产业链理论”研究的进一步深入，在学术界逐渐兴起了对“价值链”和“供应链”的研究，这都进一步丰富了“产业链理论”的内容。产业链实质反映的是企业之间的供给与需求关系，产业链形成的根本原因在于产业价值的实现和产业价值的增值。

“产业链理论”在我国学界和业界均得到了广泛研究和高度重视，最初源于对农业产业链的相关研究，后来逐渐扩展到对其他产业的产业链研究。中医药健康旅游产业链具有完整性、层次性和指向性的特点。“完整性”是指包含产业链的全部环节；中医药健康旅游产业既包括旅游业食、住、行、游、购、娱等全部环节，也包括中医药产业的全产业链（如中药原材料种植、医药制造、第三方物流和医药零售等）。“层次性”是指产业链上游一般为较低层次的劳动密集型产业，下游一般为资金密集型或技术密集型产业；从产业区域分布来看，欠发达地区多处于产业链的较低层次，而发达地区多处于产业链的较高层次。在中医药健康旅游产业链中，中医药健康旅游目的地主要处于相对发达地区，也就是说处于中医药健康旅游产业链中的较高层次。指向性一般是指优区位指向，即资源禀赋指向性；劳动力分布指向性和区域传统经济活动的指向性，以引导产业集中或分散地布局在不同的经济区位。

3.3.3 系统理论

自 20 世纪 30—40 年代开始，科技创新极大地推动了人类社会由工业化向信息化迈进。随着人类对复杂性和非线性问题的逐步探索，以“系统”为研究对象的理论——复杂性理论，即系统理论应运而生。系统理论提供了解决复杂结构问题、动态多变问题和多因素问题的具体理论和方法。

“系统理论”最初来源于生物学中的“机体论”，后由美籍奥地利理论生物学家贝塔朗菲（Bertalanffy）提出的“一般系统论”发展起来。1972 年，贝塔朗菲进一步拓展了一般系统论，提出了“广义系统论”的概念，其核心思想是：“系统客观普遍存在，现实世界的任何事物都是以系统方式存在和运行的。”因此把研究对象作为一个有机整体进行考察，引入数学方法量化分析系统整体、构成要素以及外部环境之间的关系和变化规律，以找到解决问题、优化系统的方法、原则和模式[①]。“系统理论”在我国著名学者钱学森的引进、带领和推动下，如今已经全面融入了我国自然科学和社会科学各研究领域的知识结构中。旅游业由于自身的关联性特征决定了其本身就是一个外部敏感性极强的开放性服务产业，本研究所讨论的旅游业与中医药产业融合发展就是两个产业系统交叉融合而形成的中医药健康旅游新系统的过程。

3.3.4 可持续发展理论

第二次世界大战以后，全球经济发展观经历了从“增长理论”到“发展理论”再到“可持续发展理论”的重大转变过程[②]，认为发展不仅

① L.贝塔朗菲.一般系统论：基础 发展 应用［M］.秋同，袁嘉新，译.北京：社会科学文献出版社，1984.

② 牛文元.可持续发展理论的内涵认知——纪念联合国里约环发大会20周年［J］.中国人口·资源与环境，2012，22（5）：9-14.

是单纯的经济增长，还应包括整个经济、环境和社会的发展。从1980年“可持续发展”在《世界自然保护大纲》中首次被提出，到1987年联合国发布《我们共同的未来》报告正式对“可持续发展”概念进行了界定，再到2015年发布的《变革我们的世界：2030年可持续发展议程》（SDG），“可持续发展”的内涵在不断被丰富，其核心一直在强调经济、社会文化和环境三条发展底线[①]。“可持续发展理论”强调资源的可持续利用、生态的良性循环和经济的持续发展，以最终达到人类社会的永续发展，如图3-4所示。

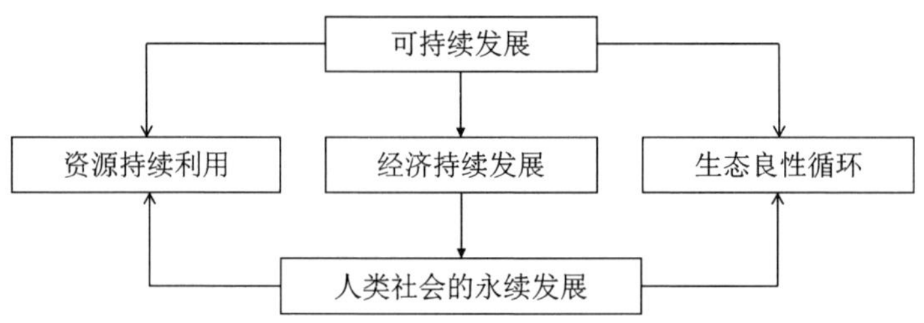

图3-4 “可持续发展理论”模型

资料来源：根据“可持续发展理论”绘制。

2005年，习近平总书记在浙江安吉余村考察时，提出了“绿水青山就是金山银山”的科学论断，即“两山理论”。该理论不仅印证了“可持续发展理论”的重要性，也是习近平总书记关于生态文明建设思想的“灵魂”，成为习近平同志治国理政新理念新思想新战略的重要组成[②]。随着该理念的提出，可持续发展问题再次被人们所重视，人们对可持续发展问题的关注也逐渐从单纯的资源环境保护领域扩展到其他各个相关领

① Elkington J.Cannibals with forks：The triple bottom line of 21st century business［M］.Oxford：Capstone，1999.

② 何毅亭，以习近平同志为核心的党中央治国理政新理念新思想新战略［M］.北京：人民出版社，2017.

域，如本书研究的主体“中医药健康旅游”，同样需要高度重视可持续发展问题。因为中医药健康旅游产业也是一个十分依赖资源的产业，中医药旅游者各种需求的满足都必须以优质的自然资源和产业资源相结合，所以需要在“可持续发展理论”框架下进行。中医药健康旅游的可持续发展不仅单纯地体现为中医药健康旅游产业自身能够可持续发展，更重要的是应最终体现为实现产业、经济、生态、文化和人类社会五者之间的可持续发展。

3.3.5 旅游产业融合理论

在我国旅游业发展实践中，产业融合一直是引领旅游基础理论发展、拓展旅游产业范围和丰富旅游产业体系的重要途径。在学术界，关于旅游产业融合理论的研究主要涉及三个方面的问题：一是旅游融合的形成，包含旅游融合条件、旅游融合动因、旅游融合演化等问题；二是旅游融合机理，包含旅游融合机制、旅游融合路径、旅游融合模式等问题；三是旅游融合影响，包含旅游融合效应、旅游融合趋势、旅游融合实证等问题。较有代表性的文献，如徐虹、范清（2008）[①]，杨彦锋（2012）[②]从内因和外因两个方面指出了促使旅游产业融合发展的原因。张辉、黄雪莹（2011）[③]，曹世武、郑向敏（2012）[④]共同认为：旅游者需求的变化和新时代信息技术的进步是旅游产业融合发展的主要因素。李太光、张文

① 徐虹，范清．我国旅游产业融合的障碍因素及其竞争力提升策略研究［J］．旅游科学，2008（4）：1-5.

② 杨彦锋．互联网技术成为旅游产业融合与新业态的主要驱动因素［J］．旅游学刊，2012，27（9）：7-8.

③ 张辉，黄雪莹．旅游产业融合的几个基本论断［J］．旅游学刊，2011，26（4）：5-6.

④ 曹世武，郑向敏．旅游产业融合动力机制研究——博弈论的解释框架［J］．求索，2011（12）：5-7.

建（2009）认为旅游产业融合发展主要存在三种路径[①]。罗栋和程承坪（2015）从宏观、中观和微观三个层面对旅游产业融合发展中协同创新的对策开展了研究[②]。这些研究成果虽然不乏洞见，但总体来说，主要还是套用一般产业融合理论，对旅游产业融合的独特性挖掘不足。

旅游产业融合和一般产业融合一样，都表现为传统产业边界的模糊乃至消失，但是从内在机制来看，在旅游产业融合中起主导作用的并不是技术融合，而是市场融合[③]。旅游需求将不同行业联系在一起，这联系在一起的部分就共同构成了旅游业。旅游六要素“食、住、行、游、购、娱”，分别属于餐饮、住宿、交通、游览、购物等不同行业，很多行业都非常古老，甚至比现代旅游业还要早得多。因此，从上述意义上说，产业融合几乎伴随着旅游业发展的整个过程。

① 李太光，张文建.新时期上海推动旅游业转型升级的若干思考［J］.北京第二外国语学院学报，2009，31（3）：44-49.

② 罗栋，程承坪.旅游产业融合过程中的协同创新研究——以旅游与演艺产业融合为例［J］.湘潭大学学报（哲学社会科学版），2015，39（1）：70-73.

③ 宋子千.旅游融合发展论［M］.北京：中国旅游出版社，2015：118.

第 4 章

旅游业与中医药产业融合发展的研究综述

4.1 国外医疗旅游发展研究综述

随着医疗旅游的发展，国外学者对于“医疗旅游”的研究也越来越多，Andrea 和 Francisco 等（2018）使用共词分析的方法对 1931—2016 年的医疗旅游文献演变进行了研究，揭示了六类主题：第一类，伦理影响、信任和认证问题；第二类，健康、养生、SPA 旅游及服务质量；第三类，与健康有关的问题、医疗旅游和旅游；第四类，医疗旅游中的敏感实践；第五类，医疗旅游目的地及营销；第六类，全球化、政策和对国际患者的影响。并预测在不久的将来，“辅助生殖”“生育旅游”等话题将成为未来医疗旅游研究的热点[①]。这些医疗旅游研究主题和未来研究的发展趋势，既表明了

① Andrea de la Hoz-Correa, Francisco Munoz-Leiva, Marta Bakuz.Past themes and future trends in medical tourism research：A co-word analysis.Tourism Management［J］.2018，65（4）：200-211.

医疗旅游研究的主要内容，也揭示了医疗旅游发展过程中的部分影响因素，如伦理、信任、认证、政策、服务质量、目的地营销、全球化等。正是多种因素共同的作用，创造了全球医疗旅游市场的快速发展和旅游人次的稳步增长。但是，医疗旅游发展的核心还是“需求”与“供给”。

4.1.1 医疗旅游产业发展的根本推动力——需求

William（2007）认为医疗旅游的主要推动因素是旅游者对于健康需求的不断增加[①]。不同的旅游者对医疗旅游需求的不同形成了不同的医疗旅游产品，这也影响和决定了医疗旅游产业发展的方向和医疗旅游目的地的分布。旅游者个人因素的差异（如年龄、性别、收入、受教育程度、健康状况等）（Caroline 和 Kunal˙ 2014[②]；Marc 和 Renee-Marie˙ 2016[③]）会对医疗旅游需求产生不同程度的影响，具有国际旅行经历的旅游者对于医疗旅游的需求程度会大幅增加（Caroline 和 Kunal˙ 2014[④]；Brent 和 Kirsten，2018[⑤]；Linda 和 Victoria 等，2016[⑥]）。Peters 和 Suaer（2011）通过对美国医疗旅游的供应商展开调查研究，发现影响医疗旅游者最基本

---

① William Cannon Hunter.Medical Tourism：A New Global Niche［J］.International Journal of Tourism Science.2007，7（1）：124-140.

② Caroline Fisher，Kunal Sood. What Is Driving the Growth in Medical Tourism?［J］. Health Marketing Quarterly.2014，31（3）.

③ Marc Fetscherin，Renee-Marie Stephano. The medical tourism index：Scale development and validation［J］.Tourism Management.2016，52：539-556.

④ Caroline Fisher，Kunal Sood. What Is Driving the Growth in Medical Tourism?［J］. Health Marketing Quarterly.2014，31（3）.

⑤ Brent Lovelock，Kirsten Lovelock. “We had a ball … as long as you kept taking your painkillers” just how much tourism is there in medical tourism? Experiences of the patient tourist［J］.Tourism Management.2018，69：145-154.

⑥ Linda K.Ko，Victoria M.Taylor，Jihye Yoon，Wade K.Copeland，Joo Ha Hwang，Eun Jeong Lee，John Inadomi. The impact of medical tourism on colorectal screening among Korean Americans：A community-based cross-sectional study［J］.BMC Cancer.2016，16（1）.

的医疗旅游动机排序为“价格、医疗质量、医疗机构的声誉和经验、认证资格、可达性和等候时间等”[①]。

（1）医疗旅游的价格（费用、成本）因素

追溯医疗旅游兴起的源头，主要源于旅游者无法承受得起在本国或本地区接受治疗的费用，而且医疗旅游最为显著的特征之一就是低价位、高品质[②③④]。Valorie 和 Paul 等（2010）[⑤] 提出“价格因素”是影响医疗旅游四个重要的因素之一，尤其是动机的最重要组成部分。Caroline 和 Kunal（2014）[197] 通过实证分析，证明“价格因素”是医疗旅游者三个主要旅游动机中被提及最频繁的一个，即节约成本是旅游者进行医疗旅游时首要的考虑因素。其他学者通过从不同角度研究也共同认为“价格因素”是医疗旅游者非常看重的影响因素（Cabrera，2010[⑥]；Yu 和 Ko，2011[⑦]；Methawee 和 Bob，2013[⑧]；Mustaffa 和 Ghazali 等，2017[⑨]）。此外，还有众多学者在医疗旅游研究过程中都提到了医疗旅游的价格（费用、

① Peters C R.Sauer K M.A survey of medical tourism service providers［J］.Journal of Marketing Development and competitiveness.2011，5（3）：117-126.

② Milstein A，Smith M. America’s new refugees-seeking affordable surgery offshore［J］.New England Journal of Medicine.2006，355（16）：637-1640.

③ Dunn P.Medical tourism takes flight［J］.Hospitals and Health Networks.2007，81（11）：40-42，44.

④ Masi D C E，Sutton B.Transnational body projects：Media representations of cosmetic surgery tourism in Argentina and the United States［J］.Journal of World- Systems Research.2013，19（1）：57-81.

⑤ Valorie A Crooks，Paul Kingsbury，Jeremy Snyder，Rory Johnston.What is known about the patient’s experience of medical tourism? A scoping review［J］.BioMed Central.2010，10（1）：266.

⑥ Cabrera.Wekcome home［J］.Medica Tourism.2010.5（3）：15-18.

⑦ Yu Ji Yun，Ko Tae Gyou. A cross-cultural study of perceptions of medical tourism among Chinese，Japanese and Korean tourists in Korea［J］.Tourism Management.2011，33（1）：80-88.

⑧ Methawee Wongkit，Bob McKercher.Toward a typology of medical tourists：A case study of Thailand［J］.Tourism Management.2013，38（10）：4-12.

⑨ Mustaffa Jaapar，Ghazali Musa，Sedigheh Moghavvemi，Roslan Saub. Dental tourism：Examining tourist profiles，motivation and satisfaction［J］.Tourism Management.2017：538-552.

成本)(Valorie 和 Paul 等，2005；William 和 Lefteris，2007①；Ruamsak 和 Rian，2010②；Heesup 和 Jinsoo，2013③；Sultana 和 Haque 等，2014④；Hanefeld 和 Lunt 等，2015；⑤Gökhan 和 Bilge，2017⑥)。例如，在泰国接受同等的医疗要比美国节约75%的花费⑦。由此可见，对于医疗旅游者而言，经济因素(费用、价格和成本)是他们首要考虑的问题，合理的价格对医疗旅游的发展有明显的促进作用⑧。

(2)医疗旅游的质量因素

旅游者选择医疗旅游的动机是极为复杂的，除价格因素之外，质量因素也很重要的。Bookman(2007)认为：医疗旅游是将"高质量的医疗服务与旅游相结合"的医疗旅游产品⑨。John(2013)认为：医疗服务

---

① William Bies, Lefteris Zacharia. Medical tourism：Outsourcing surgery[J]. Mathematical and Computer Modelling.2007，46(5-8)：1144-1159.

② Ruamsak Veerasoontorn, Rian Beise-Zee.International hospital outshopping：a staged model of push and pull factors [J] .International Journal of Pharmaceutical and Healthcare Marketing.2010，4(3)：247-264.

③ Heesup Han, Jinsoo Hwang. Multi-dimensions of the perceived benefits in a medical hotel and their roles in international travelers' decision-making process [J] .International Journal of Hospitality Management.2013，35：100-108.

④ Sultana Seyama，Haque Ahasanul，Momen Abdul，Yasmin Farzana.Factors affecting the attractiveness of medical tourism destination：an empirical study on India- review article. [J] . Iranian journal of public health.2014，43 (7)：865-876.

⑤ Hanefeld.J，Lunt.N，Smith.R，Horsfall.D.Why do medical tourists travel to where they do? The role of networks in determining medical travel [J] .Social Science & Medicine.2015，124：359-363.

⑥ Gökhan Aydin, Bilge Karamehmet.Factors affecting health tourism and international health-care facility choice [J] .International Journal of Pharmaceutical and Healthcare Marketing.2017，11 (1)：19-36.

⑦ Stamboulis D.The market guide：some Convenient truths[J].Medical Tourism.2009，1(11)：99-102.

⑧ Han H，Hyun S S.Customer retention in the medical tourism industry：Impact of quality，satisfaction，trust，and price reasonableness [J] .Tourism Management.2015，46 (1)：20-29.

⑨ Bookman M.Bookman K.Medical tourism in developoing countries[M].Bsaingstoke：Palgrav Macmillan.2007：6-12.

质量是影响旅游者选择医疗旅游行为的关键因素之一[①]。众多学者也认为医疗旅游者对于医疗旅游的质量是极其重视的（Edelheit，2008[②]；Mueller 和 Kaufmann，2011；Lunt 和 Carrera，2010；Shenfield 和 Mouzon，2010[③]；Snyder 和 Crooks 等，2011[④]；Chen 和 Wilson 等，2013[⑤]；）。除了医疗质量本身外，医疗服务的认证程度（Smith 和 Forgione，2007[⑥]；Cohen，2010[⑦]；Gan 和 Frederick，2015[⑧]；等）和医疗服务形象（Wan 和 Azizah 等，2012[⑨]；Chen 和 Chang 等，2013；Sammita 和 Rajiv 等，2014[⑩]；等）也是医疗质量的重要组成部分，同样影响旅游者对医疗旅游的选择。

① John Connell. Contemporary medical tourism：Conceptualisation, culture and commodification［J］. Tourism Management，2013，34：1-13.

② Edelheit. Defining medical tourism or not?［J］.Medical Tourism Magazine.2008，5：9-10.

③ Shenfield F，de Mouzon J，Pennings G，Ferraretti A P，Andersen A Nyboe，de Wert G，Goossens V. Cross border reproductive care in six European countries.［J］.Human reproduction（Oxford，England）.2010，25（6）：1364-1368.

④ Snyder Jeremy，Crooks Valorie A，Johnston Rory，Kingsbury Paul. What do we know about Canadian involvement in medical tourism?：a scoping review.［J］.Open medicine：a peer-reviewed，independent，open-access journal.2011，5（3）：e139-148.

⑤ Chen Lin H.，Wilson Mary E..The Globalization of Healthcare：Implications of Medical Tourism for the Infectious Disease Clinician［J］. Clinical Infectious Diseases，2013，57（12）：1752-1759.

⑥ Smith P C.Forgione D A.Global outsourcing of healthcare：Amedical tourism descision model［J］.Journal of Information Technology Case and Application Research.2007，9（3）：19-30.

⑦ Cohen I G.Protecting Patients with Passports：Medical Tourism and the Patient-Protective Argument［J］.Iowa Law Review，2010，95（5）：10-18.

⑧ Gan L L，Frederick J R.Medical Tourism：Consumers' Concerns Over Risk and Social Challenges［J］.Journal of Travel&Tourism Narketing.2015，32（5）：503-517.

⑨ Wan N M，Azizah O，Mahmod S H.The moderating effect of medical travel facilitators in medical tourism［J］.Procedia-Social and Behavioral Sciences.2012，（65）：358-363.

⑩ Sammita J，Rajiv Y，Meenal K.Cross-border healthcare access in south Asian countries：Learnings for sustainable healthcare tourism in India［J］.Procedia-Social and Behavioral Sciences，2014，（157）：109-117.

（3）医疗旅游的时间势差因素

所谓“时间势差”，即本国与医疗旅游目的地国家相比，等待治疗的时间太长（Connell，2006）。Jadhav 和 Yeravdekar 等（2014）[①] 提出：“等待时间过长”是医疗旅游者选择医疗旅游最主要的动机之一。Turner（2007）[②]、Jeremy 和 Valorie 等（2011）[③] 等学者研究发现加拿大人参与医疗旅游最为常见的动机就是对于“等候”的厌倦。Woodman（2009）发现：在一些发达国家，想要进行手术治疗需要等待相当长的预约时间，为了避免病情恶化及加剧患者的痛苦，人们常常会选择到其他国家进行及时的治疗[④]；这也就构成了为了节约时间而产生的医疗旅游动机。与此同时，这个因素也是欧美发达国家旅游者到发展中国家进行医疗旅游最为主要的动机之一。Turner（2007）[⑤]、Methawee 和 Bob（2013）、Annette 和 Ramírez（2007）[⑥] 等也都分别从“等待时间较长”的不同角度对于医疗旅游者的需求进行了分析。

除了上述三种因素以外，还有学者从“保险因素”[⑦]“医疗机构的声

① Jadhav S，Yeravdekar R，Kulkarni M.Cross-border Healthcare Access in South Asian Countries：Learnings for Sustainable Healthcare Tourism in India［J］.Procedia-Social and Behavioral Sciences，2014，157：109-117.

② Turner，L. “First Word health care at third World Proces”：Globalization bilethics and medical tourism［J］.Biosocieties，2007（2），303-325.

③ Jeremy Snyder，Valorie Crooks，Leigh Turner.Issues and Challenges in Research on the Ethics of Medical Tourism：Reflections from a Conference［J］.Journal of Bioethical Inquiry.2011，8（1）：3-6.

④ Woodman.Patients Beyond Borders Thailand Edition［J］.Healthy Travel Media.2009，11（10）：17.

⑤ Turner，Leigh. “First World Health Care at Third World Prices”：Globalization，Bioethics and Medical Tourism［J］.Biosocieties，2007，2（3）：303-325.

⑥ Annette B. Ramírez de Arellano. Patients without Borders：The Emergence of Medical Tourism［J］. International Journal of Health Services，2007，37（1）：193-198.

⑦ Knight L.guide the patient：are you a savvy patient［J］.Medica Tourism.2010，6（4）：79.

誉和经验”“隐私和保密性”[①②]“可获得性”“满意度”[③]“口碑和社交媒体”[④]等方面研究了旅游者需求对医疗旅游的影响。此外，基于研究内容的理论视角来说，社会交换理论（Social Change Theory）[⑤⑥]、心境理论（The Situational Theory）[⑦]和期望确认理论（Expectation Confirmation Theory，ECT）[⑧⑨⑩]等理论被国外学者广泛使用。基于研究方法的理论视角来说，扎根理论（grounded theory）[⑪⑫]最为常用。

综上所述，国外学者在研究影响医疗旅游者需求因素时并没有一定

---

① Reddy S G，York V K，Brannon L A.Travel for treatment：students' perspective on medical tourism［J］. International Journal of Tourism Research.2010，12（5）：510–522.

② Fisher Caroline，Sood Kunal. What is driving the growth in medical tourism?［J］. Health marketing quarterly，2014，31（3）：246–262.

③ Heesup Han，Sunghyup Sean Hyun. Customer retention in the medical tourism industry：Impact of quality，satisfaction，trust，and price reasonableness［J］.Tourism Management，2015，46：20–29.

④ Tat Huei Cham，Yet Mee Lim，Nai Chiek Aik，Alexander Guan Meng Tay. Antecedents of hospital brand image and the relationships with medical tourist' behavioral intention［J］.International Journal of Pharmaceutical and Healthcare Marketing，2016，10（4）：421–431.

⑤ Juan Carlos Serio–Silva.Las Islas de los Changos（the Monkey Islands）：the economic impact of ecotourism in the region of Los Tuxtlas，Veracruz，Mexico［J］.American Journal of Primatology，2006，68（5）：499–506.

⑥ Dan Cormany，Seyhmus Baloglu. Medical travel facilitator websites：An exploratory study of web page contents and services offered to the prospective medical tourist［J］.Tourism Management，2010，32（4）：709–716.

⑦ Sameer Hosany.Measuring Tourists' Emotional Experiences toward Hedonic Holiday Destinations［J］. Journal of Travel Research，2010，49（4）：513.526.

⑧ Eugene W. Anderson，Mary W. Sullivan. The Antecedents and Consequences of Customer Satisfaction for Firms［J］. Marketing Science，1993，12（2）：125–143.

⑨ Oliver Richard L.. Cognitive，Affective，and Attribute Bases of the Satisfaction Response［J］. Narnia，1993，20（3）：

⑩ Shih Yung Chou，Angelina I.T.Kiser，Erlinda L. Rodriguez.An expectation confirmation perspective of medical tourism［J］.Journal of Service Science Research，2012，4（2）：299–318.

⑪ Andrew Petrosoniak，Anne McCarthy，Lara Varpio.International health electives：thematic results of student and professional interviews［J］.Medical Education，2010，44（7）：638–689.

⑫ Snyder J.Perceptions of the Ethics of Medical Tourism：Comparing Patient and Academic Perspectives［J］.Public Health Ethics，2012，5（1）：38–46（9）.

之规，它因旅游者的需求而异，不同年龄、收入、文化认同、家庭状况等都会呈现出不同的医疗旅游需求。对于以欧美发达国家为目的地的医疗旅游者而言，影响需求的主要因素是“医疗技术水平”和“医疗服务质量”，而对发展中国家为目的地的医疗旅游者而言，影响其医疗旅游需求的最为关键因素是“价格”；因治疗疾病的种类差异，如果是重大疾病，那么影响旅游者需求的主要因素是“医疗技术”；如果以康养、保健养生为目的，那么影响其需求主要因素可能是“目的地吸引力的旅游资源”。

4.1.2 医疗旅游产业发展的“拉力”——供给

现代医疗旅游兴起于20世纪中后期，全球化使得资源、技术、人才等更为有效地在全球范围内流动，欧美发达国家以先进的医疗技术、完善的医疗设施、高水平的医疗服务吸引了众多国际医疗旅游者，随之医疗旅游产业也迅速繁荣。随后，医疗旅游产业逐渐下沉普及发展中国家，越来越多的发展中国家成为发达国家医疗旅游者的首选目的地，如泰国、印度、马来西亚、巴西、阿拉伯联合酋长国、哥斯达黎加、匈牙利、墨西哥、土耳其等，这种现象被学者称为“反全球化”[①]。无论是基于“全球化”还是“反全球化”，对于发展医疗旅游的国家来讲，影响其发展的主要因素包含“目的地国家环境”“医疗旅游资源”“社会伦理道德风险”“营销宣传”等。

（1）目的地国家形象

Marc 和 Renee-Marie（2016）指出：“国家环境”包含国家总体形象，而国家总体形象是政治、经济、社会等众多因素集合起来所带给旅游者感知的集合。Horowize 和 Rosensweig（2007）提出：医疗旅游市场

① John Connell. Contemporary medical tourism：Conceptualisation，culture and commodification［J］. Tourism Management，2013，34（2）：1-13.

的形成受政治力量作用的影响[①]。Gökhan 和 Bilge（2017）认为："政治因素"是分析影响健康旅游和国际卫生机构选择的重要因素之一。Loïck 和 William 等（2011）构建的"医疗旅游服务框架的决策模型"中，也提到了政治、经济、人口、地理等外部环境变量[②]。Shahzad 和 Shariful（2014）通过研究发现：沙特阿拉伯之所以能够成为全球最受欢迎的医疗旅游目的地国家之一，最为重要的因素就是稳定、和平的国家形象。[③]与此同时，法律制度对于医疗旅游市场的构建也起着重要的作用（Pennings' 2002[④]、2005[⑤]；Shenfield 和 Mouzon，2010[⑥]）。

（2）医疗旅游资源

关于医疗旅游资源的相关研究，国外专家学者们重点集中于某一国家（某一城市或地区）的特色医疗资源，或者某一医院的特色医疗项目。如 Lunt 和 Jin 等（2014）在关于医疗旅游者的调查中发现，去韩国进行医疗旅游的游客所消费的医疗旅游产品主要有"整形手术、皮肤病治疗、健康检查、医科治疗等"。去英国进行医疗旅游的游客所消费的医疗旅游产品类型主要有"整形手术、减肥治疗、牙科治疗等"[⑦]。到马来西亚

① Horowize M D, Rosensweig J A.Medical Tourism Health care in the global economy［J］.The Physician Executive.2007，33（6）：24-31.

② Loïck Menvielle, William Menvielle, Nadine Tournois. Medical tourism：A decision model in a service context［J］. Tourism：An International Interdisciplinary Journal，2011，59（1）：45-61.

③ Shahzad Khan, Md.Shariful Alam.Kingdom of Saudi Arabia：A potential destination for medical tourism［J］. Journal of Taibah University Medical Sciences，2014，9（4）：255-262.

④ Pennings G.Reproductive tourism as moral pluralism in motion［J］.Journal of Medical Ethics，2002，28（6）：

⑤ Pennings G.Legal harmonization and reproductive tourism in Europe［J］. Reproductive Health Matters，2005，13（25）：120-128.

⑥ Shenfield F，Mouzon J D，Pennings G，et al.Cross border reproductive care in six European countries［J］. Human Reproduction，2010，25（6）：1361-8.

⑦ Lunt N, Jin K N, D Horsfall, et al.Insights on medical tourism：markets as networks and the role of strong ties［J］.Korean Social Science Journal，2014，41（1）：19-37.

进行医疗旅游占前三位的诊疗项目依次是“整形外科、眼科和心脏内科的治疗”，其他的诊疗项目还包括“不孕不育治疗、儿科基本治疗、肿瘤治疗等”[①]。Sayili 和 Duman 等（2006）研究表明，土耳其康加尔鱼温泉治疗银屑病的功效是吸引游客前来体验的一个决定性因素[②]。

（3）社会伦理道德风险

尽管暂时在学术界还没有针对“医疗旅游伦理”（Medical Tourism Ethics）影响的实证研究，但无论是社会层面、个人层面，还是在目的地国、客源国层面，医疗旅游所导致的社会伦理道德问题已经引起了各国学者的广泛关注。Igor（2012）提出：应该对医疗旅游的发展实施极为严格的管控[③]。一方面，由于缺乏风险认知方面的沟通，在医疗旅游过程中存在患者对某些方面不知情的风险；另一方面，医疗旅游产业的发展可能会导致医疗资源从公共部门转向私营部门，最终导致旅游目的地国医疗资源的配置出现严重错位[④]；再一方面，医疗旅游者的流动可能会导致传染病和毒品在不同国家之间乃至全球的传播[⑤⑥⑦]。除此之外，一些

① Awadzi W. Panda D.Medical tourism：globalization and the marketing of medical services［J］. Tourism Management.2006，27（6）：1093-1100.

② Sayili Murat，Akca Hasan，Duman Teoman，Esengun Kemal.Psoriasis treatment via doctor fishes as part of health tourism：A case study of Kangal Fish Spring，Turkey［J］. Tourism Management，2006，28（2）：625-629.

③ Igor Niechajev，James Frame.A Plea to Control Medical Tourism［J］.Aesthetic Plastic Surgery.2012，36（1）：202-206.

④ Meghann Ormond，Matthew Sothern. You，too，can be an international medical traveler：Reading medical travel guidebooks［J］. Health and Place，2012，18（5）：935-941.

⑤ Nassab Reza，Hamnett Nathan，Nelson Kate，Kaur Simranjit，Greensill Beverley，Dhital Sanjiv，Juma Ali. Cosmetic tourism：public opinion and analysis of information and content available on the Internet.［J］. Aesthetic surgery journal，2010，30（3）：465-469.

⑥ Connell John. A new inequality? Privatisation, urban bias, migration and medical tourism.［J］. Asia Pacific viewpoint，2011，52（3）：260-271.

⑦ C.Michael Hall, Michael James. Medical tourism：emerging biosecurity and nosocomial issues［J］. Tourism Review，2011，66（1/2）：1423-1424.

特殊医疗服务项目也会导致一定的社会问题出现，如干细胞旅游①、生育旅游②、规避女性生殖器切割医疗旅游（FGC）③、变性手术旅游等。总之，现有的研究成果表明：医疗旅游在现阶段所呈现出的社会伦理道德风险已经在一定程度阻碍了其良性发展。

另外，还有部分国外学者采用调查和计量分析相结合④、半结构化访谈⑤、ANP（Analytic Network Process）等方法对医疗旅游的效果进行分析或进行多维度评价；评价领域涉及经济效应、社会效应和文化效应。

其他国外学者对于医疗旅游的研究还涉及医疗旅游产业的特性分析［Lee 和 Fernando（2014）⑥，Jones 和 Keith（2016）⑦］、医疗旅游发展的环境影响［Horowize 和 Rosensweig（2007）］等方面。通过外国学者对于医疗旅游研究的综合分析，我们可以得出结论：医疗旅游是在消费者的“需求”与旅游目的地产品的“供给”共同影响下不断发展的。医疗旅游者需求因素主要受医疗旅游的价格（费用、成本）、医疗旅游的质量、医疗旅游的时间势差、医疗机构的声誉和经验等因素影响。医疗

---

① Master Z，Robertson K，Frederick D，et al.Stem Cell Tourism and Public Education：The Missing Elements［J］.Cell Stem Cell，2014，15（3）：267-270.

② Ben Haobin Ye，Hanqin Zhang Qiu，Peter P. Yuen. Motivations and experiences of Mainland Chinese medical tourists in Hong Kong［J］. Tourism Management，2011，32（5）：1125-1127

③ Runnels Vivien，Turner Leigh. Bioethics and transnational medical travel：India，“medical tourism，” and the globalisation of healthcare.［J］.Indian journal of medical ethics，2011，8（1）：42-44.

④ Philippa Hunter-Jones.CANCER AND TOURISM［J］.Annals of Tourism Research，2004，32（1）：70-92.

⑤ Shelley Brook，David Robertson，Tutsirai Makuwaza，Brian D. Hodges. Canadian Residents Teaching and Learning Psychiatry in Ethiopia：A Grounded Theory Analysis Focusing On Their Experiences［J］. Academic Psychiatry，2010，34（6）：433-437

⑥ Lee Hwee Khei，Fernando Yudi.The Antecedents and Outcomes of the Medical Tourism Supply Chain［J］. Tourism Management，2014：148-157.

⑦ Jones C A，Keith L G. Medical tourism and reproductive outsourcing：the dawning of a new paradigm for healthcare.［J］. International journal of fertility and women’s medicine，2006，51（6）：251-255.

旅游目的地的供给主要受目的地国家形象、医疗旅游资源、社会伦理道德风险等因素影响。

4.2 我国健康旅游发展研究综述

从需求角度而言，人类对健康的追求是充分享受物质文明和精神文明成果的最高追求。健康旅游主动拓展了旅游方式，丰富了旅游的内涵，是未来旅游业发展的一个主要方向，也是人类社会发展的必然结果。从供给角度而言，我国旅游产业发展已从数量规模增长逐步迈入高质量发展阶段，推进旅游产业融合发展是我国旅游业转型升级与高质量发展的重要推手，是深化供给侧结构性改革的重要着力点，"旅游 + 健康"的产业模式将得到快速发展。

4.2.1 我国健康旅游研究的时空特征

以中国期刊全文数据库（CNKI）为样本框，采用高级检索中的"学术期刊"检索方式，检索语言为"中文"，检索式样是"主题 = 健康旅游"，共获得了 658 条检索结果。

（1）研究时间分布

"健康旅游"相关文献数量是衡量该研究领域成果的重要指标，同时也能有效反映出专家学者们对该研究领域研究的深度与广度。通过绘制"健康旅游"研究领域相关文献数量的时间分布图，能在一定程度上客观反映出"健康旅游"领域的研究阶段和研究趋势以及在学术界受重视的程度，具体如图 4-1 所示。

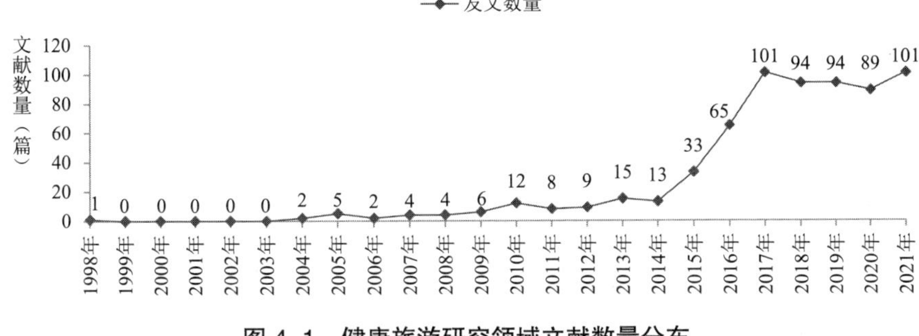

图 4–1 健康旅游研究领域文献数量分布

资料来源：根据相关文献整理。

由图 4–1 可以看出，我国“健康旅游”研究领域文献数量分布大致呈现三个阶段。第一阶段为 2009 年以前，国内学者对于“健康旅游”的研究还非常少，文献数量仅为 24 篇，占比仅为 3.65%，在此阶段国内学者未能真正关注到“健康旅游”这一全新的旅游业态，也未意识到健康旅游在未来发展的潜力。第二阶段为 2010—2014 年，国内学者对于“健康旅游”研究的文献数量开始稳步增长，文献数量达到 57 篇，占比 8.66%。第三阶段是从 2015 年开始至今，国内学者对于“健康旅游”研究的文献数量呈现快速增长的态势，截至 2021 年 11 月累计发文数量达到 577 篇，占比高达 87.59%；并在 2017 年达到了高峰，对比前两个时期的发文量增长了数十倍，这可能源于国家出台了一系列“关于促进健康旅游发展”的政策性文件，带动了部分学者对于该领域的关注和研究。2015 年 11 月，原国家旅游局和国家中医药管理局联合发布了《关于促进中医药健康旅游发展的指导意见》，第一次正式提出了“中医药健康旅游”的概念，明确了分阶段的发展目标和八个重点任务[18]。2016 年 10 月，《“健康中国 2030”规划纲要》出台，提出“健康医疗旅游”新业态；同年 12 月，在《“十三五”旅游业发展规划》中，明确强调加强旅游业与健康医疗产业的深度融合。2017 年 5 月，原国家卫生计生委、国家发展改革委等5部门联合发布了《关于促进健康旅游发展的指导意见》，这是国家层面第一次定义"健康旅游"，明确了我国"健康旅游"分别在2020年和2030的发展目标①。2018年3月，国务院办公厅颁布了《国务院办公厅关于促进全域旅游发展的指导意见》，强调推动旅游与科技、教育、文化、卫生、体育融合发展，加快开发高端医疗、中医药特色、康复疗养、休闲养生等健康旅游②。这些政策性文件的出台彰显着我国加快打造健康旅游产业链、丰富健康旅游产品的决心，也标志着我国健康旅游产业大环境已经初步形成。

（2）研究机构及作者分布

"健康旅游"领域的存在与发展，需要一批从事本研究领域的优秀学者的引领。从表4-1可以看出，现阶段我国从事"健康旅游"领域研究的以高校机构为主，这其中：江西中医药大学、三亚学院、浙江农林大学和北京中医药大学在该领域有较强的实力，发文总量都大于（或等于）10篇。从发文地理位置分析，江西省、海南省、浙江省和北京市等省市占有一定的优势，这些省市也是我国较早开展健康旅游的省市，健康旅游资源与旅游资源都很丰富，这为学者对该领域的研究提供了一定的基础。同时，可以看出，薛群慧、明庆忠、孙源源等都是该领域的知名专家，科研成果较为丰富。

① 关于促进健康旅游发展的指导意见［J］. 中华人民共和国国家卫生和计划生育委员会公报，2017（5）.

② 国务院办公厅关于促进全域旅游发展的指导意见［J］. 中华人民共和国国务院公报，2018.

表 4–1　国内“健康旅游”研究领域排名前 10 的机构及主要研究者

发文机构	发文量（篇）	主要代表学者
江西中医药大学	19	俞双燕、黄凯、尚菲菲等
三亚学院	13	陈小勇、刘春放、傅平等
浙江农林大学	11	白鸥、高焕沙、薛群慧等
北京中医药大学	10	孙光荣、候胜田等
云南财经大学	8	明庆忠、李雪松等
安徽中医药高等专科学校	7	汪淑敏、杨荣斌、张俊美等
南开大学	6	石培华、翟燕霞、陆明明等
桂林理工大学	6	秦立公、王志文等
广西中医药大学	6	赵立春、侯小涛等
南京中医药大学	6	孙源源、王玉芬等

资料来源：根据相关文献整理。

4.2.2 我国健康旅游研究的主要内容

我国学者对于健康旅游研究主要集中在以下五个方面：一是国际健康旅游研究；二是我国健康旅游发展的现状、问题及对策；三是我国健康旅游产品分类；四是我国健康旅游客源及主要需求分析；五是我国健康旅游区域实践。

（1）国际健康旅游研究

国际健康旅游发展早于我国，因此，国际健康旅游发展的经验成为我国健康旅游发展借鉴的对象。我国学者对于国际健康旅游的研究多为描述性分析，主要介绍国际健康旅游热点目的地国家发展健康旅游的优势、经验及对我国的启示。毛晓莉、薛群慧（2012）对国外健康旅游发展的进程展开研究，认为以医疗护理、疾病与健康、康复与休养为主体的健康旅游产品不断受到旅游者的欢迎，同时相应的理论研究也不断丰富[①]。翁嘉（2018）通过借鉴日本枥木县健康旅游产业发展经验，提出了促进我国健康旅游发展的九条建议，即提升医疗水平、凸显特色项目；结合旅游资源进行设计；控制项目价格、完善医保制度；改善整体环境；提升健康理念与价值观；加强政策支持、获得民众支持；提升服务水平；加强信息提供与宣传；完善人才保障等[②]。李新泰（2019）通过选取泰国、立陶宛、日本和印度四国典型健康旅游案例，为我国发展健康旅游提供可供参考的路径[③]。葛君书、王贵生等（2020）通过分析韩国健康旅游发展的成功经验，提出我国发展健康旅游应当坚定行业自信，加强顶层设计；设立主管部门，加强宏观政策引导；明确发展定位，开发具有中国特色的健康旅游产品；不断提高服务质量，促进产业化建设；加大宣传力度，运用新媒体争取舆论主动权；注重分国别研究，提升我国健康旅游的国际知名度与影响力[④]。

李享、侯胜田（2021）[⑤]，贾朋社、刘鹏等（2020）[⑥]，杨威、马丽平（2019）[⑦]，周义龙（2017）[⑧]，张广海、高旭（2016）[⑨]，詹丽、谢梦琳

① 毛晓莉，薛群慧．国外健康旅游发展进程研究［J］．学术探索，2012（11）：47-51.

② 翁嘉．日本枥木县健康旅游产业现状对我国的启示［J］．度假旅游，2018（10）：22-24.

③ 李新泰．国外健康旅游的发展路径与启示［J］．人文天下，2019（5）：13-18.

④ 葛君书，王贵生，孙颖，李瑞锋．韩国健康旅游的发展对我国中医药国际健康旅游的启示［J］．世界中西医结合杂志，2020，15（6）：1160-1164，1168.

⑤ 李享，侯胜田，郑方琳，王天琦．日本、韩国医疗旅游发展经验与对中国的启示［J］．中国医院，2021，25（6）：85-87.

⑥ 贾朋社，刘鹏，张振祥．多元视角下健康旅游发展路径探析［J］．湖北文理学院学报，2020，41（8）：22-27.

⑦ 杨威，马丽平，李娜，孙晓宇．亚太地区部分医疗机构国际医疗服务开展情况调查［J］．中国医院管理，2019，39（6）：78-80.

⑧ 周义龙．泰国医疗旅游业国际竞争策略及启示［J］．中国卫生事业管理，2017，34（11）：805-809.

⑨ 张广海，高旭．国际医疗旅游研究进展及其对中国发展医疗旅游的启示［J］．西部经济管理论坛，2016，27（4）：83-86.

（2014）[①]，丁志良（2013）[②]，王红芳（2012）[③]等对日本、韩国、印度等医疗旅游发达国家进行了分析，总结了其发展过程中的成功经验，为我国发展医疗旅游提供借鉴。李桥兴、张芸（2020）[④]对国内外健康旅游文献进行了比较分析与述评；周功梅、宋瑞等（2021）[⑤]，黄琴诗、朱喜钢（2020）[⑥]对国内外康养旅游进行了研究评述与展望；衡敬之（2018）[⑦]专门针对国际医疗旅游的风险及其规制进行了文献综述；张彩霞（2011）[⑧]针对国际医疗旅游过程中的法律风险进行了分析，并给出了防范风险的建议。

（2）我国健康旅游发展的现状、问题及对策

杨璇、叶贝珠（2018）运用PEST分析法，对我国健康旅游产业发展的现状和存在的问题进行了深入的剖析，并有针对性地提出了促进我国健康旅游产业发展的对策[⑨]。朱笑笑、钱爱兵等（2019）从政策、消费者、配套措施、产品等角度对我国健康旅游进行了分析，认为我国发展健康旅游拥有积极的政策环境、庞大的消费群体和完善的配套设施，但

① 詹丽，谢梦琳，周鑫.印度国际医疗旅游发展的经验、风险与启示［J］.对外经贸实务，2014（11）：82-84.

② 丁志良.国际医疗旅游的发展趋势及对海南的启示［J］.宏观经济管理，2013（12）：81-83.

③ 王红芳.医疗旅游发展与国际经验研究［J］.调研世界，2012（1）：61-64.

④ 李桥兴，张芸，吴俊芳.国内外健康旅游文献的比较分析与述评［J］.旅游研究，2020，12（4）：83-98.

⑤ 周功梅，宋瑞，刘倩倩.国内外康养旅游研究评述与展望［J］.资源开发与市场，2021，37（1）：119-128.

⑥ 黄琴诗，朱喜钢，曹钟茗，孙洁，刘风豹.国外康养旅游研究的转型与趋势——基于英文文献的计量分析［J］.林业经济，2020，42（2）：48-58.

⑦ 衡敬之.国际医疗旅游研究概览——以国际医疗旅游的风险及其规制研究为重点［J］.医学与法学，2018，10（2）：76-81.

⑧ 张彩霞.国际医疗旅游的法律风险及其防范［J］.卫生软科学，2011，25（11）：766-768.

⑨ 杨璇，叶贝珠.我国健康旅游产业发展的PEST分析及策略选择［J］.中国卫生事业管理，2018，35（12）：942-945.

相邻国家（韩国、日本、印度、泰国）拥有可替代性强且成熟的健康旅游产品，会对我国发展健康旅游造成一定的威胁[①]。吕一星、徐乐等（2021）对我国13家健康旅游示范区内的4大类型20多家健康旅游服务机构进行调查研究，发现我国健康旅游市场存在一定问题，并从政府、行业组织和企业三个层面给出了具有针对性的建议[②]。刘晓惠（2017）对我国健康旅游产业在国际市场的拓展进行了SWOT分析[③]。

翟燕霞、石培华（2021）从政策工具视角对我国健康旅游产业政策进行了文本量化研究，认为我国健康旅游产业政策文本中供给型政策工具使用过多，弱化了资金支持；环境型政策工具结构不均匀，缺乏操作性细则；需求型政策工具使用缺乏，倚重市场塑造；最后，从全面运用综合性和系统性的政策工具、注重基本政策工具与“健康中国”战略的整合、建立健全健康旅游产业政策体系方面提出对策建议[④]。李东（2016）[⑤]，牧亮（2016）[⑥]，薛群慧、白鸥（2015）[⑦]，杨荣斌（2014）[⑧]，郭鲁芳、虞丹丹（2005）等对我国健康旅游的概念、分类、产品类别等相关基础理论进行了梳理和分析，以探索建立具有我国特色的健康旅游概念体系、概念范式。

---

① 朱笑笑，钱爱兵，刘军军.我国健康旅游发展现状及国际竞争力分析［J］.产业与科技论坛，2019，18（24）：16-18.

② 吕一星，徐乐，罗昊宇.我国健康旅游服务机构发展现状及对策研究［J］.中国初级卫生保健，2021，35（8）：1-4，8.

③ 刘晓惠.我国健康旅游产业拓展国际市场的SWOT分析［J］.现代经济信息，2017（16）：318-319.

④ 翟燕霞，石培华.政策工具视角下我国健康旅游产业政策文本量化研究［J］.生态经济，2021，37（7）：124-131.

⑤ 李东.论健康旅游的类型、市场和概念［J］.国土与自然资源研究，2016（1）：70-73.

⑥ 牧亮.中医药健康旅游政策环境研究［J］.企业导报，2016（2）：102-103.

⑦ 薛群慧，白鸥.论健康旅游的特征［J］.思想战线，2015，41（6）：146-150.

⑧ 杨荣斌.健康旅游理论初步研究——对相关概念范畴的辨析［J］.长春理工大学学报（社会科学版），2014，27（3）：74-75，122.

（3）我国健康旅游产品分类

健康旅游产业发展的基础是健康旅游资源，不同学者从不同角度对我国健康旅游产品进行了划分。郭鲁芳、虞丹丹（2005）把疗养旅游、森林旅游、体育旅游和宗教旅游全部纳入健康旅游的范畴内。王艳、高元衡（2007）通过总结目前我国健康旅游发展的现状和现有的研究成果，将我国健康旅游产品类型划分为温泉旅游产品、森林旅游产品、水域旅游产品、山地旅游产品等类型。毛晓莉、薛群慧（2012）将健康旅游归纳总结为“保健旅游”和“医疗旅游”两大类别。单亚琴、姚国荣（2015）将我国健康旅游分为：保健旅游、医疗旅游和养生旅游①。朱金悦（2016）以海南省为例，将健康旅游分为：森林保健旅游产品、温泉健康旅游产品、园艺养生旅游产品、海洋健康旅游产品、养老养生旅游产品和医疗旅游产品②。李慧芳、杨效忠等（2017）从人体机能的不同健康状态（健康、亚健康、疾病）结合旅游动机将健康旅游分为“丰富健康”“延续健康”“恢复健康”三类③。

由此可见，我国健康旅游产品的分类缺乏统一的标准，每个学者都是根据自己选择的标准进行划分，但总的来说可以分为两大类：一类是资源型健康旅游产品，即资源本身同时存在促进健康与旅游休闲两种功能，如温泉、园艺、海洋、山地等；另一类是功能型健康旅游产品，即健康保健功能与旅游休闲产品相结合，如保健旅游、医疗旅游、康养旅游、中医药健康旅游等。

① 单亚琴，姚国荣. 国内健康旅游研究综述［J］. 牡丹江大学学报，2015，24(7)：171-174.

② 朱金悦. 健康旅游产品开发研究——以海南省为例［J］. 科技广场，2016(6)：139-143.

③ 李慧芳，杨效忠，刘惠. 健康旅游的基本特征和开发模式研究［J］. 皖西学院学报，2017，33（5）：122-127.

（4）我国健康旅游客源及主要需求分析

有了健康旅游产品还要了解健康旅游的客源市场及其主要需求。高元衡（2007）从提高和改善旅游者身体健康状况的角度将健康旅游划分为：求医疗养型、休闲调整型、增强体质型和自我实现型。吴之杰、郭清（2014）将我国健康旅游市场分为：老年人市场、女性市场、高端医疗市场和国际市场[①]。薛群慧、蔡碧凡等（2014）将健康旅游者，依据年龄划分为“中青年健康旅游者”“老年养生度假旅游者”“大中专学生健康旅游者”三类，依据消费层次划分为“追求品质的高端健康旅游者”“注重身份的中端健康旅游者”“被压抑的低端健康旅游者”三类，依据旅游目的划分为“休闲度假型健康旅游者”“康复型健康旅游者”“自我实现型健康旅游者”三类[②]。单亚琴、姚国荣（2015）将我国健康旅游市场分为：老年人市场、企业家市场和女性美容市场。李慧芳、杨效忠等（2017）从健康旅游者角度出发，结合旅游目的、旅游者年龄和职业等因素，将健康旅游群体分为“渴望释放白领族”“时尚美丽年轻族”“健康养生银发族”三类。

还有部分学者专门针对某一个市场人群进行深入分析，如夏文桃（2009）聚焦青年女性，从青年女性的心理健康角度分析了她们对健康旅游的需求，并设计出了符合青年女性健康旅游的产品，即美容美体健身旅游、购物专线旅游、复古体验游和森林旅游[③]。徐修远（2010）从老年旅游产品的供求现状、老年旅游产品的开发策略和老年旅游市场的营销

---

① 吴之杰，郭清．我国健康旅游产业发展对策研究［J］．中国卫生政策研究，2014，7（3）：7-11．

② 薛群慧，蔡碧凡，包亚芳．健康旅游研究对象探析［J］．云南社会科学，2014（6）：78-82．

③ 夏文桃．青年女性健康旅游的心理需求与产品设计［J］．全国商情（经济理论研究），2009（12）：97-98，103．

策略三个角度，对国内老年健康旅游展开研究[①]。

（5）我国健康旅游区域实践

对我国健康旅游发展的研究主要包含四个层面。一是国家层面：杨璇、叶贝珠（2018），张妍（2020）[②]，钟小东（2021）[③]等学者认为我国健康旅游还处于自发发展阶段，尚未引起政府的高度重视，国家相关法律欠缺，行业监管机制不完善；旅游业与健康产业融合力度不够，健康旅游产品不够丰富；健康医疗机构缺乏国际认证，高端健康服务资源严重不足；宣传力度不够，尚未形成具有我国特色的健康旅游产品；健康旅游专业人才也相对匮乏。对此，我国应科学规划，合理推动健康旅游发展；突破发展瓶颈，强化产业保障；结合重大战略，突出市场导向；突出新技术引领，强化融合创新发展；立足特色优势，聚焦中医药健康旅游；借助自贸区建设，加强国际开放合作。

二是省级行政区层面：刘华云、侯胜田（2014）——北京市，李秀桂（2018）——海南省[④]，孙国学（2018）——内蒙古自治区[⑤]，孙源源、陈浩（2019）——江苏省[⑥]，唐嘉倩、王静（2020）——云南省[⑦]，广东省[⑧]，鲍兰平——海南省（2020）[⑨]等。

---

① 徐修远．浅析国内老年健康旅游市场的开发［J］．旅游论坛，2010，3（5）：575-578.

② 张妍．关于加快我国健康旅游产业高质量发展的探析［J］．产业创新研究，2020（22）：120-121.

③ 钟小东．我国数字经济与健康旅游产业融合发展的策略研究［J］．西部旅游，2021（7）：75-76.

④ 李秀桂．海南健康旅游市场需求与发展研究［J］．旅游纵览（下半月），2018（12）：98.

⑤ 孙国学．推进内蒙古“大健康旅游”发展研究［J］．北方经济，2018（Z1）：67-70.

⑥ 孙源源，陈浩，倪雯洁，陈璐怡．江苏省中医药健康旅游竞争力实证分析及策略研究［J］．亚太传统医药，2019，15（10）：1-5.

⑦ 唐嘉倩，王静，李雪松．基于SWOT定量分析的云南健康旅游目的地构建战略研究［J］．保山学院学报，2020，39（6）：76-81.

⑧ 林泽恺．广东健康旅游发展模式与对策研究［J］．旅游纵览（下半月），2019（2）：120-121.

⑨ 鲍兰平．海南健康旅游发展对策研究［J］．商业经济，2020（2）：22-23.

三是地级行政区层面：崔朝晖、彭勇等（2011）——攀枝花市[①]，孙晓生、李亮（2013）——梅州市[②]，徐峰、胡欢欢（2016）——金华市[③]，（2018）——常州市[④]，黄嘉（2019）——六盘水市[⑤]，黄伟林（2019）——桂林市[⑥]等。

四是县级行政区层面：张希、林立等（2018）—平潭[⑦]，赵琦、于朝（2019）—铁力市[⑧]，沈菲飞—巢湖市（2020）[⑨]等。

学者们对于以上三个层面的健康旅游研究大多集中于基础设施建设、政策支持、资源利用、特色产品开发、宣传推广等方面，并根据各地的实际情况提出有针对性的对策建议。当然，有的学者还针对大区域层面进行了分析，如张英英（2013）以京津冀区域合作的视角对河北省健康旅游资源开发进行了研究[⑩]。邓敏、韩少卿（2017）对金沙江流域健康旅游开发模式进行了分析[⑪]。

---

① 崔朝晖，彭勇，廖红，袁彬，樊习英，夏敏.攀枝花市阳光·生态·健康旅游研究［J］.攀枝花学院学报，2011，28（1）：36-39.

② 孙晓生，李亮.广东中医药文化养生旅游开发现状及对策研究［J］.中医药管理杂志，2013，21（5）：442-444.

③ 徐峰，胡欢欢.基于RMP分析的金华中医药健康旅游产品开发［J］.现代企业，2019（10）：64-65.

④ 孙婷婷.常州居民健康旅游需求调查分析［J］.佳木斯职业学院学报，2018（12）：423-425.

⑤ 黄嘉.六盘水市健康旅游产业发展研究［J］.旅游纵览（下半月），2019（10）：69-70.

⑥ 黄伟林.桂林健康长寿资源调查暨国家健康旅游示范基地建设构想————"桂学应用"研究系列论文之四［J］.广西教育学院学报，2019（2）：1-5.

⑦ 张希，林立，杨昕.健康中国背景下健康旅游示范基地的形象感知研究——以福建平潭为例［J］.湖州师范学院学报，2018，40（10）：62-68.

⑧ 赵琦，于朝东，杜佳蕾，周春丽.铁力市中医药健康旅游示范区开发刍议［J］.经济师，2019（8）：131-132.

⑨ 沈菲飞.巢湖健康旅游发展SWOT分析［J］.黑河学院学报，2020，11（5）：31-34.

⑩ 张英英.京津冀区域合作视角下河北健康旅游资源开发研究［J］.商场现代化，2013（14）：128-129.

⑪ 邓敏，韩少卿.金沙江流域健康旅游开发模式探究［J］.旅游纵览（下半月），2017（24）：18-19.

4.2.3 我国健康旅游研究评述

我国学者对健康旅游的研究始于 20 世纪末，经过将近 30 年的发展，在这一领域的研究已经取得了一定的成就，但存在的问题也较为明显。例如，虽然对健康旅游的研究内容很广泛，但还是缺少深层次的探讨，研究大多还停留在对国外健康旅游现状的描述、概念的界定、作用的归纳等浅表层面；理论研究也是散见于医疗旅游、康养旅游、老年旅游、出游健康知识普及等。此外，对健康旅游环境容量、健康旅游地管理及利益分配机制、健康旅游的发展机制与路径等方面缺少研究；与此同时，研究方法还多局限于传统的描述和分析方法。综上所述，我国关于健康旅游的研究还处于起步阶段。

4.3 我国中医药健康旅游发展研究综述

中医药健康旅游作为旅游业与中医药产业融合发展的新型旅游业态，对整合旅游资源、丰富旅游产品、优化旅游产业结构、提高我国旅游经济效益具有十分重要的意义，将成为我国旅游业高质量发展的重要推手。同时，中医药文化作为中华民族优秀传统文化的重要组成部分，是我国文化软实力的重要体现。促进中医药健康旅游发展，对于普及中医药知识，弘扬中华传统文化具有重要意义。但学术界，对于我国中医药健康旅游的研究还处于起步阶段，研究时间较短，学术成果较少。

4.3.1 数据来源于研究方法

（1）数据来源

以中国期刊全文数据库（CNKI）为数据来源，采用高级检索模式下的期刊检索方式，将检索条件设定为：“主题 = 中医药健康旅游 or 中医药旅游 or 中医药文化体验旅游 or 中医药养生旅游 or 生态型中医药旅游 or 中医药文化旅游 or 民族医药旅游”，检索时间为 2021 年 10 月 4 日，检索结果为 337 篇文献。为提高文献的精准性，对检索结果进行复检，手动剔除笔谈、新闻、手记、征稿等非学术性文献和与主题不相关的文献，及缺乏摘要、作者、关键词等关键要素的文献，最终获得 284 篇有效样本文献，并将其以“Refworks”的格式导出备用。随后用Citespace5.6.R4软件进行数据转换，有效记录为 284 篇文献，有效记录比为 100%。

（2）研究方法

数据处理使用信息可视化软件 Citespace5.6.R4（64-bit），该软件可以通过对研究作者、研究机构、研究主题、关键词、被引文献、被引作者、被引期刊等信息数据的抽取和分析，挖掘样本文献中蕴含的潜在知识，并以知识图谱的形式直观地呈现出来。目前，Citespace 已成为国际计量学研究者最为公认的研究方法之一，广泛应用于管理学、教育学、社会学、图书情报学等多学科领域。

4.3.2 相关文献的描述性分析

（1）年度发文量分析

基于上述文献数据处理的方法，我们可以获取到中医药健康旅游研究领域的发文时间和发文趋势，也可以较为直观地判断该领域在学界受重视的程度与发展速度，对分析发展动态和预测未来趋势具有非常重要的意义，如图 4-2 所示。

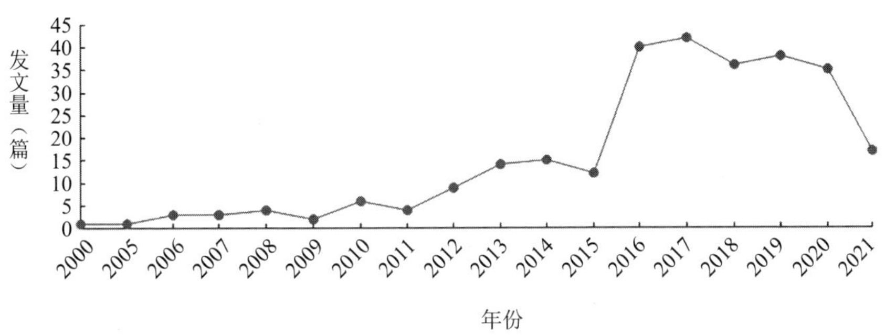

图 4-2　中医药健康旅游研究领域文献数量分布

资料来源：根据相关文献整理。

由图 4-2 可以看出，我国中医药健康旅游研究领域大致呈现三个阶段：第一阶段为 2000—2009 年，从 2000 年第一篇关于中医药健康旅游研究的文献发表到 2009 年，10 年间累计共发表文献 14 篇，我国中医药健康旅游领域的研究尚处于起步阶段；第二阶段为 2010—2015 年，该阶段对于中医药健康旅游的研究相比第一阶段出现了小幅上升的趋势，这可说明中医药健康旅游逐渐受到专家学者的重视；第三阶段为 2016 年至今，该阶段中医药健康旅游研究领域文献数量猛增，尤其是 2017 年发文量达到顶峰，一年内共发文 42 篇，对比前两个时期的发文量增长了数十倍。这源于国家出台了一系列“关于促进中医药健康旅游发展”的政策性文件，带动了部分学者对于该领域的关注和研究。2016 年 2 月，国务院印发《中医药发展战略规划纲要（2016—2030 年）》，指出：大力发展中医药养生保健服务，加快服务体系建设，提升服务能力，促进中医药与健康养老、旅游产业融合发展。2017 年 9 月，原国家旅游局和国家中医药管理局联合公布了《首批国家中医药健康旅游示范区创建单位的通知》，确定北京东城等 15 家单位为首批国家中医药健康旅游示范区创建单位；次年 3 月，两部委又联合公布了《关于国家中医药健康旅游示范基地创建单位名单公示》，确定北京昌平中医药文化博览园等 73 家单位为第一批国家中医药健康旅游示范基地创建单位。总体而言，"政策"与"产业"的双轮推动，使得越来越多的国内学者不断关注中医药健康旅游，中医药健康旅游研究领域的文献也日益丰富。

（2）发文期刊分析

学术期刊是学术传播的重要纽带与载体，也是学术研究的基础，是发文质量的象征①。根据相关统计结果，我们将国内中医药健康旅游领域的发展期刊进行了逐一汇总，表 4-2 为排名前 10 的发文期刊。

表 4-2　中医药健康旅游研究领域发文量排名前 10 的期刊

<table>
<tr><th>排序</th><th>期刊名称</th><th>发文量（篇）</th><th>所占比例</th><th>复合影响因子</th></tr>
<tr><td>1</td><td>《中医药管理杂志》</td><td>34</td><td>32.69%</td><td>0.176</td></tr>
<tr><td>2</td><td>《旅游纵览》</td><td>20</td><td>19.23%</td><td>—</td></tr>
<tr><td>3</td><td>《亚太传统医药》</td><td>10</td><td>9.62%</td><td>0.608</td></tr>
<tr><td rowspan="2">4</td><td>《中国中医药信息杂志》</td><td>8</td><td>7.69%</td><td>1.290</td></tr>
<tr><td>《中医药导报》</td><td>8</td><td>7.69%</td><td>0.885</td></tr>
<tr><td>6</td><td>《四川旅游学院学报》</td><td>7</td><td>6.73%</td><td>0.377</td></tr>
<tr><td>7</td><td>《中国市场》</td><td>6</td><td>5.77%</td><td>0.309</td></tr>
<tr><td>8</td><td>《当代经济》</td><td>5</td><td>4.81%</td><td>0.427</td></tr>
<tr><td>9</td><td>《世界中医药》</td><td>4</td><td>3.85%</td><td>1.583</td></tr>
<tr><td>10</td><td>《中医杂志》</td><td>2</td><td>1.92%</td><td>2.145</td></tr>
</table>

数据来源：根据相关文献整理。

通过对表 4-2 的分析可得知，在中医药健康旅游研究领域发文量占据前三位的期刊分别是《中医药管理杂志》（34 篇，占比 32.69%）、

① 许振宇，吴金萍，霍玉蓉.区块链国内外研究热点及趋势分析［J］.图书馆，2019（4）：92-99.

《旅游纵览》(20 篇，占比 19.23%)和《亚太传统医药》(10 篇，占比 9.62%)。与此同时，期刊作为重要的学术交流载体，期刊的影响因子也反映了其载文的质量和在行业内的影响力；通常情况下，影响因子越大，期刊在该领域的影响力也就越大。在现在的研究阶段，发文量排名前 10 的期刊平均复合影响因子为 0.87，最高的为《中医杂志》，其复合影响因子为 2.145，这也是中医药健康旅游研究领域发文量排名前 10 的期刊中唯一的复合影响因子大于 2.0 的期刊，也是唯一一本核心期刊。复合影响因子大于 1.0 的期刊有 3 种，分别为《中国中医药信息杂志》《世界中医药》《中医杂志》。

这既能说明当前国内一小部分有影响力的学术期刊一直在关注中医药健康旅游领域的研究，又能说明其研究的深度、研究范围的广度及在学术领域的影响力还有待进一步提高，还能说明中医药健康旅游研究是一个多学科的交叉复合型研究，可以从旅游管理学、中医药学、应用经济学、工商管理学、社会学等不同学科视野下进行分别进行分析和研究。

再从论文被引情况角度进行分析，如表 4-3 所示，引用率最高的前 10 篇文章刊载于《旅游论坛》《地域研究与开发》《旅游学刊》《经济问题探索》《商讯商业经济文荟》等期刊，其中周波、方微发表的《国内养生旅游述评》，田广增发表的《我国中医药旅游发展探析》和刘庆余、弭宁发表的《全域旅游事业下健康养生旅游发展对策》位列前三，其被引次数分别为 86 次、83 次和 73 次。但总体而言，中医药健康旅游研究领域论文被引次数较低，论文质量有待提高，论文影响力有待进一步提升。

表 4-3　中医药健康旅游研究领域发文量排名前 10 的期刊

排序	被引次数	第一作者	论文名称	刊名	发表时间
1	86	周波	国内养生旅游述评	旅游论坛	2012-01-15
2	83	田广增	我国中医药旅游发展探析	地域研究与开发	2005-12-10
3	73	刘庆余	全域旅游事业下健康养生旅游发展对策	旅游学刊	2016-11-06
4	52	王景明	对发展中医药旅游的思考与探索	经济问题探索	2000-08-01
5	49	张群	在养生中体验旅游——中医药旅游开发探讨	商讯商业经济文荟	2006-08-20
6	31	胡凌娟	中医药健康服务业政策研究的必要性探讨	医学与社会	2014-11-10
7	30	郭景福	生态视角下民族地区特色产业发展路径研究	云南民族大学学报（哲学社会科学版）	2016-01-15
8	25	刁宗广	中医药旅游发展中存在的问题及解决对策	社会科学家	2010-01-25
9	24	张群	中医药旅游市场探析——以广西药用植物园为例	市场论坛	2008-04-15
10	23	刘华云	北京市实施中医医疗旅游发展战略存在的问题及对策	医学与社会	2014-02-10
		高婷婷	广东省中医药文化旅游的开发与发展对策	中国医学创新	2012-06-15
		李时	中国特色旅游——中医药旅游开发与发展对策研究	中国科技信息	2008-01-15
		孙永平	中医药旅游研究初探	商场现代化	2007-05-01

数据来源：根据相关文献整理。

（3）基金分布情况分析

在国家创新体系中，科学基金制度是重要基础和知识源泉[①]，基金项目对于相关领域科学研究的发展具有积极的支持与促进作用，甚至能够引导科学创新的发展方向[②]。通过进一步梳理中医药健康旅游研究领域的相关文献，我们对其所涉及的基金来源进行整理统计，如表4-4所示。

表4-4　中医药健康旅游研究领域文献的基金支持前3位

排序	基金名称	文献量（篇）	所占比例
1	国家社会科学基金	9	18.75%
2	湖南省哲学社会科学基金	4	8.33%
3	安徽省教育厅人文社会科学研究项目	3	6.25%
	北京市哲学科学规划项目	3	6.25%
	国家自然科学基金	3	6.25%
	江苏省教育厅高等学校哲学社会科学基金项目	3	6.25%
	河南省软科学研究计划	3	6.25%

数据来源：根据相关文献整理。

通过表4-4可以看出，在中医药健康旅游研究领域基金支持占比最大的是国家社会科学基金（9篇，占比18.75%）。值得一提的是，国家社会科学基金是我国人文社科领域最高级别的研究项目，代表着我国哲学社会科学的发展方向和水平，对于推动学科发展和深化学术研究具有重要意义。这也说明了，当前我国对于加快中医药健康旅游发展，满足

① 李静海.国家自然科学基金支持我国基础研究的回顾与展望［J］.中国科学院院刊，2018，33（4）：390-395.

② 吕晶，郭思月，滕广青，马卓.基金项目对科学研究的关联影响分析［J］.数字图书馆论坛，2019（12）：18-27.

人民群众多层次、个性化健康服务和旅游需求，促进旅游业与中医药健康产业深度融合的重视和支持力度。

4.3.3 相关文献的可视化分析

（1）核心作者合作网络分析

我们采用 Citespace 进行中医药健康旅游研究领域的核心作者合作网络分析时，将节点类型（Node Types）设定为 Author，时间切片（Time Slicing）= “From 2000 To 2021”，#Years Per Slice 设定为 1，得到包含 297 个作者（Network：N=297），269 条连线（Network：E=269），网络密度为 0.0061（Density=0.0061）的核心作者合作网络图谱，如图 4-3 所示。

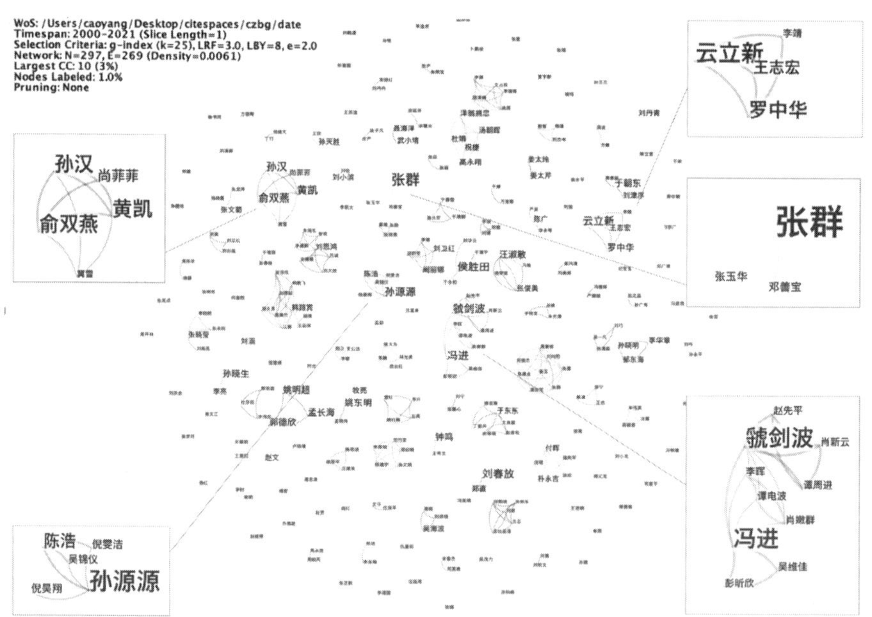

图 4-3　中医药健康旅游研究领域核心作者合作网络图谱

在图 4-3 中节点大小表示作者发文量的多少，节点之间连线的密度与粗细表示合作关系的频次与强度，连线的不同颜色则代表建立合作关系的时间，颜色越深，建立合作关系的时间越早。由此我们可以看出，学者对于中医药健康旅游的研究较为分散，发文作者之间的合作交流相当缺乏，多数学者处于独立研究的状态，只有张群、王立新、罗中华、虢剑波、冯进、孙源源、陈浩、孙汉、黄凯、俞双燕等为中心的少数合作网络较为明显，核心作者群已见雏形，但尚不明显。但通过进一步研究可以发现，这些核心作者群主要的研究内容多集中于“中医药健康旅游的动机”“中医药健康旅游的现状”“中医药健康旅游存在的问题”“中医药健康旅游的发展策略”“中医药健康旅游产品的开发”“中医药健康旅游的概念”等方面的研究。

根据文献计量学中的著名的普莱斯定律，我们可以计算中医药健康旅游研究领域的核心作者数量，方法为：

$$Mp = 0.749\sqrt{Npmax}$$

式中，Npmax 为发文量最多的作者刊发的文章数，Mp 为核心作者的最低发文量。运用该方法，张群发文数量在中医药健康旅游领域内排名第一，其文章数为 8，则 Npmax= 张群 =8，Mp≈2.12，即发文量 2 篇以上的学者为中医药健康旅游研究领域的核心作者。结果表明，发文量 2 篇以上的作者共计 53 人，如表 4-5 所示，累计发表论文 139 篇，约占中医药健康旅游研究领域论文总数的 48.94%。按照普莱斯“在同一主体下，半数的论文（50%）为一群高生产能力者所撰写，则这一作者集合（核心作者群）的数量上等于全部作者总数的平方根”。[①] 的论断还存在一定的差距，这也能充分说明虽然从事中医药健康旅游研究的学者有很多，

① D.普莱斯.小科学，大科学［M］.宋剑耕，戴振飞，译.北京：世界科学社，1984：23.

但至今还未形成稳定的核心作者群体。

表 4–5　中医药健康旅游领域主要发文作者和发文量统计

排序	作者	发文量	排序	作者	发文量	序号	作者	发文量
1	张群	8	19	郭德欣	3	37	陈广	2
2	冯进	4	20	陈浩	2	38	高永翔	2
3	孙汉	4	21	吴海波	2	39	牧亮	2
4	孙源源	4	22	杜娟	2	40	李亮	2
5	虢剑波	4	23	郑直	2	41	张文菊	2
6	刘春放	4	24	孙晓明	2	42	张俊美	2
7	俞双燕	4	25	武小埼	2	43	刘津序	2
8	侯胜田	4	26	孙天胜	2	44	刘丹青	2
9	云立新	4	27	朴永吉	2	45	郁东海	2
10	黄凯	4	28	刘涵	2	46	刘卫红	2
11	孟长海	3	29	刘思鸿	2	47	张晓莹	2
12	汪淑敏	3	30	赵文	2	48	汤朝晖	2
13	于朝东	3	31	李华章	2	49	祝捷	2
14	孙晓生	3	32	尚菲菲	2	50	于东东	2
15	钟鸣	3	33	王志宏	2	51	聂海洋	2
16	姚东明	3	34	姜太芹	2	52	刘小滨	2
17	罗中华	3	35	韩路宾	2	53	姜太玲	2
18	姚明超	3	36	阚丽娜	2			

数据来源：根据 Citespace 作者合作网络图谱整理。

（2）核心机构合作网络分析

利用 Citespace 进行中医药健康旅游研究领域的核心机构合作网络分析时，将节点类型（Node Types）设定为 Institution，时间切片（Time

Slicing）=“From 2000 To 2021”，#Years Per Slice 设定为 1，得到包含 221 个节点（Network：N=221），138 条连线（Network：E=138），网络密度为 0.0057（Density=0.0057）的核心机构合作网络图谱，如图 4–4 所示，其图谱分析原理与上述核心作者合作网络图谱分析原理相类似。

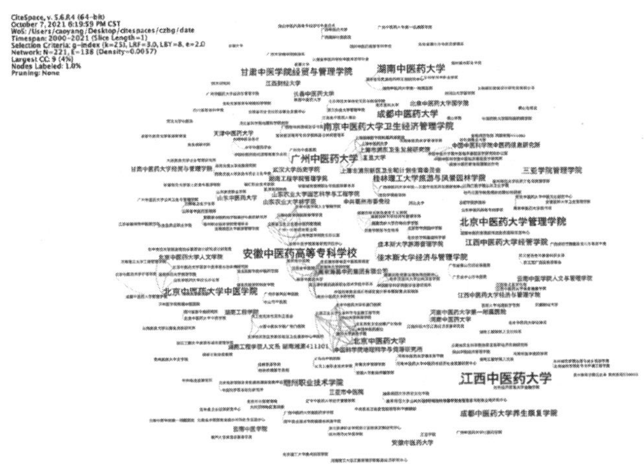

图 4–4　中医药健康旅游研究领域核心机构合作网络图谱

由图 4–4 可以分析出，有 3 个较为显著的合作网络，分别是以湖南中医药大学、北京中医药大学管理学院和广州中医药大学为核心合作的网络。另外，还有少量以北京中医药大学中医学院、成都中医药大学、甘肃中医学院经贸与管理学院、南京中医药大学卫生经济管理学院等为代表的合作网。在这里我们要特别说明的是安徽中医药高等专科学校、江西中医药大学、天津中医药大学、三亚学院管理学院等核心机构，虽然发文数量占据一定的优势，但合作网络还没有形成，多属于独立研究状态。可视化图谱的研究结果显示，核心机构合作网络密度为 0.0057（Density=0.0057）与核心作者合作网络密度 0.0061（Density=0.0061）相似，这也同样表明，当前核心作者之间的合作主要局限于研究机构内部之间的合作，不同研究机构之间的合作和交流还有待提高，在学术界有显著影响力的学术共同体至今还未形成。

我们对发文机构的二级单位进行合并，针对中医药健康旅游研究领域发文量前十位的核心研究机构进行整理，如表 4-6 所示。在表 4-6 中我们可以看出，江西中医药大学、北京中医药大学、成都中医药大学、湖南工程学院、广州中医药大学和南京中医药大学居核心研究机构的前五位。具体而言，江西中医药大学主要集中于中医药健康旅游的市场发展策略研究[①②]，北京中医药大学主要集中于中医药健康旅游的发展战略研究[③④]，成都中医药大学主要集中于中医药健康旅游的资源开发研究[⑤⑥]，湖南工程学院主要集中于中医药健康旅游者的行为特征研究[⑦⑧]，广州中医药大学主要集中于以广东省为案例研究对象对中医药健康旅游的发展对策展开研究，南京中医药大学主要集中对"一带一路"战略背景下中医药健康旅游的发展展开研究[⑨⑩]。

---

① 袁珍，朱智英，杨慧，喻玲，陈广．中医药健康旅游发展策略研究［J］．中国市场，2018（5）：283-284.

② 孟晓伟，姚东明，胡振宇．中医药健康旅游发展现状与对策研究［J］．江西中医药大学学报，2018，30（1）：96-99.

③ 侯胜田．以中医药为特色的中国医疗旅游产业发展战略探讨［J］．中国中医药信息杂志，2013，20（12）：1-3.

④ 侯胜田，于海宁，杨思秋．中医药服务贸易阻碍因素及发展策略研究概况［J］．中国中医药信息杂志，2019，26（4）：5-9.

⑤ 汤朝晖，高永翔，杜娟，祝捷，泽翁拥忠．四川省民族医药文化的旅游资源开发初探——以南派藏医药为例［J］．康定民族师范高等专科学校学报，2009，18（5）：59-61.

⑥ 刘小滨．中医药健康旅游资源分类及评价［J］．旅游纵览（下半月），2016（22）：53.

⑦ 张群．中医药旅游者满意度实证研究［J］．市场论坛，2013（4）：78-79，82.

⑧ 张群．中医药旅游游客行为特征研究——基于广西药用植物园的调查［J］．湖南工程学院学报（社会科学版），2013，23（3）：1-5.

⑨ 孙源源，王玉芬，施萍，申俊龙．"一带一路"背景下江苏中医药健康旅游的创新发展策略［J］．世界科学技术－中医药现代化，2018，20（5）：769-774.

⑩ 陈浩，吴锦仪，阮诗慧，孙源源．"一带一路"背景下江苏中医药健康旅游发展的SWOT分析及对策研究［J］．亚太传统医药，2019，15（2）：9-14.

表 4–6　中医药健康旅游领域发文量前十位的核心研究机构

排序	机构	最早发文时间（年）	发文量（篇）
1	江西中医药大学	2016	19
2	北京中医药大学	2013	17
3	成都中医药大学	2009	10
4	湖南工程学院	2006	8
5	广州中医药大学	2012	7
	南京中医药大学	2018	7
7	安徽中医药高等专科学校	2016	6
	河南中医药大学	2016	6
	湖南中医药大学	2012	6
10	云南中医学院	2000	5

数据来源：根据 Citespace 机构合作网络图谱整理。

（3）关键词共现分析

关键词是文献的精准概括和高度凝练，是文献核心思想的升华，某一个关键词在同一个领域内反复出现，我们就可以认定该关键词为该领域的研究热点，也可通过该关键词探索其研究内容在未来一段时间的发展趋势。利用 Citespace 进行中医药健康旅游研究领域的关键词共现分析时，节点类型（Node Types）设定为 Keyword，时间切片（Time Slicing）= "From 2000 To 2021"，#Years Per Slice 设定为 1，使用剪纸（Pruning）中的寻径（Pathfinder）功能以简化每一个时间切片网络并突出重要的结果特征，即可生成中医药健康旅游研究领域关键词共现图谱，如图 4–5 所示。

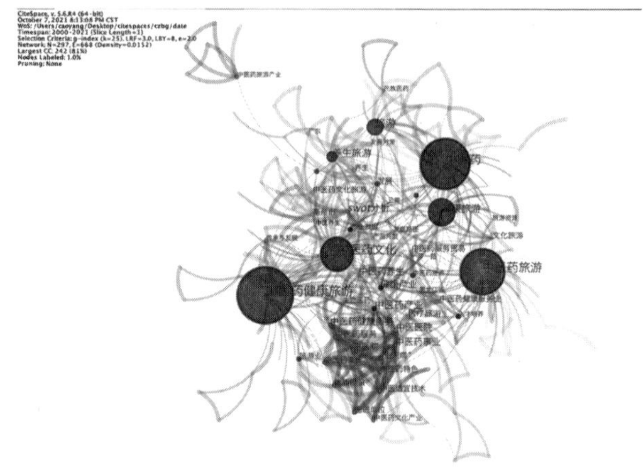

图 4-5 中医药健康旅游研究领域关键词共现图谱

在图 4-5 的关键词共现图谱中，共有 297 个节点（Network：N=297），668 条连线（Network：E=668），网络密度为 0.0152（Density=0.0152），根据图谱中节点的多少与大小，连线的多少、粗细及密度，经过综合评估，认为中医药健康旅游研究领域现已较具规模，但相比其他旅游业态的基础理论尚还处于起步探索阶段。

为了更加准确地表现关键词的地位和关系，我们对关键词的频次及中介中心性（Betweenness Centraliy）进行了整理，其中频次为关键词出现的次数，中介中心性则表示关键词之间信息流的数量以及对整个网络资源的控制程度。综合多种因素选择频次和中介中心性最高的前 20 个关键词进行分析，如表 4-7 所示。可以发现，频次最高的 5 个关键词依次为中医药健康旅游（59 次）、中医药（57 次）、中医药旅游（44 次）、中医药文化（35 次）和健康旅游（22 次），中介中心性最高的 5 个关键词依次为中医药文化（0.36）、中医药健康旅游（0.34）、中医药旅游（0.33）、中医药（0.31）和 swot 分析（0.13）。

表 4-7　中医药健康旅游领域关键词频次及中介中心性排名（前 20 位）

排序	关键词频次			关键词中介中心性		
	频次	中介中心性	关键词	中介中心性	频次	关键词
1	59	0.34	中医药健康旅游	0.36	35	中医药文化
2	57	0.31	中医药	0.34	59	中医药健康旅游
3	44	0.33	中医药旅游	0.33	44	中医药旅游
4	35	0.36	中医药文化	0.31	57	中医药
5	25	0.06	健康旅游	0.13	10	swot 分析
6	22	0.12	旅游	0.12	22	旅游
7	17	0.10	养生旅游	0.10	17	养生旅游
8	10	0.13	swot 分析	0.08	7	医疗旅游
9	10	0.07	中医药养生	0.07	10	中医药养生
10	9	0.05	中医药产业	0.07	3	大健康
11	8	0.05	发展	0.06	25	健康旅游
12	7	0.08	医疗旅游	0.05	9	中医药养生
13	7	0.04	健康产业	0.05	8	发展
14	7	0.03	旅游业	0.05	4	中医药旅游产业
15	7	0.02	产业发展	0.04	7	健康产业
16	7	0.02	文化旅游	0.04	6	亳州市
17	7	0.02	中医药服务贸易	0.04	3	中医药事业
18	6	0.04	亳州市	0.03	7	旅游业
19	6	0.02	一带一路	0.03	5	旅游开发
20	6	0.00	旅游资源	0.03	4	中医药文化产业

数据来源：根据 Citespace 关键词共现图谱整理。

通过对表 4-7 的分析，我们可以发现在中医药健康旅游研究领域关键词出现的频次与中介中心性存在着一定的内在联系，即关键词频次高者，其中介中心性也相对较高，也就是说在中医药健康旅游研究领域关键词频次与关键词中介中心性存在着高度正相关关系，例如，“中医药健康旅游”（频次：59，中介中心性：0.34）、“中医药”（频次：57，中介中心性：0.31）、“中医药旅游”（频次：44，中介中心性：0.33）、“中医药文化”（频次：35，中介中心性：0.36）等。

（4）关键词聚类分析

为了进一步分析中医药健康旅游研究领域的知识结构，探究不同关键词之间的组合分类，我们对关键词进行聚类分析，并结合已有文献对中医药健康旅游研究领域的特点进行系统归纳。经过综合比较，选用 Citespace 中所提供的的对数似然率 Log-Likelihood rate（LLR）算法进行聚类主题的提取，然后过滤掉较小聚类（Filter out Small Clusters），由此所得出的聚类标签与实际情况相符且重复率相对较低；由于该研究所选用的样本期刊全部为样本框中的中文期刊，故选择用“K”聚类形式，最终形成的中医药健康旅游研究领域的关键词聚类图谱，如图 4-6 所示。

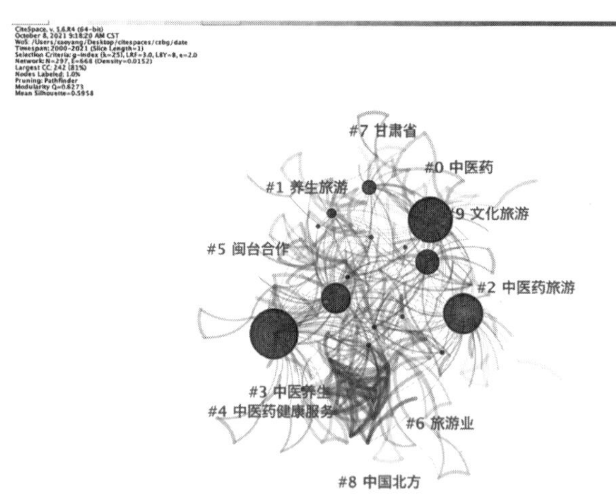

图 4-6　中医药健康旅游研究领域关键词聚类图谱

在图 4-6 中，模块值（Modularity Q，以下简称：Q 值）和平均轮廓值（Mean Silhouette，以下简称：S 值）是两个非常重要的指标。Q 值用来衡量图谱网络能在多大程度上被拆分成相互独立的模块，取值范围在 0~1 之间，Q 值越接近 1，则说明聚类独立程度越强，反之则越弱，但通常情况下 Q 值应该大于等于 0.3。S 值用来评估聚类本质是否具有确定性，取值范围在 -1~1，S 值越接近 1，则说明聚类主题越明确，反之则越不明确；通常情况下 S 值大于等于 0.5 我们认为聚类主题是合理的，大于等于 0.7 我们认为聚类主题是令人信服的。在图 4-6 中，Q 值为 0.6273，说明聚类具有很强的独立性，在很大程度上可以被拆分成相互独立的模块；S 值为 0.5958，说明聚类主题明确，能基本反映出本研究领域的总体情况。与此同时，聚类编号大小与聚类规模成反比，即聚类编号越小，该聚类的规模也就越大，图 4-6 中共提到了 10 个聚类，依次为：#0 中医药、#1 养生旅游、#2 中医药旅游、#3 中医养生、#4 中医药健康服务、#5 闽台合作、#6 旅游业、#7 甘肃省、#8 中国北方、#9 文化旅游。

通过对聚类信息进一步整理，列举出每个聚类标签值最大的 3 个关键词，如表 4-8 所示，其中标签值最大的关键词就为聚类名称；包含节点数为聚类中包含的关键词个数；紧密程度代表各关键词之间的联系程度，紧密程度越高聚类效果越好。从包含节点数看，最多的是“#0 中医药”（包含节点数：50 个）聚类标签，说明“中医药”研究领域广泛，同很多关键词之间存在着密切的联系，其中同“国际健康旅游”“健康中国”之间的关系最为密切；最少的是“#9 文化旅游”（包含节点数：10 个）聚类标签，因为 2018 年 3 月，《深化党和国家机构改革》提出，将文化部、国家旅游局职责整合，组建文化和旅游部，文化和旅游融合发展成为时代主旋律，中医药健康旅游作为弘扬中华传统文化、满足人民群众日益增长的美好生活需要的重要载体，也日益受到学者的高度关注。从紧密程度来看，最紧密的是“#5 闽台合作”（0.918），说明福建省与台湾地区在以中医药健康旅游为代表的产业合作层面关系极为紧密，同时闽台合作对于中医药健康旅游的发展也极为重要；最松散的"#8 中国北方"（0.811），说明中医药健康旅游在以中国北方地区为代表的地区间的交流、沟通较少，紧密程度相对较低。

表 4–8　中医药健康旅游领域研究的聚类分析

聚类号	聚类名称	包含节点数	紧密程度	LLR 对数似然标签值最大的 3 个关键词
#0	中医药	45	0.864	中医药；国际健康旅游；健康中国
#1	养生旅游	31	0.830	养生旅游；中医药文化；养生
#2	中医药旅游	31	0.840	中医药旅游；旅游动机；东南亚
#3	中医养生	30	0.911	中医养生；中医药健康旅游；中医药
#4	中医药健康服务	22	0.916	中医药健康服务；中医药产业；中医药健康服务业
#5	闽台合作	21	0.918	闽台合作；推广策略；中医药文化特色小镇
#6	旅游业	16	0.897	旅游业；文化视角；医疗旅游
#8	中国北方	14	0.811	中国北方；甘肃；黑龙江省
#9	文化旅游	10	0.908	文化旅游；河南中医药；"一带一路"

数据来源：根据 Citespace 关键词聚类图谱整理。

4.3.4 相关文献研究的主要内容

依据前文对于中医药健康旅游研究领域关键词的频率、中介中心性及聚类结果，可以分析得出我国中医药健康旅游研究主要集中在以下几个方面：一是中医药健康旅游的概念界定研究；二是中医药健康旅游产品类型的研究；三是中医药健康旅游产业发展存在的问题及对策研究；四是中医药健康旅游的个案分析与景区打造研究；五是中医药健康旅游其他方面的研究，例如，市场营销、旅游者行为、人才培养、示范基地建设等方面。在这里要特别说明，关于“中医药健康旅游的概念界定研究”不再加以分析，在之前的“相关概念界定”和“相关概念辨析”章节内已经进行了研究和阐述。

（1）中医药健康旅游产品类型的研究

无论是从国家因素还是从省域、市域因素，学者们的共识是我国中医药健康旅游发展的一个非常重要的优势是中医药健康旅游资源极为丰富，可以针对不同旅游者需求开发不同的中医药健康旅游产品[①]。田广增（2005）认为：我国中医药健康旅游在实践中的主要形式是参观游览、保健、购物和会展。张群（2006）认为中医药健康旅游产品的开发要满足不同旅游者的不同旅游需求，具体来说可以分为：中医药购物旅游、中医药观光旅游、中医药会展旅游和中医药体验旅游等[②]，具体可见表 4-9 所示。因此我国中医药健康旅游产品的种类非常丰富包含中医药养生、中医药观光、中医药会展、中医药体验、中医药购物等多种类型。

表 4-9　不同学者对中医药健康旅游产品类型的划分

作者	种类	具体内容
田广增（2005）117	四种	参观游览；保健；购物；会展
张群（2006）340（2007）[③]	四种	中医药购物旅游；中医药观光旅游；中医药会展旅游；中医药体验旅游
	四种	中医药购物旅游；中医药观光旅游；中医药体验式旅游；中医药学术旅游
孙永平等（2007）122	四种	医疗旅游；医药旅游；参观学习；会展
李时等（2008）120	四种	参观游览；购买中医产品；保健医疗；会展

① 祁超萍．我国中医药旅游产业发展研究［M］．北京：中国市场出版社，2021：58.
② 张群．中医药旅游开发探讨［J］．商场现代化，2006（35）：272-273.
③ 张群．中医药旅游的产品开发［J］．江苏商论，2007（1）：80-81.

续表

作者	种类	具体内容
孙天胜（2010）①	四种	求医问药型；观赏认知型；保健按摩型；成药采购型
侯笑闻等（2013）②	三种	中医药参观游览；中医药养生保健旅游；中医药会展旅游
师帅（2014）③	四种	参观；体验；购物；会议
刘小滨（2016）④	三种	中医理论；中医诊疗；中医养生
王林景等（2017）⑤	三种	中医药会展旅游；中医药文化节旅游；中医药养生旅游
江惺俊等（2018）⑥	八种	中医药观光旅游；中医药文化体验旅游；中医药养生体验旅游；中医药疗养康复旅游；中医药美容保健旅游；中医药会展节庆旅游；中医药购物旅游；传统医疗体育旅游
汪淑敏（2018）⑦	三种	中医药文化参观、学习；中医药技术体验；中医药疗养
刘思鸿等（2019）⑧	四种	中医医疗类；养生保健类；文化教育类；健康产业类

资料来源：根据相关资料整理。

（2）中医药健康旅游产业发展存在的问题及对策研究

虽然我国拥有丰富的中医药健康旅游资源，形成了较为丰富的中医

① 孙天胜，王欣．面向东南亚华侨华人的中医药旅游开发研究［J］.东南亚纵横，2010（2）：51-54.

② 侯笑闻，余正．我国中医药旅游的 SWOT 分析［J］. 卫生经济研究，2013（2）：19-22.

③ 师帅．我国中医药旅游现状浅析［J］. 中国中医药信息杂志，2014，21（1）：5-6.

④ 刘小滨．中医药健康旅游资源分类及评价［J］. 旅游纵览（下半月），2016（22）：53.

⑤ 王林景，王克园．移动互联网的中医药旅游产业分析［J］. 电子商务，2017（5）：1-2，25.

⑥ 江惺俊，孙健炜．中医药文化旅游发展策略［J］. 市场研究，2018（1）：25-26.

⑦ 汪淑敏.全养生视阈下中医药健康旅游发展路径研究［J］.四川旅游学院学报，2018（6）：47-50.

⑧ 刘思鸿，张华敏，吕诚，史楠楠，刘大胜，王燕平.中医药健康旅游的概念界定及类型探析［J］. 中医药导报，2019，25（19）：9-12.

药健康旅游产品；但是，我国中医药健康旅游起步较晚，在国家和地方层面的发展过程中存在许多较为明显问题，这些问题严重制约了我国中医药健康旅游产业的良性发展。田广增（2005）就曾指出：中医药健康旅游本质属于高档的配套医药保健旅游，但目前发展水平较低，在硬件设施、服务能力和休闲的结合点上还存在较大差距；与此同时，中医药健康旅游产业经营者没有针对旅游者需求进行研究也没有为旅游者提供良好的服务。马亮、颜亭玉（2013）也指出：我国中医药健康旅游产业发展现处于无序发展阶段，缺乏总体规划及相关政策法规的支持，健康旅游产品也缺乏创意①。

这些问题归纳起来主要有：中医药健康旅游水平低，管理不规范［孙永平、刘丹（2007）；李时、宋明（2008）］；中医药健康旅游资源开发力度不够，特色产品相对较少［孙永平、刘丹（2007）；李时、宋明（2008）；刁宗广（2010）；冯进、虢剑波（2013）②；王亚飞，赵建磊等（2020）③］；中医药健康旅游规模小，服务项目不能做到完整配套［孙永平、刘丹（2007）］；缺乏中医药健康旅游专业人才［李时、宋明（2008）；冯进、虢剑波（2013）；王诗源、菅广峰等（2019）④；王亚飞，赵建磊等（2020）］；中医药健康旅游者的消费存在非理性［李时、宋明等（2008）］；中医药健康旅游宣传与营销能力不足、客源结构相对单一［刁宗广（2010）；冯进、虢剑波（2013）；王诗源、菅广峰等

① 马亮，颜亭玉．中医药旅游创新体系的理论研究［J］．北京农学院学报，2013，28（1）：71-73.

② 冯进，虢剑波．湖南中医旅游资源开发潜力初探［J］．湖南中医杂志，2013，29（6）：99-101.

③ 王亚飞，赵建磊，于欢，李韵歆，韩雪，杨子，高鹏．浙江省中医药健康旅游现状及发展对策研究［J］．中国中医药现代远程教育，2020，18（22）：130-133.

④ 王诗源，菅广峰，陈莉军，庄严．中医药健康旅游产业发展存在的问题及对策［J］．医学争鸣，2019，10（1）：15-18.

（2019）］；中医药健康旅游缺乏品牌优势［冯进、虢剑波（2013）］；中医药健康旅游缺乏体验项目、与游客缺少互动［刁宗广（2010）］；中医药健康旅游市场定位轻国内重国际［李时、宋明等（2008）；刁宗广（2010）］。另外，中医药健康旅游缺少完善的监督管理机制及法律制度保障［王诗源、菅广峰等（2019）］。

为促进我国中医药健康旅游的快速发展，针对上述问题，学者们提出了相应的解决对策：如加强政府对市场的引导作用，顶层规划，健全中医药健康旅游保障制度及相关法律法规［李时、宋明（2008）；王诗源、菅广峰等（2019）；赵磊（2020）①］；科学规划，合理开发中医药健康旅游产品［孙永平、刘丹（2007）；李时、宋明（2008）；付晖、朴永吉（2009）②；刁宗广（2010）；师帅（2014）；鲁延召、赵钰莹等（2021）③］；提高认识、培养高端中医药健康旅游专业人才［孙永平、刘丹（2007）；李时、宋明（2008）；王诗源、菅广峰等（2019）；赵磊（2020）；王亚飞，赵建磊等（2020）；鲁延召、赵钰莹等（2021）］；结合资源、拓宽中医药健康旅游资源和项目［师帅（2014）；王诗源、菅广峰等（2019）］；开展精彩的中医药健康旅游体验性项目，打造健康旅游新亮点［刁宗广（2010）；王亚飞，赵建磊等（2020）］；加大中医药健康旅游宣传力度，扩大潜在市场［孙永平、刘丹（2007）；付晖、朴永吉（2009）；师帅（2014）；王诗源、菅广峰等（2019）；赵磊（2020）］；创新性地开发中医药健康旅游的社会功能［王诗源、菅广峰

① 赵磊．基于PEST模型的黑龙江省对俄中医药旅游发展对策研究［J］．边疆经济与文化，2020（8）：15-18.

② 付晖，朴永吉，徐欢，强宪军．对中国药用植物园旅游资源的SWOT分析与发展对策［J］．农业科技与信息（现代园林），2009（9）：70-72.

③ 鲁延召，赵钰莹，陈清清．焦作中医药健康旅游发展对策研究［J］．三门峡职业技术学院学报，2021，20（2）：121-126.

等（2019）；鲁延召、赵钰莹等（2021）]；多产业协作推进中医药健康旅游发展［王诗源、菅广峰等（2019）]；加大对中医药健康旅游的资金投入力度［李时、宋明（2008）]；依托产业资源，打造中医药健康旅游特色小镇［鲁延召、赵钰莹等（2021）]。

（3）中医药健康旅游的个案分析与景区打造研究

目前对中医药健康旅游研究的相关成果中，个案分析所占比重较大，主要是从以下几个方面探讨的：张晓莹、李晓明（2014）[①]，张永利、张晓莹等（2016）[②]，杜佳蕾、于朝东（2020）[③]，赵磊（2020）等对黑龙江省中医药健康旅游发展进行了研究。葛新颖（2016）[④]，曹婷婷、姚东明（2016）[⑤]，吴海波、周桐等（2019）[⑥]，季凯文（2020）[⑦]等对江西省中医药健康旅游的发展进行了战略分析。万宠菊、于博等（2016）[⑧]，韩欣欣、徐颖剑等（2017）[⑨]，肖丽萍、陈丽萍等（2017）[⑩]等对云南省发展中医药健康旅游产业

---

① 张晓莹，李晓明，张永利.简析黑龙江省中医药养生旅游发展现状［J].中国市场，2014（42）：172-173.

② 张永利，张晓莹，王元奕，刘阁亮，张金凤.中医药旅游开发下医学人文精神培育［J].中国市场，2016（28）：120，122.

③ 杜佳蕾，于朝东，刘津序，赵琦."旅游+健康"黑龙江省中医药旅游发展研究［J］现代商业，2020（12）：17-18.

④ 葛新颖.江西中医药健康旅游发展战略研究［J］.中外企业家，2016（1）：199，217.

⑤ 曹婷婷，姚东明.江西中医药健康旅游发展模式与发展对策研究［J].江西中医药大学学报，2016，28（4）：98-100，104.

⑥ 吴海波，周桐，邵英杰，刘统银.江西发展中医药健康旅游的优劣势分析［J].江西中医药大学学报，2019，31（6）：91-93，121.

⑦ 季凯文.江西打造中医药强省优势明显［J］.中国国情国力，2020（4）：43-45.

⑧ 万宠菊，于博，肖丽萍.云南省发展中医药健康旅游的思考［J].当代经济，2016（34）：102-104.

⑨ 韩欣欣，徐颖剑，章涤凡，高洁.云南中医药健康产业发展趋势及特征分析［J].中国医药导报，2017，14（18）：168-171.

⑩ 肖丽萍，陈丽萍，罗美兰.云南省中医药+旅游产业的产品策略研究［J］.当代经济，2017（25）：41-43.

进行了分析。汪淑敏、孙坤（2018）①，袁琪、贾兆星等（2019）② 等对安徽省中医药健康旅游的开发进行了探究。刘丽（2019）以"御医之乡"祁门县历溪古村为例对安徽省中医药健康旅游基地业态分布现状进行了梳理及对开发历溪中医药旅游新业态进行了分析③。刘春放（2018）④，庄严、庄子凡（2018）⑤，赵文（2018）⑥，董存良⑦（2018），田广增、田皓宇等（2018）⑧，王亚飞、赵建磊等（2020）⑨，苏巧勤、于宛灵等（2021）⑩ 等分别以海南省、山东省、陕西省、重庆市、河南省、浙江省、江苏省等为例对中医药健康旅游的发展进行了分析。王思宇（2016）⑪，张俊美、冯梅等（2018）⑫，陶桂香、张俊美等（2019）⑬ 对安徽省亳州市中医药健康旅游的发展进行了探

① 汪淑敏，孙坤.安徽中医药健康旅游发展开发探究［J］.现代职业教育，2018（28）：30.

② 袁琪，贾兆星，李萍，蒋壮，黄顺.安徽省发展中医药健康旅游优势的思考［J］.临床医药文献电子杂志，2019，6（50）：178，182.

③ 刘丽.构建安徽省中医药健康旅游新业态——以"御医之乡"祁门历溪古村为例［J］.山东农业工程学院学报，2019，36（2）：86-87.

④ 刘春放.海南发展中医药健康旅游的思考与探索［J］.当代经济，2018（9）：56-58.

⑤ 庄严，庄子凡.中医药健康旅游产业服务"健康山东"建设的思考［J］.南京医科大学学报（社会科学版），2018，18（6）：417-420.

⑥ 赵文.陕西开展中医药健康旅游示范基地建设［J］.中医药管理杂志，2018，26（20）：108.

⑦ 董存良.重庆发文发展中医药健康旅游［J］.中医药管理杂志，2018，26（16）：60.

⑧ 田广增，田皓宇，王毅彰.河南省中医药健康旅游发展研究［J］.旅游纵览，2020（16）：102-104.

⑨ 王亚飞，赵建磊，于欢，李韵歆，韩雪，杨子，高鹏.浙江省中医药健康旅游现状及发展对策研究［J］.中国中医药现代远程教育，2020，18（22）：130-133.

⑩ 苏巧勤，于宛灵，陆文静，孙婧，赵佳文，朱元清.江苏省中医药健康旅游发展策略研究［J］.江苏商论，2021（1）：77-79.

⑪ 王思宇.药都亳州中医药旅游发展探析［J］.商场现代化，2016（18）：193-194.

⑫ 张俊美，冯梅，汪淑敏，陈慧敏，杨荣斌.亳州中医药旅游资源现状分析及项目开发［J］.四川旅游学院学报，2018（4）：45-47，52.

⑬ 陶桂香，张俊美，汪淑敏.安徽中医药旅游资源分布及发展概况与开发建议［J］.旅游纵览（下半月），2019（10）：90-91.

析。王天松（2017）[①]，黄凯、俞双燕等（2017）[②]、朱秀媛、王思民（2021）[③]、鲁延召、赵钰莹等（2021）[④]分别以三亚市、樟树市、德兴市、焦作市为个案研究对象对中医药健康旅游发展进行了探讨。于东东、尤良震等（2015）对皖南区域中医药健康旅游现状开展了调查研究[⑤]。怀文惠、张长安等（2018）在国际视角下对中国东北地区中医药健康旅游发展进行了研究[⑥]。刘秋兰、潘虹等（2017）在“旅游+”发展理念下岭南地区中医药健康旅游发展的模式进行了探索[⑦]。段芸、潘华峰（2020）以肇庆为例对“粤港澳大湾区”背景下中医药养生旅游服务展开研究[⑧]。

在景区打造方面，张群（2008）以广西药用植物园为例，对中医药健康旅游的旅游者特征及行为动机进行了研究，并提出了有针对性的建议[⑨]。付晖、朴永吉（2009）对中国药用植物园进行了SWOT分析并提出了有针对性的发展对策。张书河（2014）对广东中医药博览园的现状及

① 王天松.三亚中医药健康旅游的发展前景［J］.中医药管理杂志，2017，25（22）：187-188.

② 黄凯，俞双燕，尚菲菲，冀雪，孙汉.樟树市中医药健康旅游的互联网推广研究报告［J］.旅游纵览（下半月），2017（2）：15-16.

③ 朱秀媛，王思民，顾囡囡，蔡燕婷，方洪涛.德兴市中医药健康旅游示范基地发展现状及策略研究［J］.旅游纵览，2021（1）：94-96.

④ 鲁延召，赵钰莹，陈清清.焦作中医药健康旅游发展对策研究［J］.三门峡职业技术学院学报，2021，20（2）：121-126.

⑤ 于东东，尤良震，陶春芳，余萌萌，彭青和.皖南区域中医药健康旅游现状调查研究［J］.亚太传统医药，2015，11（13）：1-4.

⑥ 怀文惠，张长安，于晟懿，宁春雪，许子英，金阿宁.国际视角下中国东北地区中医药健康旅游发展研究［J］.旅游纵览（下半月），2018（24）：33-35.

⑦ 刘秋兰，潘虹，何燕，甄腾飞，王仕过.“旅游+”发展理念下的岭南地区中医药健康旅游发展模式探索［J］.旅游纵览（下半月），2017（6）：26，28.

⑧ 段芸，潘华峰.粤港澳大湾区中医药养生旅游服务研究——以肇庆为例［J］.中医药管理杂志，2020，28（6）：6-9.

⑨ 张群.中医药旅游市场探析——以广西药用植物园为例［J］.市场论坛，2008（4）：51-53.

中医药文化养生旅游趋势进行了分析并对未来建设进行了设想[①]。

（4）中医药健康旅游其他方面的研究

章德林、胡容容等（2016）探讨了中医药健康旅游产业中人力资源的含义并对加强南昌市中医药健康旅游产业人力资源建设的意义进行了分析[②]。黄凯、俞双燕等（2017）以樟树市为研究对象中医药健康旅游的互联网推广策略展开了研究。刘小滨、刘佼（2017）从整体感知、感知深度和美感评价三个维度对旅游者对于中医药文化的感知度进行了调查，并针对调查结果对不同人群有针对性地开发出了不同的中医药健康旅游产品[③]。马波、杨荣斌（2019）对中医药健康旅游及其人才需求特征进行了分析，并从“院校人才培养”和“专业建设实践”两个方面对新时代培养中医药健康旅游专业人才提出了方向性的建议和要求[④]。侯胜田、于海宁等（2019）认为中医药服务贸易是中国服务贸易发展战略大格局的重要组成部分，并梳理和总结了我国中医药服务贸易的阻碍因素和发展策略，以期为我国中医药服务贸易的进一步发展提供参考和启示[⑤]。赵启智、宿哲骞（2019）对移动互联网视域下中医药文化旅游资源的现状与开发进行了梳理，并构建了未来良性中医药文化旅游产业发展的路径[⑥]。谷阳、张雪（2021）对后疫情时代中医药健康旅游的发展的机遇进行了

① 张书河．广东中医药博览园建设构想［J］．湖北中医药大学学报，2014，16（1）：126-127.

② 章德林，胡容容，张正鹏．南昌市中医药健康旅游产业人力资源建设的意义［J］．企业导报，2016（1）：148，182.

③ 刘小滨，刘佼．基于游客感知的中医药健康旅游产品研究［J］．旅游纵览（下半月），2017（6）：27-28.

④ 马波，杨荣斌，邓沂．中医药健康旅游专业人才培养探索与实践［J］．四川旅游学院学报，2019（1）：97-100.

⑤ 侯胜田，于海宁，杨思秋．中医药服务贸易阻碍因素及发展策略研究概况［J］．中国中医药信息杂志，2019，26（4）：5-9.

⑥ 赵启智，宿哲骞．移动互联网视域下中医药文化旅游资源现状与开发策略研究［J］．旅游纵览（下半月），2019（12）：232-234.

分析，并提出“十四五”期间中医药健康旅游产业高质量发展的具体建议①。

4.3.5 我国中医药健康旅游研究评述

（1）研究结论

综上所述，我国中医药健康旅游的研究还处于起步阶段，但近年来随着人民群众对美好生活的向往及国家对中医药产业发展的大力支持，中医药健康旅游研究从成果数量、研究方法，到研究深度与广度等方面都取得了较大的进展；从最初概念界定与内涵的研究、发展现状的研究、发展过程中存在的问题与对策研究等定性分析研究为主到现在开始向旅游者满意度、忠诚度研究等定量分析研究转变。但总体而言还处于起步阶段，现有成果还存在诸多问题，主要表现在以下几个方面：

一是研究深度不够，研究内容比较零散。从现有的文献看，中医药健康旅游研究多停留在表层，理论研究比较只停留于表面，甚至有些文献研究成果只是相关理论的简单集合，缺乏适用于中医药健康旅游及产业发展的独特理论、思路及方法等，因此导致相关研究结论的可靠性及解释力有待提高。研究内容主要集中在中医药健康旅游的开发、发展策略上，缺乏深度的理论研究。特别是作为一个新兴的旅游业态，在其理论体系及知识体系的构建和研究上，特别是中医药健康旅游发展的路径、模式、体制机制方面等还比较鲜有，碎片化特征也极为明显，缺乏对于中医药健康旅游研究的顶层规划与系统设计，不同主题之间的研究也缺乏跨领域、跨学科的深度融合。

二是研究者与研究机构相对分散。中医药健康旅游研究领域涌现出

① 谷阳，张雪．后疫情时代中医药健康旅游的发展和对策分析［J］．经济师，2021（5）：135-136，138.

一批杰出的研究者，但研究力度不够，发文数量普遍偏低，缺乏权威性的研究著作，各学者研究领域受区域限制较为严重；同时研究者之间的合作关系较为分散，各学者之间缺乏交流合作。面对“健康中国”战略背景下旅游业与中医药产业融合发展的热潮，越来越多的机构开始对其展开深入研究，但多以高校为主，且中医药高等院校占据主力位置，缺乏政府机构、社会机构及相关智库的参与。

三是研究方法多以描述性分析为主，缺乏实证研究。研究方法的独特性和适用性是判断一个学科成熟与否的重要标尺，通过现有的文献的梳理我们可以发现，学者对于中医药健康旅游的研究，不论是在中医药健康旅游的发展现状、发展策略上，还是中医药健康旅游的开发、竞争力构建及发展对策上，多以描述性分析为主，缺乏深度系统的实证研究。因此相关研究得到的多是表层政策理论性研究成果，缺乏足够的案例与数据支持。

（2）研究展望

从现有的文献来看，学者在中医药健康旅游的研究上取得了显著的成效，为中医药健康旅游的深入研究尤其是“健康中国”战略背景下旅游业与中医药产业融合发展奠定了扎实的理论基础。随着经济社会的不断发展和人民生活水平的不断提高，人民对旅游特别是中医药健康旅游的需求也会日益的提高。因此，作为新的旅游业态，中医药健康旅游在未来将有更大的发展空间。而对于学界而言，未来从以下几个方面进行研究，或许能够在一定程度上丰富中医药健康旅游的研究内涵，为中医药健康旅游的发展助力。

一是在研究内容上。随着“健康中国”战略的稳步实施，旅游业与中医药产业也将深度融合发展，中医药健康旅游将逐步走向成熟，其发展的内涵和外延也会随之逐步扩大，给对其进行研究的学者提供了丰富的土壤。未来中医药健康旅游研究的深度有待进一步加强，从以往的宏观研究、政策研究、理论研究逐步转向微观层面的多案例、多地域对比研究，从关注度高的热点区域逐渐向偏远或中医药健康旅游资源丰富但旅游经济发展较弱的地区过渡，从以往的管理学、中药学研究向生态学、地理学、民族学等多视角综合性研究迈入，同时应因地制宜、分门别类进行研究。如少数民族传统医药旅游、旅游对中医药的影响、中医药产业和旅游产业的融合研究等。而在研究内容上：一方面应关注政府职能部门为主导的行政驱动力，提出促进中医药健康旅游发展的具体政策建议与措施，在满足人民群众日益增长健康服务需求的同时促进我国旅游业高质量发展，如政府宏观政策对中医药健康旅游的影响研究、“健康中国”战略背景中医药健康旅游体制机制研究等；另一方面，当前中医药健康旅游的研究多注重从旅游开发主体的视角进行研究，即供给端研究，如中医药健康旅游的产品分类、中医药健康旅游的市场策略等，缺乏旅游活动中利益相关者的视角，即需求端的研究。中医药健康旅游中旅游者的体验构建、旅游者的旅游动机、满意度、行为意图及重游意愿等，或许会成为未来中医药健康旅游研究的方向和趋势。

二是在相关理论和研究方法上。当前，对中医药健康旅游的研究，学界主要将中医药产业和旅游产业硬性相加进行研究，而实质上，中医药健康旅游是旅游业与中医药健康产业深度融合后所产生的一种新型旅游业态。既然作为新的旅游业态，我们可以采用旅游研究中的相关理论对其进行研究，如产业融合理论、体验理论、旅游凝视理论、旅游展演理论、利益相关者理论等。而在研究方法上，对于新的旅游业态，在理论构建上可以采用扎根理论进行研究，在扎根理论的基础上对其进行相关的理论构建。而在游客的体验研究及影响因素等方面的研究上，可以采用定性和定量相结合的研究方法展开研究，以增强研究结果的可操作性。对于中医药健康旅游产品的开发、发展策略等方面的研究，则可以在描述性分析的基础上利用相关数据对提出的结论进行实证研究，增强研究的可信度等。

第5章

旅游业与中医药产业融合发展的政策分析

2013年以来，为鼓励、促进旅游业与中医药产业高质量融合发展，国家相关部门出台了一系列政策文件和措施。2013年9月28日国务院下发了《关于促进健康服务业发展的若干意见》，明确将发展健康文化和旅游作为主要任务之一，发展医疗健康旅游。

从国家层面来看，如何面对国际健康旅游的快速发展，引导中医药产业与旅游业高质量融合发展至关重要。为此，原国家旅游局和国家中医药管理局于2014年2月28日联合印发了《国家旅游局和国家中医药管理局关于推进中医药健康旅游发展的合作协议》的通知。2014年8月9日，《国务院关于促进旅游业改革发展的若干意见》的重点任务又明确提出，"发挥中医药优势，形成一批中医药健康旅游服务产品"。

2015年4月24日，国务院发布《中医药健康服务发展规划

（2015~2020）》，将培育发展中医药文化和健康旅游产业作为七大重点任务之一。同年 8 月，国务院在《关于进一步促进旅游投资和消费的若干意见》中提出：要积极发展中医药健康旅游[①]。

2015 年 11 月 17 日，原国家旅游局和国家中医药管理局联合下发了《关于促进中医药健康旅游发展的指导意见》，提出到 2025 年，中医药健康旅游人数达到旅游总人数的 5%，中医药健康旅游收入达 5000 亿元；在全国建成 50 个中医药健康旅游示范区、500 个中医药健康旅游示范企业（基地）、中医药健康旅游综合体，培育打造一批具有国际知名度和市场竞争力的中医药健康旅游服务企业和知名品牌。

2016 年 2 月 22 日，国务院出台了《中医药发展战略规划纲要（2016—2030 年）》，明确将发展中医药健康旅游服务纳入规划纲要并作为重点任务之一，提出推动中医药健康服务与旅游产业有机融合。同年 10 月，国务院印发了《“健康中国 2030”规划纲要》，强调要积极促进健康与旅游融合，大力发展中医药健康旅游。

2017 年 5 月 12 日，原国家卫生计生委、国家发展改革委等五部门联合发布了《关于促进健康旅游发展的指导意见》，明确指出要提高健康旅游供给能力，使旅游资源与中医药资源有效结合，形成体验性强、参与度广的中医药健康旅游产品体系；同年 9 月 13 日，五部门联合召开推进健康旅游示范基地建设工作座谈会，同意天津健康产业园等 13 家单位开展首批健康旅游示范基地建设工作，为中国健康旅游发展发挥引领和示范作用，如表 5-1 所示。

① 国务院办公厅关于进一步促进旅游投资和消费的若干意见［J］. 中华人民共和国国务院公报，2015.

表 5-1 国家第一批健康旅游示范基地

序号	省份	名称
1	天津市	天津健康产业园
2	河北省	秦皇岛市北戴河区
3	上海市	上海新虹桥国际医学中心
4	江苏省	泰州市姜堰区
5	浙江省	舟山群岛新区
6	安徽省	池州市九华山风景区
7	福建省	平潭综合实验区
8	山东省	青岛市崂山湾国际生态健康城
9	广东省	中国（广东）自由贸易试验区广州南沙新区
10	广西壮族自治区	桂林市
11	海南省	三亚市
12		博鳌乐城国际医疗旅游先行区
13	贵州省	遵义市桃花江

资料来源：根据中华人民共和国国家卫生健康委员会网站（http：//www.nhc.gov.cn/）整理。

2017 年 9 月，原国家旅游局和国家中医药管理局拟确定北京东城国家中医药健康旅游示范区等 15 家单位为首批国家中医药健康旅游示范区创建单位，如表 5-2 所示；次年 3 月，两部门拟确定北京昌平中医药文化博览园等 73 家单位为首批国家中医药健康旅游示范基地创建单位，如表 5-3 所示。由此，中医药健康旅游已作为旅游业与中医药产业融合发展的典型业态，从国家层面出发由点及面开展顶层设计与培育。

表 5-2　首批国家中医药健康旅游示范区创建单位

序号	省份	示范区名称
1	北京	北京东城国家中医药健康旅游示范区
2	河北	河北安国国家中医药健康旅游示范区
3	山西	山西平顺国家中医药健康旅游示范区
4	吉林	吉林通化国家中医药健康旅游示范区
5	上海	上海浦东国家中医药健康旅游示范区
6	江苏	江苏泰州国家中医药健康旅游示范区
7	安徽	安徽亳州国家中医药健康旅游示范区
8	江西	江西上饶国家中医药健康旅游示范区
9	山东	山东日照国家中医药健康旅游示范区
10	湖北	湖北蕲春国家中医药健康旅游示范区
11	广西	广西南宁国家中医药健康旅游示范区
12	重庆	重庆南川国家中医药健康旅游示范区
13	四川	四川都江堰国家中医药健康旅游示范区
14	贵州	贵州黔东南国家中医药健康旅游示范区
15	陕西	陕西铜川国家中医药健康旅游示范区

资料来源：根据国家中医药管理局网站（http：//www.satcm.gov.cn/）整理。

表 5–3　首批国家中医药健康旅游示范基地创建单位名单

序号	省份	名称	申报单位
1	北京	北京昌平中医药文化博览园	北京国开园卧虎山庄健康管理有限公司
2	北京	北京潭柘寺中医药健康旅游产业园	北京鸿博华康中医药科技有限公司
3	北京	中国医学科学院药用植物园	中国医学科学院药用植物研究所（北京药用植物园）
4	天津	天津天士力大健康城	天士力控股集团有限公司
5	天津	天津乐家老铺沽上药酒工坊	天潼市达仁堂京万红药业有限公司
6	河北	河北金木国际产业园	金木集团有限公司
7	河北	河北以岭健康城	以岭健康城科技有限公司
8	河北	河北新绎七修酒店	新绎七修酒店管理有限公司
9	山西	山西红杉药业有限公司	山西红杉药业有限责任公司
10	山西	山西广誉远国药有限公司	山西广誉远国药有限公司
11	内蒙古	内蒙古鄂托克前旗阿吉泰健康养生园	鄂尔多斯鄂托克前旗阿吉泰健康养生园
12	内蒙古	内蒙古呼伦贝尔蒙医药医院	呼伦贝尔市蒙医医院
13	内蒙古	内蒙古呼伦贝尔蒙古之源蒙医药原生态旅游景区	呼伦贝尔蒙古之源旅游开发有限公司
14	辽宁	辽宁大连普兰店区博元聚中医药产业基地	博元聚中医药产业（大连）有限公司
15	辽宁	辽宁天桥沟森林公园	参仙源参业股份有限公司
16	吉林	吉林长白山一山一蓝康养旅游基地	长白山保护开发区一山一蓝天然健康品有限公司
17	吉林	吉林盛世华鑫林下参旅游基地	吉林省盛世华鑫生物科技有限公司

续表

序号	省份	名称	申报单位
18	黑龙江	黑龙江中国北药园	黑龙江中医药大学
19	黑龙江	黑龙江伊春桃山玉温泉森林康养基地	伊春桃盛温泉酒店有限责任公司
20	上海	上海益大中医药健康服务创意园	上海康桥中药饮片有限公司
21	上海	上海中医药博物馆	上海中医药博物馆
22	江苏	江苏句容茅山康缘中华养生谷	江苏康缘健康管理有限公司
23	江苏	江苏苏州李良济中医药体验中心	苏州市天灵中药饮片有限公司
24	浙江	浙江佐力郡安里中医药养生体验园	浙江佐力药业股份有限公司
25	浙江	浙江龙泉灵芝产业基地	浙江龙泉正大生物科技有限公司
26	安徽	安徽霍山大别山药库	天下泽雨生物科技发展有限公司
27	安徽	安徽潜口太极养生小镇	黄山太极文化有限公司
28	安徽	安徽亳州华佗故里文化旅游基地	亳州文化旅游发展有限责任公司
29	安徽	安徽丫山风景区	丫山花海石林旅游股份有限公司
30	福建	福建厦门青礁慈济宫景区	厦门海沧旅游投资集团有限公司
31	福建	福建漳州片仔癀产业博览园	漳州片仔癀药业股份有限公司
32	江西	江西新余悦新养老产业示范基地	江西青春康源集团有限公司
33	江西	江西德兴国际中医药健康旅游产业基地	江西天海科技发展集团有限公司

续表

序号	省份	名称	申报单位
34	江西	江西黎川国医研中医药健康旅游示范基地	北京国医研医药技术开发有限公司
35	江西	江西婺源文化与生态旅游区	婺源文化与生态旅游区管委会
36	山东	山东东阿阿胶世界	东阿阿胶股份有限公司
37	山东	山东庆云养生基地	山东沃森农业科技有限公司
38	山东	山东台儿庄古城	山东省台儿庄古城旅游集团有限公司
39	山东	山东华茂集团	山东华茂集团有限公司临朐县中医院
40	河南	河南焦作保和堂瑞祥现代农业科技园	保和堂（焦作）制药有限公司
41	河南	河南开封大宋中医药文化养生园	开封市中医院
42	湖北	湖北咸丰县中医院	咸丰县中医院
43	湖北	湖北浩宇康宁康复休闲颐养产业基地	浩宇康宁健康科技（湖北）有限公司
44	湖南	湖南龙山康养基地	湖南涟源龙山国家森林公园管理处
45	湖南	湖南永州异蛇生态文化产业园	永州市异蛇科技实业有限公司
46	湖南	湖南九芝堂中医药养生及文化科普基地	九芝堂股份有限公司
47	广东	广州神农草堂中医药博物馆	广州白云山和记黄埔中药有限公司
48	广东	广东罗浮山风景名胜区	广东省罗浮山风景名胜区管理委员会
49	广西	广西药用植物园	广西壮族自治区药用植物园

续表

序号	省份	名称	申报单位
50	广西	广西信和信桂林国际智慧产业园	桂林信和信健康养老产业投资有限公司
51	海南	海南三亚市中医院	三亚市中医院
52	海南	海南海口文山沉香文化产业园	海南耀江沉香文化产业园有限公司
53	重庆	重庆药物种植研究所	重庆市药物种植研究所
54	重庆	重庆金阳映像中医药健康旅游城	重庆金阳房地产开发有限公司
55	四川	四川千草康养文化产业园	四川千草生物技术股份有限公司
56	四川	四川成都龙泉健康科技旅游示范中心	成都经开科技产业孵化有限公司、四川省中医药科学院
57	四川	四川花城本草健康产业国际博览园	四川德鑫源现代中药技术开发有限公司
58	贵州	贵州大健康中国行普定孵化基地	贵州雍氏置业有限公司
59	贵州	贵州百鸟河中医药旅游度假养生谷	贵州云康投资管理有限公司
60	云南	云南白药大健康产业园	云南白药集团股份有限公司
61	云南	云南杏林大观园	昆明杏林大观园旅游开发有限公司
62	西藏	西藏白玛曲秘藏医外治诊疗康复度假村	西藏宇妥文化发展有限公司
63	西藏	西藏拉萨净土健康产业观光园	曲水秀色才纳净土文化旅游有限公司
64	陕西	陕西秦岭药王茶文化产业园	宝鸡市陕西太白山天然植物开发有限公司
65	陕西	中国秦岭乾坤抗衰老中医药养生小镇	西咸新区陕西大秦岭实业有限公司

续表

序号	省份	名称	申报单位
66	甘肃	甘肃灵台县皇甫谧文化园	灵台县卫生和计划生育局
67	甘肃	甘肃庆阳岐黄中医药文化博物馆	庆阳岐黄中医药文化博物馆
68	青海	青海祁连鹿场	祁连县祁连山半野生鹿业基地有限公司
69	青海	青海省藏医院	青海省藏医院
70	宁夏	宁夏朝天雀枸杞茶博园	宁夏杞芽食品科技有限公司
71	宁夏	宁夏银川闽宁镇覆盆子健康养生产业基地	宁夏青禾农牧科技开发有限公司
72	新疆	新疆昭苏县中医院	昭苏县中医医院
73	新疆	新疆裕民宏展红花种植基地	新疆宏展特色农业科技开发有限公司

资料来源：根据国家中医药管理局网站（http：//www.satcm.gov.cn/）整理。

2020年9月27日，国家中医药管理局、粤港澳大湾区建设领导小组办公室和广东省人民政府联合发布了《粤港澳大湾区中医药高地建设方案（2020—2025年）》，根据发布的建设方案，到2025年，粤港澳大湾区中医药高地将打造五大高地，成为中医药特色服务引领者、中医药教育改革先行者、中医药科技创新示范者和中医药事业和产业高质量发展推动者；同时，充分发挥澳门作为世界旅游休闲中心和中国与葡语国家商贸合作服务平台的“一中心、一平台”优势，大力发展粤港澳大湾区中医药健康旅游和健康养老服务，面向国际消费者推出中医药健康旅游路线和健康养老服务产品，促进澳门经济适度多元发展①。

① 国家中医药管理局，粤港澳大湾区建设领导小组办公室，广东省人民政府.粤港澳大湾区中医药高地建设方案（2020—2025年）[Z].2020-09-27.

5.1 中医药产业相关支持政策

5.1.1 国家层面中医药产业相关支持政策

国家层面的中医药产业政策主要集中在医药体制改革、中医药服务贸易、中药材保护、中医药发展战略等方面，对促进旅游业与中医药产业融合发展在内的中医药产业发展起到了积极的促进作用，如表 5-4 所示。

表 5-4　国家关于中医药产业方面的政策支持文件

颁布时间	颁布单位	政策名称	主要内容
2009 年	国务院	《中共中央国务院关于深化医药卫生体制改革的意见》	充分发挥中医药作用，扶持和促进中医药事业发展
2009 年	国务院	《国务院关于扶持和促进中医药事业发展的若干意见》	完善相关政策，积极拓展中医药服务贸易
2012 年	商务部等 14 个部门	《关于促进中医药服务贸易发展的若干意见》	加快中医药服务贸易发展，发挥中医药在推动我国服务贸易中的独特作用
2013 年	国务院	《国务院关于促进健康服务业发展的若干意见》	支持发展多样化健康服务，发展健康文化和旅游
2014 年	原国家卫生计生委	《全民健康素养促进行动规划（2014—2020 年）》	提高中医养生保健素养
2015 年	国务院	《中药材保护和发展规划（2015—2020 年）》	加强中药材保护、促进中药产业科学发展
2015 年	国务院	《中医药健康服务发展规划（2015—2020 年）》	培育发展中医药文化和健康旅游产业

续表

颁布时间	颁布单位	政策名称	主要内容
2016年	国务院	《中医药发展战略规划纲要（2016—2030年）》	推动中医药健康服务与旅游产业有机融合，发展中医药健康旅游服务
2016年	国家中医药管理局	《中医药发展“十三五”规划》	构建我国中医药健康旅游产业体系，建设国家级中医药健康旅游示范区（基地、项目），开发和丰富中医药健康旅游线路和产品，培育具有国际知名度和市场竞争力的中医药健康旅游品牌。
2016年	国务院	《“健康中国2030”规划纲要》	充分发挥中医药独特优势，并大力发展中医药健康旅游
2019年	国务院	《关于促进中医药传承创新发展的意见》	健全中医药服务体系，发挥中医药在维护和促进人民健康中的独特作用，促进中医药传承与开放创新发展
2021年	国务院	《关于加快中医药特色发展的若干政策措施》	加快中医药有特色、高质量地发展，更好实现中医药传承与创新

资料来源：根据相关政策文件整理。

5.1.2 地方层面中医药产业相关支持政策

随着国家层面中医药产业相关政策的出台，我国地方层面也相继颁布了一系列振兴发展中医药产业的文件和措施，为中医药产业发展，尤其是旅游业与中医药产业融合发展提供了更全面、更立体的政策支持与财力保障，如表5-5所示。

表 5–5　代表性省市关于中医药产业方面的政策支持文件

省市	政策 / 文件	主要内容
北京市	《关于促进中医药传承创新发展的实施方案》	明确到 2025 年，首都中医药卫生、经济、科技、文化、生态"五种资源"发展更加协调，对健康北京和首都经济社会发展的贡献度将进一步提升
上海市	《上海市进一步加快中医药传承创新发展三年行动计划（2021—2023 年）》	推动打造长三角中医药一体化发展高地；推动中医药与旅游、保健、休闲、娱乐、人工智能、大数据等跨界融合创新
天津市	《天津市促进中医药传承创新发展的实施方案》	大力推动中药质量提升和产业高质量发展
重庆市	《关于促进中医药传承创新发展的实施意见》	推进中药质量提升和产业高质量发展，推动中医药旅游、中医药康养等融合发展
江苏省	《关于促进中医药传承创新发展的实施意见》	推动中医药健康服务与文化旅游产业有机融合，支持创建中医药健康旅游基地，打造精品旅游线路
湖北省	《湖北省推进中医药强省建设三年行动计划（2020—2022 年）》	支持中医药健康服务业发展，建设国家或省级中医药健康旅游景区、康养小镇等，推进中医药与旅游深度融合
山西省	《关于建设中医药强省的实施方案》	促进中医药与旅游融合发展，打造中医药健康旅游品牌；重点完善旅游与中医药跨界融合的监管
安徽省	《关于促进中医药传承创新发展具体举措》	持中医药健康旅游示范区（基地）建设，促进中医药与互联网、大数据、人工智能、养老、旅游、食品等融合发展
海南省	《关于促进中医药在海南自由贸易港传承创新发展的实施意见》	省级科技计划（专项、基金等）要加大对中医药健康养老、健康旅游等健康服务新业态研究的支持力度；融合创新发展中医药健康旅游，打造独特的中医药健康旅游新业态新模式；鼓励旅行社与各类中医医疗、康养机构合作，将中医药与观光、休闲、度假类产品结合，在国内外市场推广，打造海南省中医药健康旅游品牌

续表

省市	政策 / 文件	主要内容
云南省	《关于促进中医药传承创新发展的实施意见》	促进中医药健康服务业发展，建设一批中医药健康旅游示范基地和康体休闲体验园
青海省	《青海省扶持和促进中藏医药发展若干措施》	制定出台《关于促进青海省中藏医药康养旅游的指导意见》，推动中藏医药健康服务与旅游产业有机融合；依托西宁周边中藏医药旅游资源建成高原康养旅游区，积极开展国家中医药健康旅游示范基地（项目）创建工作，将青海打造成独具特色的高原健康养生旅游目的地

资料来源：根据相关政策文件整理。

5.2 旅游产业相关支持政策

国家层面的旅游产业政策包含国务院、文化和旅游部（原国家旅游局）、国家中医药管理局等机构颁布的涉及旅游投资和消费、中医药健康旅游示范基地建设、康养旅游示范基地标准、非物质文化遗产保护等促进中医药健康旅游发展的政策文件，如表 5–6 所示。

表 5–6　国家关于旅游产业方面的政策支持文件

颁布时间	颁布单位	政策名称	主要内容
2009 年	国务院	《关于加快发展旅游业的意见》	培育新的旅游消费热点，支持有条件的地区发展生医疗健康旅游
2010 年	国务院	《关于鼓励和引导民间投资健康发展的若干意见》	鼓励民间资本合理开发旅游资源，建设旅游设施，从事各种旅游休闲活动
2014 年	国务院	《关于促进旅游业改革发展的若干意见》	发挥中医药优势，形成一批中医药健康旅游服务产品

续表

颁布时间	颁布单位	政策名称	主要内容
2015 年	国务院	《关于进一步促进旅游投资和消费的若干意见》	明确提出积极发展中医药健康旅游
2015 年	原国家旅游局、国家中医药管理局	《关于促进中医药健康旅游发展的指导意见》	首次提出“中医药健康旅游”概念，并对发展中医药健康旅游的意义、指导思想、基本原则和发展目标进行了说明
2016 年	原国家旅游局、国家中医药管理局	《关于开展国家中医药健康旅游示范区（基地、项目）创建工作的通知》	计划用 3 年左右时间，在全国建成 10 个国家中医药健康旅游示范区，100 个国家中医药健康旅游示范基地，1000 个国家中医药健康旅游示范项目
2016 年	国务院	《“十三五”旅游业发展规划》	推动旅游业与健康医疗产业深度融合；发展中医药健康旅游，启动中医药健康旅游示范区、示范基地和示范项目建设
2017 年	原国家卫生计生委等 5 部门	《关于促进健康旅游发展的指导意见》	大力开发中医药观光旅游、中医药文化体验旅游、中医药特色医疗旅游、中医药疗养康复旅游等旅游产品，推进中医药健康旅游产品和项目的特色化、品牌化；鼓励开发以提供中医医疗服务为主要内容的中医药健康旅游主题线路和特色产品
2017 年	原国家旅游局、国家中医药管理局	《关于国家中医药健康旅游示范区创建单位名单的公示》	拟确定北京东城区等 15 家单位为国家中医药健康旅游示范区创建单位
2018 年	原国家旅游局、国家中医药管理局	《关于国家中医药健康旅游示范基地创建单位名单公示》	拟确定北京昌平中医药文化博览园等 73 家单位为第一批国家中医药健康旅游示范基地创建单位
2021 年	国务院	《关于进一步加强非物质文化遗产保护工作的意见》	在有效保护前提下，推动非物质文化遗产与旅游融合发展、高质量发展

续表

颁布时间	颁布单位	政策名称	主要内容
2021 年	文化和旅游部	《"十四五"文化和旅游发展规划》	培育文化和旅游融合发展新业态，发展中医药健康旅游，建设具有人文特色的中医药健康旅游示范区（基地）
2022 年	国务院	《"十四五"旅游业发展规划》	推进旅游与中医药领域相加相融、协同发展，打造一批国家中医药健康旅游示范区和示范基地

资料来源：根据相关政策文件整理。

为了配合国家出台的中医药健康旅游发展的各项政策，北京市、广东省、陕西省、安徽省、四川省、贵州省、广西壮族自治区等省份也相继出台了省级中医药健康旅游示范基地（建设单位）评定方案与标准，明确了中医药健康旅游示范基地的内涵。如北京市发布的《北京市中医药文化旅游示范基地建设工作方案》、四川省发布的《四川省中医药健康旅游示范基地规范与评价》、贵州省发布的《贵州省中医药健康旅游示范区评定标准》等。

综上，我国中医药健康旅游产业的发展不仅需要从国家层面出台相关的政策文件，也需要各地方政府出台相关政策加以配合。旅游业与中医药产业的融合与发展既可以弘扬以中医药为代表的中华传统文化，增加旅游活动的文化内涵，也能满足人民群众日益增长的健康、养生需求。

第 6 章

旅游业与中医药产业融合发展的需求分析

我国中医药健康旅游产业主要面向本地区、本国和入境游客开展中医药健康旅游活动，因此中医药健康旅游产业发展的市场需求主要包括本地游客需求、国内游客需求和入境游客需求。对于本地游客需求和国内游客需求，其影响因素主要来源于游客人口结构本身，如性别、年龄、职业、受教育程度、收入水平、闲暇时间、健康程度等；对于入境游客需求，其影响因素除上述所提到的游客本身因素外，还受政治环境、国家形象、国际汇率、交通便利程度、语言、医疗水平程度等外部因素影响。

6.1 国内中医药健康旅游市场需求及其影响因素

由于现缺少专门针对国内中医药健康旅游的专项统计数据，本节研究暂以各年《旅游抽样调查资料》中的“养生保健疗养”条目所列数据作为国内中医药健康旅游需求市场的参考。城镇居民养生保健疗养相关数据从2008年开始，而农村居民养生保健疗养相关数据则从2011年开始。表6-1从养生保健疗养人次占比、养生保健疗养人均花费和中医药健康旅游人次三项指标梳理了2008—2019年我国中医药健康旅游的基本情况。

表6-1 2008—2019年我国中医药健康旅游概况

年份	养生保健疗养人次占比（%）		养生保健疗养人均花费（元/人次）		中医药健康旅游人次（千万）	
	城镇居民	农村居民	城镇居民	农村居民	城镇居民	农村居民
2008	1.1	—	671.6	—	773.3	—
2009	1.1	—	994.9	—	993.3	—
2010	0.8	—	1959.2	—	852.0	—
2011	1.3	2.7	635.5	462.9	2193.1	2575.8
2012	1.5	4.0	702.2	646.1	2899.5	4096.0
2013	1.7	3.9	835.1	528.6	3716.2	4196.4
2014	1.3	5.4	411.1	454.6	3227.9	6091.2
2015	1.4	4.5	669.8	413.3	3934.0	5355.0
2016	1.2	1.7	915.7	727.8	3834.0	2108.0
2017	1.1	1.9	1576.7	1283.8	4044.7	2515.6
2018	1.0	1.8	1868.0	1409.7	4119.0	2556.0
2019	1.0	1.9	1514.2	2068.5	4474.0	2916.5

注：中医药健康旅游人次=当年城镇居民（农村居民）出游总人次 × 养生保健疗养人次占比

数据来源：2011—2019年《旅游抽样调查资料》。

从表6-1我们还可以看出，2008—2019年我国城乡居民中医药健康旅游的人次并不稳定，也没有一定的规律可循。城镇居民除了2014年和2016年人次有所下降外，其他年份均呈现出上涨趋势；农村居民从2011—2014年人次增长非常快，增速达到136.47%，但从2015年开始出现下降趋势，且在2016年将为有统计以来的最低值仅为2108.0千万人次，2017年基本回升到2011年规模。从养生保健疗养人次占比方面来看，2011—2015年农村居民占比远高于城镇居民占比，其余年份农村居民占比也高于城镇居民占比但差别相对较小。养生保健疗养人均花费方面来看，2008—2018年城镇居民人均花费一直高于农村居民人均花费，但在2019年出现了逆转，农村居民人均花费首次超过城镇居民人均花费达到2068.5元/人次，为历年农村居民人均花费和城镇居民人均花费最高值。

与此同时，国内中医药健康旅游市场需求还受年龄、性别、收入、受教育程度、疾病与健康等人口结构因素影响。

6.1.1 年龄因素

2020年第七次全国人口普查数据显示，我国的人口结构相比于2010年第六次人口普查发生了两个明显变化。第一，我国人口总量为141178万人，与2010年相比，增加7206万人，增长5.38%，人口低速增长，但基数依然庞大；第二，我国60岁及以上人口为26402万人，占总人口的18.70%，比2010年上升5.44个百分点，老龄化程度进一步加深。与此同时，我国部分老年人群体在物质生活条件上相对较富裕，具有一定的财富积累和闲暇时间，并具有强烈的出游意愿，与中医药健康旅游的特点高度契合。根据《中国旅游抽样调查》中我国城乡居民养生保健疗养人数构成比例（按年龄分组）也能充分反映出这一点，如表6-2所示。

表 6-2　2011—2019 年我国城乡居民养生保健疗养人数构成比例（按年龄分组）

单位：%

群组		2011	2012	2013	2014	2015	2016	2017	2018	2019	均值
14 岁及以下	城镇居民	0.8	0.6	0.6	0.3	0.5	0.1	0.4	0.5	0.5	0.5
	农村居民	1.4	3.1	2.9	2.8	2.4	1.7	0.2	1.2	1.5	1.9
15~24 岁	城镇居民	0.7	1.1	1.2	0.6	0.8	0.7	0.7	0.4	0.4	0.7
	农村居民	2.8	2.7	1.7	2.5	1.6	0.8	0.8	2.0	1.4	1.8
25~34 岁	城镇居民	0.8	0.8	1.4	0.8	0.6	0.7	0.8	0.6	0.5	0.8
	农村居民	2.9	2.5	2.9	3.3	2.9	1.6	1.4	1.5	2.1	2.3
35~44 岁	城镇居民	1.2	1.3	1.7	0.7	0.7	0.8	1.2	0.6	0.7	1.0
	农村居民	2.1	3.8	3.4	4.8	3.5	0.8	1.9	1.7	1.5	2.6
45~64 岁	城镇居民	1.8	2.0	1.8	2.3	2.2	1.4	1.5	1.6	1.8	1.8
	农村居民	2.9	5.4	6.0	6.7	8.1	2.7	2.3	2.2	2.2	4.3
65 岁及以上	城镇居民	5.0	5.3	4.1	3.2	4.2	4.7	3.1	4.3	3.6	4.2
	农村居民	4.3	14.3	9.7	17.4	12.5	3.5	6.9	3.2	3.9	8.4

数据来源：2011—2019 年《旅游抽样调查资料》。

从表 6-2 中还可以看出，无论是在城市还是农村，65 岁及以上老年人参与养生保健疗养人数所占比例是所有年龄当中最高的；在2011—2019年，我国城市老年人参与养生保健疗养人数所占比例9年平均值是4.2%；农村老年人参与养生保健疗养人数所占比例9年平均值则高达8.4%，是城市老年人参与养生保健疗养人数的两倍。

年龄因素还会影响到消费水平，以2011—2019年我国城乡居民养生保健疗养人均每次花费（按年龄分组）为例，如表6-3所示，不同年龄段城乡居民养生保健疗养消费水平存在一定差异，并不具备一定的规律。总体来讲，城镇居民的养生保健疗养消费水平高于农村居民的养生保健疗养消费水平。从9年的平均值来看，城镇居民35~44岁和农村居民25~34岁年龄群组的人均每次养生保健疗养花费最高，分别达到1250.0元和1057.9元。在这里要特别说明的是，25~34岁和65岁及以上年龄群组的人均每次养生保健疗养花费农村居民要高于城镇居民33.5元和7.3元。

表6-3　2011—2019年我国城乡居民养生保健疗养人均每次花费（按年龄分组）

单位：元

群组＼年份		2011	2012	2013	2014	2015	2016	2017	2018	2019	均值
14岁及以下	城镇居民	100.0	2128.2	259.1	465.1	261.4	344.2	321.1	1291.3	534.2	633.8
	农村居民	121.6	398.8	257.4	522.2	304.0	259.0	5.0	210.0	284.4	262.5
15~24岁	城镇居民	456.4	385.8	564.3	134.1	599.1	2094.8	1470.5	2856.0	1026.7	1065.3
	农村居民	539.5	449.9	698.2	455.8	511.3	306.7	453.4	1937.2	2122.3	830.5

续表

群组＼年份		2011	2012	2013	2014	2015	2016	2017	2018	2019	均值
25~34 岁	城镇居民	509.2	877.4	1275.2	377.4	483.1	1425.0	1649.9	1695.7	926.5	1024.4
	农村居民	488.7	864.5	569.3	646.1	417.2	867.0	1232.6	1741.8	2693.7	1057.9
35~44 岁	城镇居民	624.4	546.8	603.1	378.5	508.0	874.7	2572.7	1851.9	3289.6	1250.0
	农村居民	390.0	600.6	615.5	436.4	477.5	925.1	1534.9	1283.6	1963.4	914.1
45~64 岁	城镇居民	539.3	766.6	1021.3	394.8	631.5	961.4	1299.1	1844.3	1522.5	997.9
	农村居民	515.4	746.4	519.8	390.9	395.5	735.5	933.2	1329.0	1952.6	835.4
65 岁及以上	城镇居民	983.9	498.2	499.8	540.9	907.5	519.1	847.7	1948.4	877.8	847.0
	农村居民	203.7	579.2	444.9	386.6	400.5	638.4	1844.3	1168.6	2022.5	854.3

数据来源：2011—2019 年《旅游抽样调查资料》。

6.1.2 性别因素

随着女性社会地位、受教育水平及经济收入不断提高等多方面因素的影响，女性在旅游决策中的地位越来越高[①]，女性游客逐渐成为我国旅游市场中非常重要的组成部分。尤其在城镇居民人口出游占比中，女性出游比例与男性出游比例不相上下，甚至在部分年份女性出游比例已超

① 梁方倍，颜娟．已婚女性旅游决策影响因素研究［J］．现代商贸工业，2019，40（33）：100-102.

越男性出游比例，在市场中占有一定的性别优势，如表 6-4 所示。

表 6-4　2011—2019 年我国城乡居民国内旅游者性别占比

单位：%

群组＼年份		2011	2012	2013	2014	2015	2016	2017	2018	2019	均值
男性	城镇居民	55.70	56.60	55.90	56.0	56.0	57.90	45.20	51.88	51.26	54.05
	农村居民	62.10	58.60	60.30	63.4	63.4	62.80	51.28	60.05	59.53	60.16
女性	城镇居民	44.30	43.40	44.10	44.0	44.0	42.10	54.80	48.12	48.74	45.95
	农村居民	37.90	41.40	39.70	36.6	36.6	37.20	48.72	39.95	40.47	39.84

数据来源：2011—2019 年《旅游抽样调查资料》。

不同性别游客的旅游行为存在一定的差异，主要表现为女性较之男性更倾向放松休闲类项目，女性更在意身心上的健康与疗养①；男性游客偏好于健身运动和探险（极限）体验，而女性游客更加注重旅游体验过程中的社交与内心放松。这些女性游客出游特征都与中医药健康旅游的功能性特征不谋而合。与此同时，我国城乡居民养生保健疗养人数构成比例（按性别分组）和人均每次花费（按性别分组），也都能够充分反映出女性游客的消费需求特点，如表 6-5 和表 6-6 所示。

① 董亚娟，赵玉萍，吴悠，许汉林.城市居民出境旅游决策的性别差异研究［J］.资源开发与市场，2019，35（2）：287-291.

表 6–5　2011—2019 年我国城乡居民养生保健疗养人数构成比例（按性别分组）

单位：%

群组 \ 年份		2011	2012	2013	2014	2015	2016	2017	2018	2019	均值
男性	城镇居民	1.2	1.7	1.8	1.0	1.1	1.3	1.0	1.1	1.1	1.3
	农村居民	2.5	3.0	3.1	4.4	4.0	1.5	1.9	1.8	1.8	2.7
女性	城镇居民	1.5	1.2	1.5	1.6	1.7	1.0	1.2	0.9	0.9	1.3
	农村居民	3.0	5.4	5.1	6.3	5.3	2.1	2.0	1.9	2.1	3.7

数据来源：各年《旅游抽样调查资料》。

表 6–6　2011—2019 年我国城乡居民养生保健疗养人均每次花费（按性别分组）

单位：%

群组 \ 年份		2011	2012	2013	2014	2015	2016	2017	2018	2019	均值
男性	城镇居民	623.8	681.0	970.0	481.0	787.4	1018.9	1291.6	2095.8	1240.0	1021.1
	农村居民	355.9	737.7	481.7	436.5	427.2	760.1	1291.6	1436.0	2018.0	822.7
女性	城镇居民	647.4	742.0	623.9	356.5	571.6	767.1	1831.9	1551.3	1854.7	994.0
	农村居民	606.1	573.0	571.6	476.4	395.7	691.7	1831.9	1373.8	2130.0	961.1

数据来源：2011—2019 年《旅游抽样调查资料》。

在这里我们要特别说明的是，农村居民参与养生保健疗养人数所占比例远远高于城镇居民，如表6-5所示。以2014年为例，农村女性居民参与养生保健疗养人数所占比例高于城镇女性居民4.7个百分点，农村男性居民参与养生保健疗养人数所占比例高于城镇男性居民3.4个百分点；从9年的平均值来看，农村女性居民参与养生保健疗养人数所占比例高于城镇女性居民2.4个百分点，农村男性居民参与养生保健疗养人数所占比例高于城镇男性居民1.4个百分点。由此可以看出，农村居民对于养生保健疗养需求较高。因此，在进行中医药健康旅游产品市场开发和设计过程中应该更加倾向于农村市场，以满足农村游客的需求。

6.1.3 收入因素

可支配收入是旅游者选择包含中医药健康旅游在内的旅游活动的重要前提条件之一，是旅游消费的基础，人均可支配收入的增加将提高旅游者的出游动机[①]。根据国家统计局发布的《中华人民共和国2020年国民经济和社会发展统计公报》显示，2020年全国居民人均可支配收入32189元，比上年增长4.7%。按常住地分，城镇居民人均可支配收入43834元，比上年增长3.5%；农村居民人均可支配收入17131元，比上年增长6.9%。全国居民人均消费支出21210元，比上年下降1.6%。按常住地分，城镇居民人均消费支出27007元，下降3.8%；农村居民人均消费支出13713元，增长2.9%；其中，医疗保健消费支出为1843元，占总消费支出的8.7%[②]；2000—2020年我国居民人均可支配收入及支出情况如表6-7所示。

① 程佳其.城镇居民国内旅游消费与可支配收入关系的实证研究［J］.河北企业，2015(9)：49-50.

② 国家统计局.中华人民共和国2020年国民经济和社会发展统计公报［R］.2021.

表6-7　2000—2020年我国居民人均可支配收入及支出情况

指标＼年份	2000	2005	2010	2015	2016	2017	2018	2019	2020
居民人均可支配收入（元）	3721	6385	12520	21966	23821	25974	28228	30733	32189
居民人均可支配收入比上年增长（%）	6.4	10.8	10.4	7.4	6.3	7.3	6.5	5.8	2.1
居民人均消费支出（元）	2914	5035	9378	15712	17111	18322	19853	21559	21210
居民人均消费支出比上年增长（%）	9.2	12.5	8.4	6.9	6.8	5.4	6.2	5.5	-4.0
居民人均医疗保健支出（元）	173	366	625	1165	1307	1451	1685	1902	1843
居民人均医疗保健支出比上年增长（%）	-29.3	19.8	6.8	11.5	12.3	11.0	16.1	12.9	-3.1

数据来源：国家统计局。

由表6-7中的相关数据还可以看出，我国居民人均可支配收入不断增长，2020年为32189元，是2000年的8.65倍。居民收入的高速增长，为中医药健康旅游的发展奠定了充足的经济基础。我国居民人均消费支出也由2000年的2914元，提高至2020年的21210元，增长了7倍多；与此同时，居民人均医疗保健支出也由2000年的173元，增长至2020年的1843元，这能够充分反映出居民的健康意识和自我防病意识逐渐增强。支出的增长意味着支付能力的大幅提升，健康意识和自我防病意识的增强意味着市场需求的不断扩大，这些都将进一步促进中医药健康旅游的发展。

6.1.4 受教育程度因素

消费观念和消费水平都会受人口受教育程度的不同而产生重大的差异[①]。普遍认为，受教育程度越高，消费者对于旅游的需求也就越大。从2011—2019年我国城乡居民养生保健疗养人数构成比例（按受教育程度分组）来看，城镇居民当中高中（中专 / 职高 / 技校）学历人群的养生保健疗养出游比例高于其他学历人群，但每一个群体之间的比例差距不明显。在农村居民当中，小学及以下学历人群的养生保健疗养出游比例明显高于其他学历人群；与此同时，农村居民养生保健疗养出游比例还具有一个明显的特征，即养生保健疗养出游比例与学历高低成反比，学历越高的人群参与养生保健疗养比例越低。究其原因可能有两点：一是高学历人群日常从事的工作较多为脑力劳动，相对于体力劳动者，其健康状态相对良好；二是现阶段我国中医药健康旅游产品无法满足高学历者对于养生保健疗养出游的需求。具体可参加表 6-8。

表6-8　2011—2019年我国城乡居民养生保健疗养人数构成比例（按受教育程度分组）

单位：%

群组 \ 年份		2011	2012	2013	2014	2015	2016	2017	2018	2019	均值
农村居民	小学及以下	3.3	6.0	6.2	7.9	8.0	2.3	2.1	2.0	2.8	4.5
	初中	2.5	4.9	4.6	6.8	5.4	1.9	2.7	1.3	2.4	3.6
	高中（中专 / 职高 / 技校）	3.3	3.1	3.3	4.3	3.5	2.0	1.9	1.6	2.0	2.8
	大专、大学本科及以上	1.8	2.5	2.0	2.1	2.6	1.1	1.5	2.1	1.5	1.9

① 张学敏，何西宁 . 受教育程度对居民消费影响研究［J］. 教育与经济，2006（3）：1-5.

续表

群组	年份	2011	2012	2013	2014	2015	2016	2017	2018	2019	均值
城镇居民	初中及以下	1.7	2.0	1.2	0.9	1.9	1.5	1.1	1.4	1.2	1.4
	高中（中专 / 职高 / 技校）	2.0	1.8	2.6	1.7	1.8	1.4	1.1	1.4	1.4	1.7
	大学本科、大专	1.1	1.3	1.5	1.2	1.1	1.0	1.1	0.9	0.9	1.1
	研究生及以上	0.7	0.6	1.6	1.4	0.9	1.5	1.3	0.6	0.7	1.0

数据来源：2011—2019 年《旅游抽样调查资料》。

通过表 6-9 的相关数据，我们可以分析出，我国城乡居民养生保健疗养人均每次花费（按受教育程度分组）水平与受教育程度存在一定的规律，即旅游者学历越高，其每次养生保健疗养花费越高。城镇居民所呈现的这一规律最为明显，城镇居民初中及以下，高中（中专 / 职高 / 技校）、大学本科、大专和研究生及以上学历旅游者养生保健疗养人均每次花费依次为 699.8 元、732.2 元、986.7 元和 2285.1 元。

表 6-9　2011—2019 年我国城乡居民养生保健疗养人均每次花费（按受教育程度分组）

单位：元

群组	年份	2011	2012	2013	2014	2015	2016	2017	2018	2019	均值
农村居民	小学及以下	405.6	430.9	428.1	421.6	346.2	449.7	2174.6	564.6	1129.1	705.6
	初中	266.5	552.1	425.6	281.5	406.1	411.0	1242.0	1274.1	766.7	625.1
	高中（中专 / 职高 / 技校）	547.1	638.6	594.8	561.4	416.4	849.6	1139.0	528.1	2436.5	856.8
	大专、大学本科及以上	728.6	1241.0	908.3	849.0	548.1	1234.8	1010.7	909.4	3188.6	1179.8

续表

群组	年份	2011	2012	2013	2014	2015	2016	2017	2018	2019	均值
城镇居民	初中及以下	551.1	434.5	385.5	260.2	293.2	620.1	546.4	2452.5	754.7	699.8
	高中（中专/职高/技校）	601.8	732.0	452.6	292.1	710.0	775.8	749.9	1256.4	1019.5	732.2
	大学本科、大专	631.8	663.4	155.6	545.5	925.0	918.0	1761.7	1813.9	1465.5	986.7
	研究生及以上	1357.3	4561.5	608.7	156.3	384.2	2496.3	3435.4	2213.1	5353.4	2285.1

数据来源：2011—2019 年《旅游抽样调查资料》。

6.1.5 疾病与健康因素

根据《中国居民营养与慢性病状况报告（2020）》所示，2018 年中国 18 岁以上居民高血压患病率为 27.5%，其中城乡分别为 25.7%、29.4%；男女分别为 30.8%、24.2%；与 2015 年发布结果相比，中国 18 岁及以上居民高血压患病率上升 2.3 个百分点，其中城市下降 1.1 个百分点，农村上升 5.9 个百分点；男女性分别上升 4.6 个和 0.1 个百分点，如图 6-1 所示。

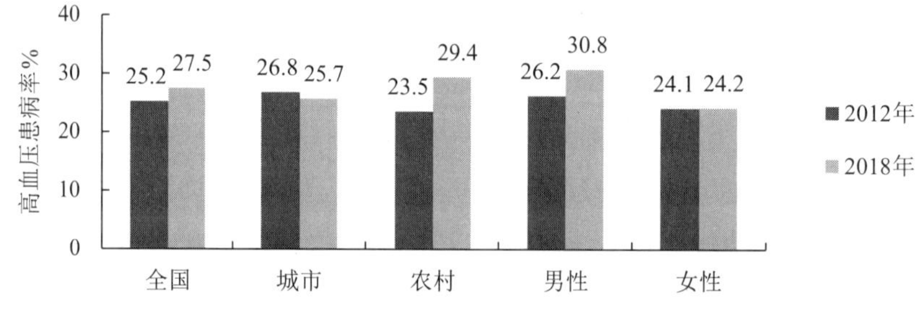

图 6-1　中国 18 岁及以上居民高血压患病率

数据来源：《中国居民营养与慢性病状况报告（2020）》。

中国18岁及以上居民糖尿病患病率为11.9%，其中城乡分别为12.6%、11.1%；男女分别为12.9%、10.9%。与2015年发布的结果相比，中国18岁及以上居民糖尿病患病率上升2.2个百分点，其中城乡分别上升0.3个、2.7个百分点；男女分别上升2.7个、1.9个百分点，如图6-2所示。

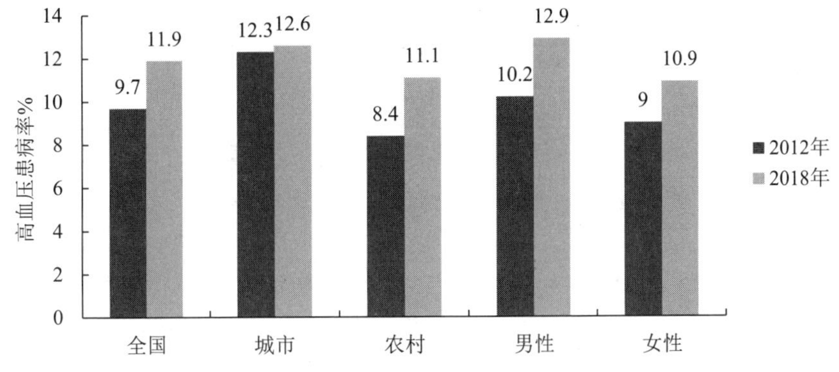

图6-2 中国18岁及以上居民糖尿病患病率

数据来源：《中国居民营养与慢性病状况报告（2020）》。

中国40岁及以上居民慢阻肺患病率为13.6%，其中城乡分别为12.2%、14.9%；男女分别为19.0%、8.1%。中国居民癌症年新发病例数约406.4万，发病率为293.91/10万，其中男性新发病例约223.4万，发病率为315.52/10万，女性新发病例约183.0万，发病率为271.23/10万，男性高于女性；男性癌症发病率前5位依次为肺癌、肝癌、胃癌、结直肠癌、食管癌，前10位癌症发病率占男性癌症发病率的82.33%；女性癌症发病率前5位依次为乳腺癌、肺癌、结直肠癌、甲状腺癌和胃癌，前10位癌症发病率占女性癌症发病率的78.90%，如表6-10所示。同时，据国家癌症中心肿瘤登记点连续监测的数据分析显示，最近十年中国肿瘤登记地区男女合计的癌症发病率每年平均上升3.79%，其中男性平均每年上升3.25%，女性平均每年上升4.46%；去除人口老龄化因素后，最近十年男女合计的癌症发病率每年平均上升1.22%，其中男性发病率保持平稳，女性平均每年上升2.43%。

表6-10　中国居民前10位癌症发病构成分布

类别 排名	男性	发病率	女性	发病率
第一位	肺	24.61%	乳腺	16.73%
第二位	肝	12.93%	肺	15.21%
第三位	胃	12.37%	结直肠	9.26%
第四位	结直肠	10.67%	甲状腺	8.34%
第五位	食管	8.26%	胃	6.57%
第六位	前列腺	3.50%	子宫颈	6.52%
第七位	膀胱	2.88%	肝	5.47%
第八位	胰腺	2.55%	子宫体	3.89%
第九位	淋巴瘤	2.31%	食管	3.71%
第十位	脑	2.26%	脑	3.20%

资料来源:《中国居民营养与慢性病状况报告（2020）》。

随着我国经济社会发展和卫生健康服务水平的不断提高，居民人均预期寿命不断增长，因慢性病死亡的比例持续增加，2019年我国居民慢性病死亡率为685.0/10万（约死亡957.4万人），占全部死亡人数的88.5%；其中，男性为775.1/10万（约死亡553.0万人）、女性为592.1/10万人（约死亡404.4万人），男性高于女性；城市为644.2/10万人、农村为706.2/10万人，农村高于城市。中国居民慢性病前10位死因分别是心脑血管疾病、癌症、慢性呼吸系统疾病、内分泌营养代谢疾病、消化系统疾病、神经系统疾病、泌尿生殖系统疾病、精神障碍、肌肉骨骼和结缔组织疾病、血液造血免疫疾病，如图 6–3 所示。

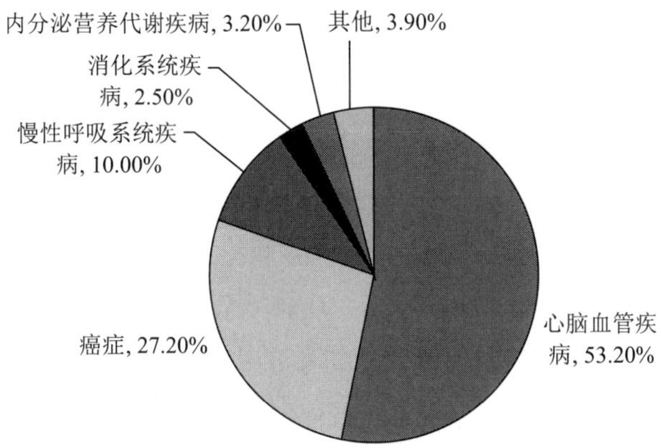

图 6–3 中国居民慢性病死亡主要死因构成

数据来源：《中国居民营养与慢性病状况报告（2020）》。

慢性病的危险因素除了受不合理膳食、烟草使用、过量酒精摄入、身体活动缺乏等不良行为生活方式影响[①]，还受人口老龄化、环境污染、职业性暴露伤害等其他因素影响。慢性病控制的关键在于防危险因素、防发病、防严重疾病事件、防疾病事件严重后果、防疾病事件后复发，因此早诊早治就显得尤为重要。中医药对慢性病的防治有着系统的理论知识，积累了丰富的经验，形成了防治慢性病的独特优势。因此，中医药健康旅游对于培养人们的健康生活方式，采用中医药的方式进行养生保健，以预防和控制慢性病为首要目的，在不断满足人民群众日益增长的健康服务需求同时提升全民健康素质。

① 陈育德，李辉，王临虹. 我国慢性病及危险因素监测的发展及挑战［J］. 中华预防医学杂志，2012（5）：389–391.

6.2 国际中医药健康旅游市场需求及其影响因素

中医药作为具有鲜明中国地域特点和中国文化内涵的医药的统称，在国际社会上的认可度越来越高，以中医药健康旅游为目的的入境旅游是中国入境旅游市场重要的组成部门。但由于现缺少专门针对国际中医药健康旅游的专项统计数据，本节研究暂以各年《旅游抽样调查资料》中的“医疗保健”条目所列数据作为国际中医药健康旅游需求市场的参考。与此同时，国际中医药健康旅游市场需求还受国际中医药健康旅游者消费水平、国际中医药健康旅游者停留时间等因素影响。

6.2.1 国际中医药健康旅游者消费水平

按照各年《旅游抽样调查资料》中的相关统计数据，入境游客的旅游目的可分为十大类，分别是：观光旅游、休闲度假、探亲访友、商务、会议、宗教朝拜、文化 / 体育 / 科技交流、购物、医疗保健和其他。由于入境旅游者的旅游目的不同，其人均天花费也会形成较为明显的差异，如表 6-11 所示。

表 6-11　2015—2019 年入境过夜游客人均天花费（按旅游目的分组）

单位：美元 / 人天

年份 / 类别	2019		2018		2017		2016		2015	
	排名	数额	排名	数额	排名	数额	排名	数额	排名	数额
休闲度假	6	238.26	5	228.27	8	212.43	6	218.08	9	196.09
探亲访友	10	153.43	10	156.23	10	162.17	10	155.36	10	185.00
商务	5	242.64	6	223.04	6	223.43	5	223.90	3	232.03
会议	2	253.64	3	254.18	3	237.34	1	259.62	2	246.58

续表

类别＼年份	2019		2018		2017		2016		2015	
	排名	数额	排名	数额	排名	数额	排名	数额	排名	数额
宗教朝拜	7	233.84	4	236.05	4	234.04	7	213.94	6	212.16
文化 / 体育 / 科技交流	4	246.06	8	209.94	9	201.31	9	185.25	8	200.38
购物	1	362.46	9	208.50	7	219.21	4	224.11	1	284.28
医疗保健	9	226.88	2	248.46	2	247.16	3	227.99	7	204.89
其他	3	248.64	7	216.45	5	232.09	8	211.24	5	208.49

数据来源：2015—2019 年《旅游抽样调查资料》。

通过表 6-11 我们可以看出，2019 年入境过夜游客医疗保健人均天花费排在第九位，为 226.88 美元 / 人天；2018 年和 2017 年均排在第二位，分别为 248.46 美元 / 人天和 247.166 美元 / 人天；2016 年排在第三位，为 227.99 美元 / 人天；2015 年排在第七位，为 204.89 美元 / 人天。由此可以看出，近年来入境游客的旅游消费在旅游目的地方面发生了一定的变化，即入境游客的消费逐渐向专题性旅游活动转变，这也从侧面反映出入境游客在一定程度上对于以中医药健康旅游活动为代表的医疗保健活动存在较强的需求。但是，医疗保健旅游目的方面的人均花费与其他目的地旅游人均花费差别相对较小，有待进一步挖掘医疗保健旅游产品的消费潜力；与此同时，现阶段以中医药健康旅游为代表的医疗保健旅游产品较为单一，产品客单价较低，未来我们还应丰富中医药健康旅游产品供给，不断满足境外旅游者对于医疗保健产品多元化、个性化的需求。

同样，由于我国各省份经济发展水平、旅游承载力、基础设施水平、中医药健康旅游资源等方面不同，入境游客在各省份以医疗保健为目的的人均天花费也存在较大差异。由表 6-12 的相关数据可以看出，

2015—2019 年入境过夜游客医疗保健人均天花费排名前十的省份为主要集中在经济较为发达地区，如上海、北京、天津、福建、江苏，或中医药健康旅游资源丰富地区，如云南、陕西、甘肃、辽宁、吉林等。

表 6-12　2015—2019 年入境过夜游客医疗保健人均天花费排名前十省份

单位：美元 / 人天

排名＼年份	2019		2018		2017		2016		2015	
	排名	数额	排名	数额	排名	数额	排名	数额	排名	数额
第一名	上海	630.34	上海	425.70	上海	370.62	上海	587.37	福建	275.55
第二名	福建	385.45	福建	365.60	山东	325.41	湖南	555.45	浙江	245.33
第三名	云南	359.58	河南	315.22	湖南	323.92	浙江	415.81	北京	241.31
第四名	河南	348.01	云南	309.86	辽宁	296.52	北京	410.03	天津	234.22
第五名	陕西	317.65	河北	260.50	北京	292.69	山东	295.25	江苏	218.37
第六名	天津	272.31	贵州	251.04	江苏	285.02	青海	270.87	山西	217.89
第七名	北京	260.18	江苏	250.57	浙江	284.89	辽宁	239.24	辽宁	213.63
第八名	甘肃	248.93	甘肃	247.42	云南	270.48	天津	231.49	云南	212.77
第九名	重庆	242.78	四川	227.21	广东	261.99	江苏	217.65	山东	209.75
第十名	山东	240.16	天津	193.33	天津	257.85	青海	212.45	吉林	203.81

数据来源：2015—2019 年《旅游抽样调查资料》。

从表 6-12 我们还可得知，入境过夜游客医疗保健人均天花费总体处于较低水平。以 2019 年为例，除去排名第一的上海，入境过夜游客医疗保健人均天花费可以达到 630.34 美元 / 人天以外，排名前十的其他九个省份，入境过夜游客医疗保健人均天花费在 240~386 美元 / 人天。这可以充分说明，针对入境游客的医疗保健需求挖掘不足，市场消费潜力巨大。

6.2.2 国际中医药健康旅游者停留时间

游客停留时间是衡量旅游吸引力、旅游设施利用程度和旅游服务质量的一个重要衡量标志，也是决定旅游收入的重要因素[①]。从旅游主体来说旅游者停留时间受国家、年龄、性别、职业等方面的影响；从旅游客体来说旅游者停留时间受旅游地距离、旅游地资源特色、旅游产品等方面的影响。如图 6-4 所示，2015—2019 年入境过夜游客医疗保健每年平均停留时间大致呈现双“V”趋势，第一个“V”出现在 2011—2014 年，第二个“V”出现在 2015—2019 年，9 年平均值为 6.1 天 / 人。与此同时，通过表 6-13 所呈现的数据，我们还可得知，2015—2019 年入境过夜游客医疗保健停留时间主要集中在 4~7 天，占比 47.3%；其次是 1~3 天，占比 36.4%；最后是 8~14 天和 15 天及以上，占比分别为 13.4% 和 2.8%。这可以充分说明，现阶段以中医药健康旅游为代表的我国入境医疗保健旅游市场游客停留时间较短，旅游者消费支出也会随之减少。

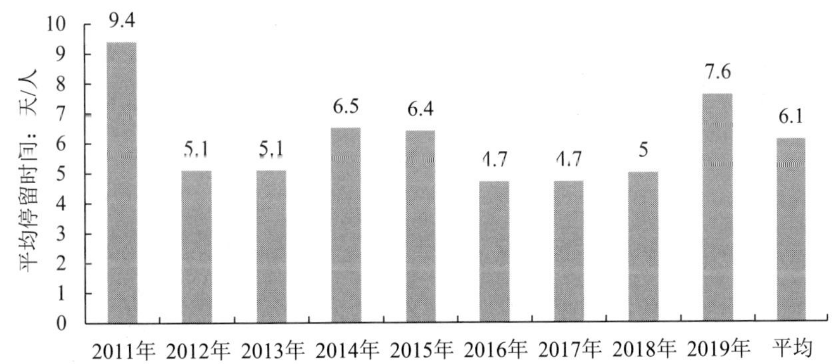

图 6-4　2011—2019 年入境过夜游客医疗保健每年平均停留时间

数据来源：2011—2019 年《旅游抽样调查资料》。

① 吴琳萍 . 旅游服务对我国入境旅游停留时间的影响［J］. 鹭江职业大学学报，2005（3）：86-90.

表 6-13　2015—2019 年入境过夜游客医疗保健不同停留时间的人数构成

年份	调查人数		1~3 天	4~7 天	8~14 天	15 天及以上
2015	131 人	100%	48.1%	19.8%	24.4%	7.6%
2016	108 人	100%	46.3%	42.6%	7.4%	3.7%
2017	82 人	100%	46.3%	42.7%	6.1%	4.9%
2018	71 人	100%	33.8%	54.9%	11.3%	0.0%
2019	114 人	100%	19.3%	49.1%	28.9%	2.6%
平均	101 人	100%	36.4%	47.3%	13.4%	2.8%

数据来源：2015—2019 年《旅游抽样调查资料》。

第 7 章

旅游业与中医药产业融合发展的资源分析

7.1 旅游资源分析

中医药健康旅游的发展不仅需要中医药主题资源、设施及服务，同样也需要与其他旅游资源、设施及服务相结合，二者均是中医药健康旅游产业高质量发展不可或缺的重要组成部分。其中，其他类别的旅游资源可以作为中医药旅游资源的补充，旅游设施和服务可以作为中医药旅游产业的组成部分[①]。

从表 7-1 可以看出，我国旅游产业要素中，历年变化较大的是 5A 级景区数量，其次是旅游专业在校学生人数、旅游从业人员数量、旅游

① 祁超萍 . 我国中医药旅游产业发展研究［M］. 北京：中国市场出版社，2021：131.

院校数量①。旅游产业的发展是中医药健康旅游产业发展的前提，我国旅游业的发展虽然仅仅有40年左右的时间，但在中国共产党的有力领导下其发展速度极为迅速，旅游资源逐渐丰富，各项旅游服务设施日趋完善，旅游服务水平不断提高，这些都为我国旅游业与中医药产业高质量融合发展奠定了良好的基础。

表7–1　2008—2017年我国旅游产业要素基本概况

年份	5A级景区	国家风景名胜区	旅行社	星级酒店	旅游院校	旅游专业在校学生	旅游从业人员
	（个）	（个）	（个）	（个）	（所）	（万人）	（万人）
2008	66	101	20110	14099	1775	84.46	258.40
2009	67	122	20399	14237	1733	95.24	267.11
2010	76	122	22784	13991	1968	108.64	185.77
2011	119	122	23690	13513	2208	108.32	204.40
2012	145	139	24944	12807	2236	107.34	213.52
2013	175	139	26054	13293	1832	77.16	208.04
2014	185	139	26650	12803	2055	75.33	291.86
2015	214	139	27621	12327	2307	79.67	290.78
2016	229	139	27939	11685	2614	67.24	283.05
2017	251	158	29717	9566	2641	67.24	278.45

注：2019年起《中国旅游年鉴》改为《中国文化和旅游统计年鉴》，相关数据无统计。

数据来源：根据各年《中国旅游年鉴》整理。

① 祁超萍.我国中医药旅游产业发展研究［M］.北京：中国市场出版社，2021：132.

7.1.1 我国旅游资源空间分布

我国旅游资源种类丰富，景区（点）是旅游资源的重要组成部分。旅游资源既可以直接作为中医药健康旅游产品或线路的重要组成部分，也可以融入中医药主题，成为中医药健康旅游资源。因此，景区（点）是中医药健康旅游产业发展当中需要大力建设的一个主要资源。中医药健康旅游景区（点）越多，旅游者可选择的范围也就越大，从而可以促进中医药健康旅游快速发展。由于现阶段我国还没有对中医药健康旅游景区（点）的官方统计数据，这里暂以国家A级景区为例，对我国旅游资源空间分布进行梳理和探讨。

（1）A级旅游景区总体情况

截至2020年年底，我国A级景区数量为13332家，较2019年增加930家，增长7.50%；其中，“全国A级旅游景区管理系统”中完成有效填报的A级旅游景区数量为11705家，较2019年增加248家，增长2.16%，如表7-2所示[①]。

表7-2　2019—2020年全国A级旅游景区数量情况

	2019年			2020年		
	数量（家）	增量（家）	增长率（%）	数量（家）	增量（家）	增长率（%）
景区数量	12402	478	4.01	13332	930	7.50
景区数量（系统有效填报）	11457	901	8.54	11705	248	2.16

数据来源：《2020—2021年中国旅游景区发展报告》。

① 文化和旅游部资源开发司.2020—2021年中国旅游景区发展报告［M］.北京：中国旅游出版社，2021：10.

（2）A 级旅游景区分等级情况

截至 2020 年年底，全国 3A 级旅游景区数量最多，为 6931 家，占全国 A 级旅游景区总数的 51.99%；其次是 4A 级和 2A 级旅游景区，数量分别为 4030 家和 1986 家，占比分别为 30.23% 和 14.90%；5A 级和 1A 级旅游景区数量相对较少，分别为 302 家和 83 家，占比分别为 2.26% 和 0.62%，如图 7-1 所示。

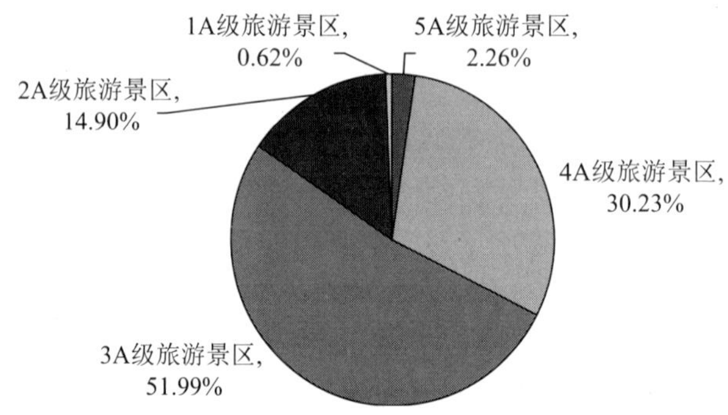

图 7-1　2020 年全国 A 级旅游景区数量分等级情况

数据来源：《2020—2021 年中国旅游景区发展报告》。

与 2019 年相比，3A 级旅游景区数量增幅最大，为 11.83%，其次是 4A 级旅游景区，增长 8.33%，如表 7-3 所示。

表 7-3　2019—2020 年全国 A 级旅游景区数量分等级情况

年份	2019 年				2020 年			
	数量（家）	增量（家）	增长率（%）	比重（%）	数量（家）	增量（家）	增长率（%）	比重（%）
5A 级旅游景区	280	21	8.11	2.26	302	22	7.86	2.26
4A 级旅游景区	3720	174	4.91	29.99	4030	310	8.33	30.23
3A 级旅游景区	6198	474	8.28	49.98	6931	733	11.83	51.99
2A 级旅游景区	2101	−191	−8.33	16.94	1986	−115	−5.47	14.90

续表

年份	2019 年				2020 年			
	数量（家）	增量（家）	增长率（%）	比重（%）	数量（家）	增量（家）	增长率（%）	比重（%）
1A 级旅游景区	103	0	0.00	0.83	83	−20	−19.42	0.62
合计	12402	478	4.01	100.00	13332	930	7.50	100.00

数据来源:《2020—2021 年中国旅游景区发展报告》。

（3）A 级旅游景区分类型情况

从景区大类看，自然生态类 A 级旅游景区数量最多，为 4227 家，占全国 A 级旅游景区总数的 36.11%，其次是历史文化类和现代游乐类 A 级旅游景区，分别为 3840 家和 1869 家，占比分别为 32.81% 和 15.97%，产业融合类和其他类 A 级旅游景区数量较少，分别为 1044 家和 725 家，占比分别为 8.92% 和 6.19%，如图 7–2 所示。与此同时，与 2019 年相比，产业融合类 A 级旅游景区数量增幅最大，为 9.21%，其次是其他类和现代游乐类A级旅游景区，数量增幅分别为2.84%和2.41%，如表7–4所示。

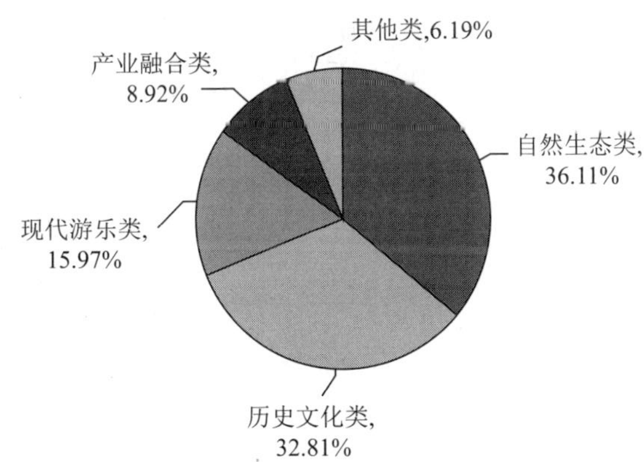

图 7–2　2020 年全国 A 级旅游景区分类型数量占比情况

数据来源：《2020—2021 年中国旅游景区发展报告》。

表 7-4　2019—2020 年全国 A 级旅游景区数量分类型情况

景区大类	2019 年	2020 年				景区亚类	2019 年	2020 年			
	数量	增量	增量	增长率	比重		增量	增量	增量	增长率	比重
	（家）	（家）	（家）	（%）	（%）		（家）	（家）	（家）	（%）	（%）
自然生态类	4163	4227	64	1.54	36.11	森林草原	1111	1149	38	3.42	9.82
						水域景观	1443	1440	-3	-0.21	12.30
						地质地貌	1609	1638	29	1.80	13.99
历史文化类	3808	3840	32	0.84	32.81	古村古镇	547	562	15	2.74	4.80
						文化遗迹	1230	1226	-4	-0.33	10.48
						文博院馆	892	912	20	2.24	7.79
						红色旅游	702	731	29	4.13	6.25
						宗教文化	437	409	-28	-6.41	3.49
现代游乐类	1825	1869	44	2.41	15.97	主题游乐	349	360	11	3.15	3.08
						休闲度假	708	737	29	4.10	6.30
						乡村田园	464	474	10	2.16	4.05
						城市公园	236	232	-4	-1.69	1.98
						特色街区	68	66	-2	-2.94	0.56
产业融合类	956	1044	88	9.21	8.92	工业旅游	440	473	33	7.50	4.04
						科技教育	97	110	13	13.40	0.94
						体育运动	70	80	10	14.29	0.68
						文化创意	349	381	32	9.17	3.26
其他类	705	725	20	2.84	6.19	其他	705	725	20	2.84	6.19
合计	11457	11705	248	2016	100.00	合计	11457	11705	248	2.16	100.00

数据来源：《2020—2021 年中国旅游景区发展报告》。

从景区亚类来看，地质地貌A级旅游景区的数量最多，为1638家，占全国A级旅游景区总数的13.99%，其次是水域景观类和文化遗迹类A级旅游景区，分别为1440家和1226家，占比分别为12.30%和10.48%，特色街区类A级旅游景区数量最少，为66家，占比为0.56%。与2019年相比，体育运动类A级旅游景区数量增幅最大，为14.29%，其次是科技教育类A级旅游景区，数量增幅为13.40%，如表7-4所示。

（4）A级旅游景区分布情况

2020年，华东地区A级旅游景区数量最多，为4627家，占比32.00%，其次是中南和西南地区A级旅游景区，数量分别为2745家和2006家，占比分别为20.59%和15.05%，东北地区A级旅游景区数量最少，为1221家，占比为9.16%，如表7-5所示。

表7-5　2019—2020年全国A级旅游景区数量分区情况

地区	2019年		2020年			
	数量（家）	比重（%）	数量（家）	增量（家）	增长率（%）	比重（%）
华北地区	1344	10.84	1424	80	5.95	10.68
东北地区	1154	9.30	1221	67	5.81	9.16
华东地区	4156	33.51	4627	111	2.67	32.00
中南地区	2458	19.82	2745	287	11.68	20.59
西南地区	1811	14.60	2006	195	10.77	15.05
西北地区	1479	11.93	1669	190	12.85	12.52
合计	12402	100.00	13332	930	7.50	100.00

数据来源:《2020—2021年中国旅游景区发展报告》。

2020年，各地区均以3A级旅游景区数量最多，各等级中除1A级外其他等级均以华东地区旅游景区数量最多，其中华东地区 3A 级旅游景区数量为 1958 家，东北地区 1A 级旅游景区数量最多，为 25 家，如图 7-3、表 7-6 所示。

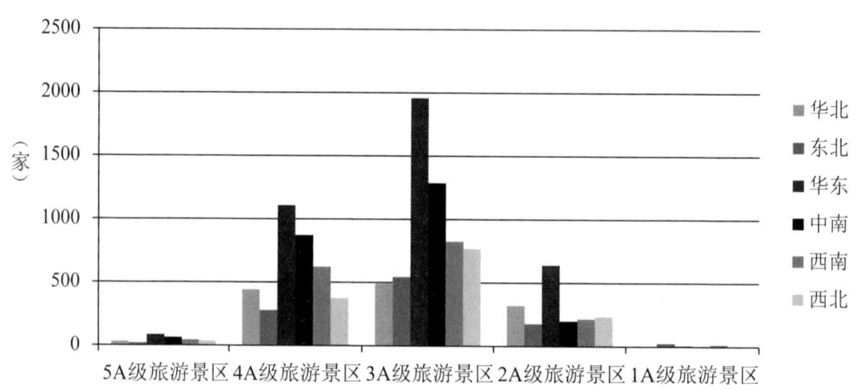

图 7-3　2019—2020 年全国 A 级旅游景区数量分等级分区情况

数据来源：《2020—2021 年中国旅游景区发展报告》。

表 7-6　2019—2020 年全国 A 级旅游景区数量分等级分区情况

单位：家

	华北	东北	华东	中南	西南	西北	合计
5A 级旅游景区	32	19	86	64	43	35	279
4A 级旅游景区	442	278	1108	873	624	375	3700
3A 级旅游景区	489	543	1958	1286	828	772	5876
2A 级旅游景区	320	177	639	199	214	236	1785
1A 级旅游景区	4	25	9	4	16	7	65
合计	1287	1042	3800	2426	1725	1425	11705

数据来源：《2020—2021 年中国旅游景区发展报告》。

从景区大类来看，所有类型均以华东地区 A 级旅游景区数量最多，所有地区均以自然生态和历史文化类 A 级旅游景区为主。其中，东北地区、中南地区、西南地区和西北地区以自然生态类A级旅游景区数量最多，分别为450家、891家、656家和534家，华北地区和华东地区以历史文化类A级旅游景区数量最多，分别为481家和1275家，如图7-4、表7-7所示。

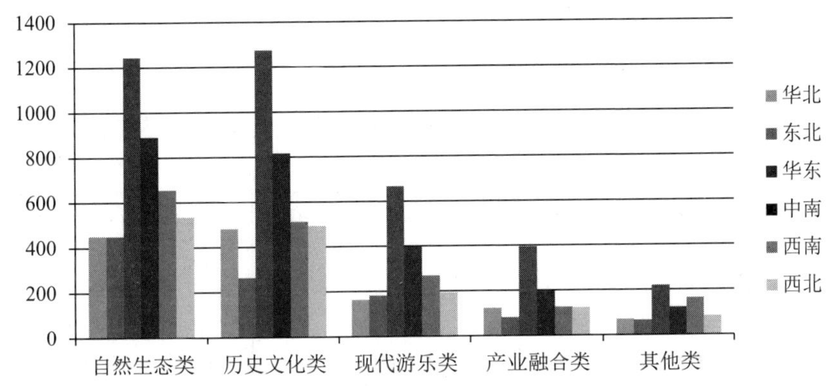

图7-4　2019—2020年全国A级旅游景区数量分等级分区情况

数据来源：《2020—2021年中国旅游景区发展报告》。

表7-7　2019—2020年全国A级旅游景区数量分等级分区情况

单位：家

	华北	东北	华东	中南	西南	西北	合计
自然生态类	451	450	1245	891	656	534	4227
历史文化类	481	264	1275	816	511	493	3840
现代游乐类	163	181	667	397	268	193	1869
产业融合类	122	81	394	199	126	122	1044
其他类	70	66	219	123	164	83	725
合计	1287	1042	3800	2426	1725	1425	11705

数据来源：《2020—2021年中国旅游景区发展报告》。

从景区亚类看，所有类型均以华东地区A级旅游景区最多，所有地区均以森林草原、水域景观和地质地貌类A级旅游景区为主。其中，西北地区森林草原类A级旅游景区数量最多，为201家，东北地区和华东地区水域景观类A级旅游景区数量最多，分别为161家和495家，华北、中南和西南地区地质地貌类A级旅游景区数量最多，分别为185家、406家和265家，如表7-8所示。

表7-8　2019—2020年全国A级旅游景区数量分亚类分区情况

单位：家

景区大类	景区亚类	华北	东北	华东	中南	西南	西北	合计
自然生态类	森林草原	149	152	269	201	177	201	1149
	水域景观	117	161	495	284	214	169	1440
	地质地貌	185	137	481	406	265	164	1638
历史文化类	古村古镇	30	16	220	115	140	41	562
	文化遗迹	179	80	363	273	162	169	1226
	文博院馆	130	77	303	200	85	117	912
	红色旅游	83	60	253	158	86	91	731
	宗教文化	59	31	136	70	38	75	409
现代游乐类	主题游乐	37	34	128	93	37	31	360
	休闲度假	70	88	234	187	100	58	737
	乡村田园	29	39	205	57	100	44	474
	城市公园	19	17	75	49	25	47	232
	特色街区	8	3	25	11	6	13	66
产业融合类	工业旅游	77	41	164	93	40	58	473
	科技教育	6	10	47	23	16	8	1110
	体育运动	11	10	29	11	10	9	80
	文化创意	28	20	154	72	60	47	381

续表

景区大类	景区亚类	华北	东北	华东	中南	西南	西北	合计
其他	其他	70	66	219	123	164	83	725
合计		1287	1042	3800	2426	1725	1425	11705

数据来源:《2020—2021年中国旅游景区发展报告》。

（5）5A级旅游景区分析

2020年，全国5A级旅游景区达到279家，较2019年增加18家，增长6.90%，高出全国A级旅游景区增长水平4.74个百分点。

从景区大类看，5A级旅游景区数量以自然生态类和历史文化类旅游景区为主，两类旅游景区共计251家，占全国5A级旅游景区总数的89.97%，其中自然生态类旅游景区147家，占比52.69%，历史文化类旅游景区104家，占比37.28%，现代游乐类、产业融合类和其他类5A级旅游景区占比重较低，分别为17家、5家和6家，占比分别为6.09%、1.79%和2.15%，如图7-5所示。与2019年相比，自然生态类5A级旅游景区数量增加最多，增加17家，其他类5A级旅游景区数量增幅最大，增长20.00%，如表7-9所示。

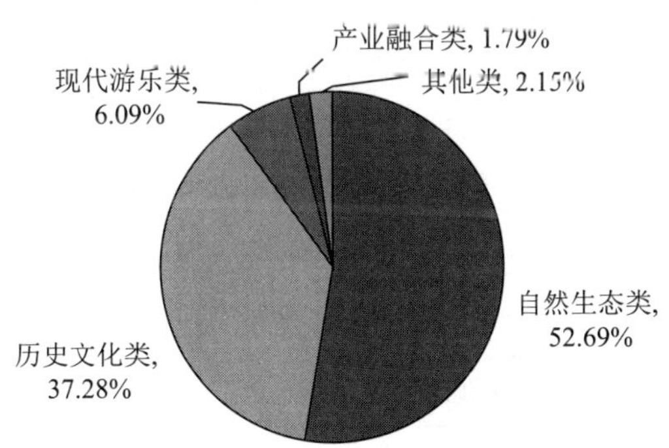

图7-5　2020年全国5A级旅游景区数量分大类情况

数据来源：《2020—2021年中国旅游景区发展报告》。

表 7-9　2019—2020 年全国 5A 级旅游景区数量分类型情况

景区大类	2019年	2020年				景区亚类	2019年	2020年			
	数量（家）	增量（家）	增量（家）	增长率（%）	比重（%）		增量（家）	增量（家）	增量（家）	增长率（%）	比重（%）
自然生态类	13	147	17	13.08	52.69	森林草原	16	16	0	0	5.73
						水域景观	35	41	6	17.14	14.70
						地质地貌	79	90	11	13.92	32.26
历史文化类	104	104	0	0	37.28	古村古镇	15	15	0	0	5.38
						文化遗迹	59	60	1	1.69	21.51
						文博院馆	8	6	−2	−25.00	2.15
						红色旅游	17	17	0	0	6.09
						宗教文化	5	6	1	20.00	2.15
现代游乐类	16	17	1	6.25	6.09	主题游乐	11	11	0	0	3.94
						休闲度假	3	4	1	33.33	1.43
						乡村田园	1	1	0	0	0.36
						城市公园	1	1	0	0	0.36
						特色街区	0	0	0	0	0
产业融合类	6	5	−1	−16.67	1.79	工业旅游	1	0	−1	−100.00	0
						科技教育	1	1	0	0	0.36
						体育运动	1	1	0	0	0.36
						文化创意	3	3	0	0	1.07
其他类	5	6	1	20.00	2.15	其他	5	6	1	20.00	2.15
合计	261	279	18	6.90	100.00	合计	261	279	18	6.90	100.00

数据来源：《2020—2021 年中国旅游景区发展报告》。

从景区亚类来看：地质地貌类5A级旅游景区数量最多，为90家，占全国A级旅游景区总数的32.26%，其次是文化遗迹类和水域景观类5A级旅游景区，数量分别为60家和41家，占比分别为21.51%和14.70%；特色街区类和工业旅游类5A级旅游景区数量最少，均为0家。与2019年相比，地质地貌类5A级旅游景区数量增加最多，增加11家，休闲度假类5A级旅游景区数量增幅最大，增长33.33%，如表7-9所示。

7.1.2 我国旅游设施空间分布

随着社会经济的发展，选择自助游或自由行出游方式的旅游者逐渐增多，但是对于专业性较强的中医药健康旅游，旅行社的组织、导游人员的专业讲解还是显得尤为重要的。而星级酒店作为旅游接待设施，更起着举足轻重的作用①。

（1）星级酒店

旅游业与中医药产业融合发展所产生的中医药健康旅游与其他旅游业态一样，需要住宿服务。我国饭店从等级结构来讲，包括一星级到五星级，其服务设施、服务内容和服务水平均存在一定的差距；从饭店主题来讲，包括各类文化主题；从饭店的规模来讲，包括大型、中型、小型饭店；从饭店的所有权形式来看，包括国有饭店、私营饭店；从饭店的投资方来看，既有大公司投资的饭店，又有个人投资经营的民宿。但是，从整个饭店行业来看，以中医药为主题的饭店还很少见。

2020年新冠肺炎疫情给旅游业带来了很大挑战，打破了此前连续近10年的行业增长。旅游住宿业首当其冲，受到最为严重的打击，对中小酒店和民宿以及受感染严重的湖北等地区酒店和民宿的冲击尤其明显。

---

① 祁超萍．我国中医药旅游产业发展研究［M］．北京：中国市场出版社，2021：134.

截至 2020 年年底，全国共有 8423 家星级饭店，其中五星级饭店 820 家，占比 9.74%，客房数 26.40 万间 / 套，床位数 39.21 万张，四星级饭店 2399 家，占比 28.48%，客房数 43.75 万间 / 套，床位数 71.36 万张，三星级饭店 4074 家，占比 48.37%，客房数 39.52 万间 / 套，床位数 68.73 万张，二星级饭店 1100 家，占比 13.06%，客房数 6.23 万间 / 套，床位数 11.08 万张，一星级饭店 30 家，占比 0.35%，客房数 0.16 万间 / 套，床位 0.30 万张，如图 7–6、表 7–10 所示。

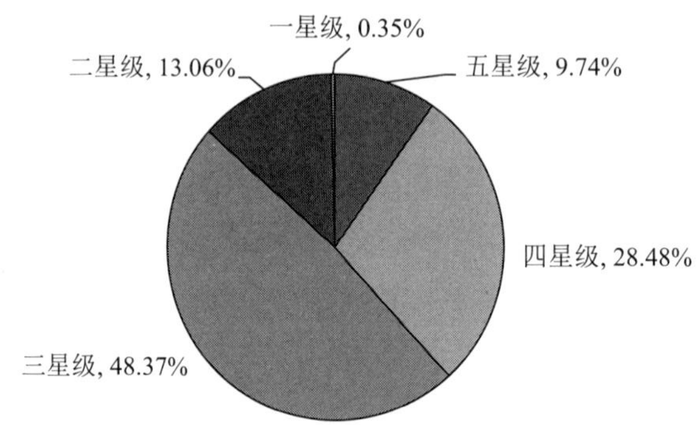

图 7–6　2020 年全国星级饭店规模结构占比

数据来源：文化和旅游部《2020 年度全国星级饭店统计报告》。

表 7–10　2020 年度全国星级饭店规模结构情况

指标		五星级	四星级	三星级	二星级	一星级	合计
饭店数量	（家）	820	2399	4074	1100	30	8423
客房数	（万间 / 套）	26.40	43.75	39.52	6.23	0.16	116.06
床位数	（万张）	39.21	71.36	68.73	11.08	0.30	190.68

数据来源：文化和旅游部《2020 年度全国星级饭店统计报告》。

由表 7–11 中的数据可以看出，星级饭店居于前十位的省份分别是广东省、浙江省、山东省、云南省、广西壮族自治区、江苏省、四川省、北京市、新疆维吾尔自治区和河南省，其中5个省份位于东部地区、2个省份位于中部地区、3个省份位于西部地区，东北地区没有。星级饭店数量前十位省份所拥有的总量占全国星级饭店总量的48.35%，集中度相对较高。

表7-11 2020年度星级饭店排名前十的省份分布数量及比例

排序	地区	总数（个）	占比（%）	五星级（个）	四星级（个）	三星级（个）	二星级（个）	一星级（个）
1	广东	551	6.54	101	129	290	30	1
2	浙江	500	5.94	82	168	189	57	4
3	山东	454	5.39	34	137	253	30	0
4	云南	389	4.62	17	72	183	111	6
5	广西	381	4.52	12	106	216	47	0
6	江苏	376	4.50	78	129	153	16	0
7	四川	366	4.35	34	115	140	77	0
8	北京	362	4.30	53	102	143	62	2
9	新疆	346	4.11	14	51	226	55	0
10	河南	344	4.08	21	80	203	40	0
合计		4069	48.35	446	1089	1996	525	13

数据来源：文化和旅游部《2020年度全国星级饭店统计报告》。

（2）旅行社

截至2020年年底，全国旅行社总数为40682家，比2019年增长109家，增长率为4.47%。除吉林省和黑龙江省旅行社数量分别减少5家和13家，减幅分别为0.71%和1.55%外，其余30个地区旅行社数量都有不同程度的增长，海南省、新疆维吾尔自治区、湖南省、贵州省、甘肃省 5 个地区涨幅均在 10% 以上，其中海南省增幅最大为 24.22%。广东省、北京市、江苏省、浙江省、山东省 5 个地区旅行社数量超过 2000 家，数量最多的广东省为 3390 家。此外，西藏自治区、宁夏回族自治区和新疆生产建设兵团 3 个地区旅行社数量少于 500 家，分别为 310 家、173 家和 162 家，如表 7-12 所示。

表 7-12　2020 年度全国旅行社数量排序

排序	地区	2020 年度（家）	2019 年度（家）	增长率（%）
1	广东省	3390	3281	3.32%
2	北京市	3194	3062	4.31%
3	江苏省	3057	2943	3.87%
4	浙江省	2885	2769	4.19%
5	山东省	2676	2613	2.41%
6	上海市	1808	1758	2.84%
7	河北省	1531	1513	1.19%
8	辽宁省	1530	1524	0.39%
9	安徽省	1522	1487	2.35%
10	四川省	1336	1242	7.57%
11	湖南省	1315	1143	15.05%
12	湖北省	1310	1267	3.39%
13	福建省	1270	1181	7.54%
14	河南省	1166	1156	0.87%
15	内蒙古自治区	1159	1147	1.05%
16	云南省	1147	1105	3.80%

续表

排序	地区	2020 年度（家）	2019 年度（家）	增长率（%）
17	江西省	974	909	7.15%
18	山西省	945	927	1.94%
19	广西壮族自治区	922	850	8.47%
20	陕西省	903	862	4.76%
21	黑龙江省	824	837	−1.55%
22	甘肃省	796	723	10.10%
23	重庆省	710	673	5.50%
24	吉林省	696	701	−0.71%
25	贵州省	671	594	12.96%
26	新疆维吾尔自治区	657	540	21.67%
27	海南省	600	483	24.22%
28	青海省	527	515	2.33%
29	天津市	516	502	2.79%
30	西藏自治区	310	310	0.00%
31	宁夏回族自治区	173	164	5.49%
32	新疆生产建设兵团	162	162	0.00%
合计		40682	38943	4.47%

数据来源：文化和旅游部 2020 年度全国旅行社统计调查报告。

2020 年度全国旅行社资产总计为 1992.46 亿元，其中负债总计 1603.29 亿元，所有者权益总计 389.17 亿元。全国旅行社从业人员 322497 人，其中大专以上学历人数 220311 人，签订劳动合同的导游人数 108803 人。与此同时，2020 年度全国旅行社主要经济指标（旅游业务营业收入、旅游业务营业利润、本年应交税金总额三项综合）排名前十的地区依次为广东省、浙江省、上海市、福建省、湖南省、安徽省、江西省、江苏省、天津市、北京市，如表 7-13 所示。

表 7-13　2020 年度全国旅行社主要经济指标排序

序号	地区	旅游业务营业收入		旅游业务营业利润		本年应交税金总额	
		名次	金额（千元）	名次	金额（千元）	名次	金额（千元）
1	广东省	1	20622044.90	1	973307.91	2	125214.93
2	浙江省	3	13238622.43	2	149696.04	6	48183.31
3	上海市	2	20444090.18	10	−2593.32	1	637210.46
4	福建省	9	4008210.18	3	98053.90	7	40277.19
5	湖南省	8	4595903.45	5	75469.38	9	25872.73
6	安徽省	14	3270118.59	7	44560.99	15	12011.59
7	江西省	17	1798319.89	4	92217.22	16	11255.52
8	江苏省	4	12132552.81	29	−164703.26	4	54624.22
9	天津市	5	10309179.46	30	−200515.53	3	72993.52
10	北京市	7	7634130.00	32	—	5	54182.00
11	山东省	15	2517695.85	22	−46538.99	8	26742.84
12	海南省	12	3374007.90	21	−45024.44	13	15443.39
13	湖北省	10	3981062.56	27	−78749.45	11	19959.99
14	陕西省	13	3292424.33	26	−78603.91	10	24375.81
15	重庆省	6	8839398.96	31	−201593.24	12	17336.51
16	云南省	11	3530805.38	25	−53700.17	14	12216.97
17	青海省	26	574627.58	8	36250.88	18	8495.07
18	四川省	16	2225463.81	6	51912.86	32	—

续表

序号	地区	旅游业务营业收入		旅游业务营业利润		本年应交税金总额	
		名次	金额（千元）	名次	金额（千元）	名次	金额（千元）
19	山西省	23	771599.66	12	−7779.98	19	8007.56
20	河南省	20	1247055.04	17	−17880.20	20	7138.53
21	甘肃省	22	1133399.63	9	20731.38	28	3818.28
22	广西壮族自治区	19	1623761.49	20	−32385.68	21	6558.38
23	辽宁省	21	1159457.88	23	−51381.76	17	8609.90
24	贵州省	18	1669968.75	24	−52301.97	22	6186.68
25	内蒙古自治区	28	461190.15	14	−9944.17	23	6016.12
26	西藏自治区	27	501749.18	11	−4150.41	30	2330.33
27	河北省	24	752497.36	19	−26115.98	25	4977.16
28	吉林省	29	373560.09	13	−9499.83	29	2858.49
29	宁夏回族自治区	30	284694.27	16	−13368.88	26	4018.26
30	新疆维吾尔自治区	31	257371.84	18	−21668.35	27	3830.75
31	黑龙江省	25	617583.06	28	−84576.08	24	5251.77
32	新疆生产建设兵团	32	213539.45	15	−12064.67	31	981.83

注：北京市缺失2020年度旅游业务营业利润数据、四川省缺失2020年度本年应交税金总额数据。

数据来源：文化和旅游部2020年度全国旅行社统计调查报告。

7.1.3 我国旅游服务的省域差异

旅游服务主要体现在旅游从业人员和旅游专业在校学生（后备人

员）这两个方面[①]。由于《中国旅游统计年鉴》从2019年起改为《中国文化和旅游统计年鉴》不再对旅游从业人数和旅游院校学生数进行统计，故我们以《中国旅游统计年鉴（2018）》为样本对我国旅游服务的省域差异进行分析。

（1）旅游从业人员

从表7-14中的数据可以分析出，2017年我国共有旅游从业人数2784429人，其中，星级饭店从业人员1124611人，旅行社从业人员358873人，A级景区固定从业人员1300945人，占比分别为40.39%、12.89%和46.72%。与此同时，旅游从业人数数量排名前十的省份中有6个位于东部地区、2个位于中部地区、2个位于西部地区，东北地区没有，且前五位全部来自东部地区，显示出旅游从业人员空间高度集中的特征。

表7-14　2017年度旅游从业人数排序

排序	地区	星级饭店（人）	旅行社（人）	A级景区固定从业人员（人）	累计（人）
1	山东省	72723	20799	162314	255836
2	广东省	104181	40066	83174	227421
3	浙江省	87567	27244	61925	176736
4	江苏省	74494	29461	69874	173829
5	北京市	87636	30333	16843	134812
6	湖南省	41449	14524	78351	134324
7	四川省	40396	7073	86840	134309
8	河北省	42657	7387	78646	128690
9	安徽省	33080	9598	67533	110211
10	云南省	41562	9070	54162	104794

① 祁超萍．我国中医药旅游产业发展研究［M］．北京：中国市场出版社，2021：135.

续表

排序	地区	星级饭店（人）	旅行社（人）	A 级景区固定从业人员（人）	累计（人）
11	河南省	42235	6456	53394	102085
12	辽宁省	32093	9443	58242	99778
13	湖北省	36349	14155	46710	97214
14	上海市	50727	34096	11557	96380
15	福建省	48473	17331	26449	92253
16	陕西省	29921	9995	48656	88572
17	广西壮族自治区	30269	7651	33118	71038
18	江西省	24813	6098	37532	68443
19	贵州省	16944	3110	36800	56854
20	新疆维吾尔自治区	22692	2112	30266	55070
21	重庆市	22570	5724	23912	52206
22	黑龙江省	13263	5151	30335	48449
23	甘肃省	21147	4517	20285	45949
24	山西省	24254	7927	12232	44413
25	内蒙古自治区	20295	6456	16787	43538
26	海南省	20623	4710	17031	42364
27	天津市	13030	5934	10156	29120
28	吉林省	10414	4585	11465	26464
29	青海省	7496	5452	10011	22959
30	宁夏回族自治区	6694	1766	5964	14424
31	西藏自治区	4564	649	381	5594
合计		1124611	358873	1300945	2784429

数据来源:《中国旅游统计年鉴（2018）》。

（2）旅游教育培训情况

2017 年全国开设旅游管理类高等院校 1694 所，其中，开设旅游管理类本科专业院校 608 所，开设旅游管理类高职专业的普通高等院校 1086 所。开设旅游相关专业的中等职业学校 947 所。2017 年全国旅游院校在校学生数 273909 人，其中，本科专业招生 59311 人，高职专业招生 113084 人，中职专业招生 101514 人，如表 7-15 所示。

表 7-15　2017 年全国旅游院校基本情况汇总

省份	院校数（所）				招生数（人）			
	本科	高职	中职	小计	本科	高职	中职	小计
天津市	13	15	2	30	1288	1525	510	3323
河北省	26	52	20	98	2002	3537	1765	7304
山西省	15	36	8	59	1972	2287	1145	5404
内蒙古自治区	9	30	17	56	1528	1735	1507	4770
辽宁省	24	31	19	74	2833	3163	1841	7837
吉林省	20	23	9	52	1673	960	524	3157
黑龙江省	20	29	13	62	1614	2024	591	4229
上海市	14	20	16	50	1259	2209	2410	5878
江苏省	40	68	40	148	2773	7310	4367	14450
浙江省	26	28	61	115	1548	7307	5882	14737
安徽省	20	56	23	99	2603	6362	6076	15041
福建省	21	33	28	82	1921	3060	1985	6966
江西省	21	49	2	72	1655	3266	632	5553
山东省	28	68	38	134	2368	8738	4749	15855
河南省	32	78	19	129	3095	10370	1903	15368

续表

省份	院校数（所）				招生数（人）			
	本科	高职	中职	小计	本科	高职	中职	小计
湖北省	37	63	23	123	1684	4153	3039	8876
湖南省	32	43	22	97	2908	4815	2502	10225
广东省	31	69	71	171	3933	9070	7477	20480
广西壮族自治区	20	44	18	82	2526	4634	5026	12186
海南省	5	12	40	57	2115	3035	9468	14618
重庆市	16	26	74	116	1826	3600	9572	14998
四川省	30	60	125	215	3852	6717	14134	24703
贵州省	18	26	20	64	2273	3616	2132	8021
云南省	22	22	121	165	2291	1934	8228	12453
西藏自治区	3	3	5	11	110	212	524	846
陕西省	23	33	4	60	875	2171	887	3933
甘肃省	12	15	19	46	1317	1447	1180	3944
青海省	3	8	2	13	159	523	410	1092
宁夏回族自治区	2	6	2	10	254	402	398	1054
新疆维吾尔自治区和新疆生产建设兵团	12	20	69	101	1279	1788	28	3095
合计	608	1086	947	2641	59311	113084	101514	273909

数据来源：2017年全国旅游教育培训统计。

2017年全国旅游系统职工教育培训总量为586.5万人次，分为岗位培训和成人学历教育两大类，其中岗位培训562万人次，成人学历教育24.5万人次。其中旅游饭店岗位培训304.9万人次，成人学历教育11.6

万人次。旅行社岗位培训 125.3 万人次，成人学历教育 7.3 万人次。旅游景区（点）岗位培训 95.9 万人次，成人学历教育 4.1 万人次。旅游行政部门岗位培训 9.4 万人次，成人学历教育 0.4 万人次。其他旅游企事业单位岗位培训 26.5 万人次，成人学历教育 1 万人次。分别如表 7-16 和表 7-17 所示。

表 7-16　2017 年全国旅游系统岗位培训汇总

省份	旅游饭店	旅行社	旅游景区（点）	其他旅游企业单位	旅游行政部门	小计
	（人）	（人）	（人）	（人）	（人）	（人）
天津市	17489	56607	3952	38661	1037	117746
河北省	148149	28493	36702	19086	4370	236800
山西省	13060	4826	5756	611	2059	26312
内蒙古自治区	29283	11920	10572	2757	3690	58222
辽宁省	42627	9136	8027	14047	5708	79545
吉林省	91743	6577	11875	355	697	111247
黑龙江省	7868	3551	7985	2523	1772	23699
上海市	238161	91562	76274	250	518	406765
江苏省	106741	105925	80411	11521	3848	308446
浙江省	41348	26416	21279	384	6822	96249
安徽省	74887	30801	26817	3684	2758	138947
福建省	293082	82043	24975	3323	3527	406950
江西省	26965	13616	15463	4536	2740	63320
山东省	88864	29443	39665	15241	5223	178436
河南省	53546	13589	39473	3348	4585	114541

续表

省份	旅游饭店	旅行社	旅游景区（点）	其他旅游企业单位	旅游行政部门	小计
	（人）	（人）	（人）	（人）	（人）	（人）
湖北省	120249	127817	26120	4229	1943	280358
湖南省	429308	212951	72898	19441	6823	741421
广东省	367278	86200	112282	4349	5433	575542
广西壮族自治区	35804	12026	23799	1245	4884	77758
海南省	164725	11158	40200	253	1856	218192
重庆市	86554	15981	85498	2996	2096	193125
四川省	116614	12591	50106	11436	5718	196465
贵州省	17433	5036	12250	35251	2277	72247
云南省	29295	21189	9919	6300	1392	68095
西藏自治区	0	0	0	80	55	135
陕西省	28096	4383	58188	35153	3815	129635
甘肃省	54432	19605	23385	11321	4948	113691
青海省	8881	6569	2111	401	1304	19266
宁夏回族自治区	10346	7425	6826	1804	919	27320
新疆维吾尔自治区和新疆生产建设兵团	16417	1861	6875	1429	750	27332
累计	3048869	1253229	959242	264844	93671	5619855

数据来源：2017 年全国旅游教育培训统计。

表 7-17　2017 年全国旅游系统成人学历教育汇总

省份	旅游饭店	旅行社	旅游景区（点）	其他旅游企业单位	旅游行政部门	小计
	（人）	（人）	（人）	（人）	（人）	（人）
天津市	1239	341	441	36	67	2124
河北省	850	862	953	36	136	2837
山西省	1693	1199	706	31	81	3710
内蒙古自治区	412	916	890	47	80	2345
辽宁省	2730	1228	812	55	26	4851
吉林省	62	86	260	8	12	428
黑龙江省	72	85	60	49	30	296
上海市	466	130	105	0	3	704
江苏省	4742	8543	3951	222	153	17611
浙江省	1371	350	219	22	10	1972
安徽省	669	439	831	97	115	2151
福建省	2774	2246	2370	213	127	7730
江西省	2415	1785	520	579	182	5481
山东省	2522	797	628	358	30	4335
河南省	3582	1403	2355	462	292	8094
湖北省	5945	3080	1745	132	38	10940
湖南省	33960	7275	6865	4945	1954	54999
广东省	18616	7442	7510	176	96	33840
广西壮族自治区	4347	1163	2441	116	210	8277
海南省	334	4612	130	0	0	5076
重庆市	5388	1313	1330	1355	62	9448

续表

省份	旅游饭店（人）	旅行社（人）	旅游景区（点）（人）	其他旅游企业单位（人）	旅游行政部门（人）	小计（人）
四川省	606	243	649	148	74	1720
贵州省	160	21	136	94	34	445
云南省	3456	4704	1870	308	69	10407
西藏自治区	0	0	0	0	0	0
陕西省	2762	145	1292	79	141	4419
甘肃省	572	193	724	149	35	1673
青海省	0	0	0	0	0	0
宁夏回族自治区	86	188	218	16	24	532
新疆维吾尔自治区和新疆生产建设兵团	211	20	114	50	71	466
累计	115970	73006	41207	10421	4152	244756

数据来源：2017 年全国旅游教育培训统计。

7.2 中医药资源分析

中医药健康旅游产业发展过程中必不可少的中医药产业要素包含中医药专业人才、中药、中医医院、中医药企业等其他相关资源。其中，中药是中医药健康产业发展的物质基础，中医药企业主要提供中医药健康旅游过程中的各类型产品，中医药专业人才、中医医院等主要为旅游者提供中医药健康旅游过程中的各项服务。

7.2.1 中药资源

中药资源是我国传统特产资源之一，也是可再生和可持续发展利用的资源。从神农尝百草至今几千年，中药资源在传统医学理论的指导下得到了充分利用，为当代中国人民的卫生健康事业、为"健康中国"战略做出了巨大贡献，特别是通过抗击重大疫情，如"非典型肺炎（SARS）""甲型 H1N1 流感""新型冠状病毒肺炎（COVID-19）"等，再一次向世人展示，历经数千年的中医药，在人类的生命健康保障中仍发挥主导作用。

中药资源是我国中医药事业及中医药健康旅游产业发展的物质基础，是自然生态系统和生物多样性的重要组成部分，在维护生态平衡、改善生态环境方面具有重要作用。中药资源作为一种再生性资源，具有周期长、分布地域广、动态性强的特点。它易受人为因素与自然力的影响，蕴藏量也易发生变化[①]。根据中国药材公司和全国中药资源普查办公室历时近 10 年（1983—1993 年）的全国中药资源普查结果显示，我国现拥有药用植物、动物和矿物 12807 种，其中药用植物 11146 种，药用动物 1581 种，药用矿物 80 种。

（1）我国中药材资源分布

20 世纪 80 年代，以第三次全国重要资源普查为基础编著的《中国中药区划》（1995 年），明确提出"中药区划"的概念，并对我国中药材资源分布进行了划分。《中国中药区划》从大尺度、多品种角度，以全国范围内的中药资源和中药材生产地域系统为研究对象，进行了全国范围的中药区划，并在各省（自治区、直辖市）中药材生产实践中不断应用

① 陈其广，等.战略的中医药国情分析和国策建议（上）[M].北京：社会科学文献出版社，2018：255.

与发展。《中国中药区划》首次以我国的自然条件、社会经济技术条件与中药材生产的特点为依据，在研究总结中药资源分布规律、区域优势和发展潜力的基础上，将我国中药资源划分为东北寒温带、中温带野生、家生中药区，华北暖温带家生、野生中药区，华东北亚热带、中亚热带家生、野生中药区，西南北亚热带、中亚热带家生、野生中药区，华南南亚热带、北亚热带家生、野生中药区，西北中温带、暖温带野生中药区，内蒙古中温带野生中药区，青藏高原野生中药区和海洋区，共9个一级区、28个二级区[①]，如表7–18所示。

表7–18 我国中药材资源分布

区域	主要涵盖地区	中药资源数	代表性中药品种	主要特点
东北寒温带、中温带野生、家生中药区	大兴安岭山地，小兴安岭山地，长白山山地	赤芍、满山红、人参、五味子、鹿茸、熊胆等	1000多种	多数为野生资源，蕴藏量丰富
华北暖温带家生、野生中药区	黄淮海辽平原，黄土高原	金银花、酸枣仁、北沙参、大黄、沙棘、龙骨等	1000~1500种	家野兼有，其中家种药材生产水平较高
华东北亚热带、中亚热带家生、野生中药区	钱塘江、长江下游山地，江南低山丘陵，江淮丘陵，长江中游丘陵平原及湖泊	浙贝母、西红花、玄参、茯苓、牡丹皮、蕲蛇、蜈蚣、鳖甲等	3000多种	中药资源门类齐全，品种比较丰富，珍贵、地道药材众多
西南北亚热带、中亚热带家生、野生中药区	秦巴山地、汉中盆地，川黔湘鄂山原山地，滇黔桂山原丘陵，四川盆地，云贵高原，横断山、东喜马拉雅山南麓	当归、杜仲、吴茱萸、石斛、麦冬、泽泻、木香、川牛膝、川贝母、麝香、龙胆等	5000多种	资源丰富，品种多样，民族医药丰富，药材产量高

① 张小波，黄璐琦．中国中药区划［M］．北京：科学出版社，2019：8.

续表

区域	主要涵盖地区	中药资源数	代表性中药品种	主要特点
华南南亚热带、北亚热带家生、野生中药区	岭南沿海、台湾北部山地，雷州半岛、海南岛、台湾南部山地丘陵，滇西南山原	砂仁、化桔红、槟榔、白豆蔻、苏木、千年健、樟脑等	4500多种	以南亚热带、热带为主的中药资源独具特色，南药引进栽培与野生变家种取得明显进展
西北中温带、暖温带野生中药区	阿尔泰、天山山地及准噶尔盆地，塔里木、柴达木盆地及阿拉善、西鄂尔多斯高原，祁连山山地	伊贝母、阿魏、甘草、枸杞子、红花、羌活、麝香等	2000多种	种类少，野生资源蕴藏量大，但地区分布不均，需要保护资源的物种多
内蒙古中温带野生中药区	松嫩及西辽河平原，阴山山地及坝上高原，内蒙古高原	防风甘草、黄芩、知母、地榆、草乌、龙胆等	1000多种	野生药材资源丰富，草本植物占优势，野生资源开发利用不平衡
青藏高原野生中药区	川青藏高山峡谷，雅鲁藏布江中游山原坡地，羌塘高原	冬虫夏草、川贝母、山莨菪、雪莲花、鹿角等	1000多种	名贵药材多，全部为野生，蕴藏量丰富
海洋区	渤海、黄海、东海，南海	昆布、海螵蛸、海藻、珍珠母、海马、牡蛎等	500多种	海洋中药资源十分丰富、种类繁多

资料来源：根据《中国中药区划》及网络资料整理。

（2）我国道地药材资源

“道地药材”是我国传统优质药材的代表，它是指经过中医临床长期优选出来的，在特定地域，通过特定生产过程所生产的，较其他地区所产的同种药材品质佳、疗效好，具有较高知名度的药材，同时道地药材也是我国中医药的精髓。道地药材源自特定产区、具有独特药效，需要在特定地域内种植、生产，目前我国道地药材产区可划分为东北、华北、华东、华中、华南、西南、西北七大区域，如表7-19所示。

表 7-19　我国道地药材资源分布区域

区域	涵盖省份	区域特点	主要品种	主攻方向	到 2025 年建设目标
东北	内蒙古东北部、辽宁、吉林及黑龙江等省（区），中药材种植面积约占全国的 5%	大部属温带、寒温带季风气候，是关药主产区	人参、鹿茸、辽细辛、关龙胆、赤芍、关防风等	优质林下参种植，园参连作障碍治理，梅花鹿、马鹿人工养殖，赤芍、防风仿野生种植等	建设道地药材生产基地 140 万亩以上
华北	内蒙古中部、天津、河北、山西等省（区、市），中药材种植面积约占全国的 7%	大部属亚热带季风气候，是北药主产区	黄芩、连翘、知母、酸枣仁、柴胡、远志、天花粉、款冬花、甘草、黄芪等	开展黄芪、黄芩、连翘野生抚育，规范柴胡生产，提升党参、远志加工贮藏技术等	建设道地药材生产基地 180 万亩以上
华东	江苏、浙江、安徽、福建、江西、山东等省，中药材种植面积约占全国的 11%	本区属热带、亚热带季风气候，是浙药、江南药、淮药等主产区	浙贝母、白芍、牡丹皮、苏芡实、茯苓、前胡、元胡、车前子、瓜蒌等	恢复生产杭白芍、浙白术、杭白芷、建泽泻等传统知名药材，大力发展凤丹皮、温郁金等产需缺口较大的药材	建设道地药材生产基地 280 万亩以上
华中	河南、湖北、湖南等省，中药材种植面积约占全国的 16%	本区属温带、亚热带季风气候，是怀药、蕲药等主产区	怀山药、怀菊花、蕲艾、茯苓、天花粉、百合、青皮、木香等	开展怀山药、怀牛膝、怀菊花提纯复壮，治理连作障碍，大力发展荆半夏、蕲艾生态种植，提升怀山药采收加工技术等	建设道地药材生产基地 430 万亩以上
华南	广东、广西、海南等省（区），中药材种植面积约占全国的 6%	本区属热带、亚热带季风气候，气温较高、湿度较大，是南药主产区	新会皮、佛手、广巴戟、罗汉果、肉桂、何首乌、益智仁等	恢复阳春砂生产，提升何首乌、巴戟天、佛手生产技术水平等	建设道地药材生产基地 160 万亩以上

续表

区域	涵盖省份	区域特点	主要品种	主攻方向	到 2025 年建设目标
西南	重庆、四川、贵州、云南等省（市），中药材种植面积约占全国的 25%	本区域气候类型较多，包括亚热带季风气候及温带、亚热带高原气候，是川药、贵药、云药主产区	川芎、黄连、川椒、川木香、滇重楼、川麦冬、川枳壳、白芍、铁皮石斛、当归、青蒿等	开展丹参、白芍、白芷提纯复壮，开展麦冬、川芎安全生产技术研究与推广，发展优质川药，大力发展重楼等相对紧缺品种，开展三七连作障碍治理	建设道地药材生产基地 670 万亩以上
西北	内蒙古西部、西藏、陕西、甘肃、青海、宁夏、新疆等省（区），中药材种植面积约占全国的 30%	本区域大部属于温带季风气候，较为干旱，是秦药、藏药、维药主产区	当归、枸杞、红景天、红花、青皮、紫草、肉苁蓉、锁阳等	提升当归、枸杞、党参、红花等药材品质，发展高海拔地区大黄、红景天生产，推广秦艽、胡黄连优质栽培技术，大力发展羌活人工种植，提升党参加工贮藏技术	建设道地药材生产基地 800 万亩以上

资料来源：根据《全国道地药材生产基地建设规划（2018—2025 年）》整理。

（3）药用植物园

药用植物种质资源是国家重要的生物战略资源，是中医药可持续发展的基础，其开发利用是很多农村经济的支柱；作为新药开发的重要来源，珍贵的药用基因资源也是世界各国争夺的对象①。目前，我国药用植物园主要分为国家和政府单位专业药用植物园、高校附属药用植物园、企业自建药用植物园和各植物园中的药用植物专类园四种。这其中，国家和政府单位专业药用植物园共 11 个，如中国医学科学院药用植物研究所建立的分布在北京、广西、云南和海南的 4 个专业药用植物园及中国

① 肖培根，陈士林，张本刚，魏建和，周庆年，缪剑华，陈伟平，张昭，杨世林，李学兰．中国药用植物种质资源迁地保护与利用［J］．中国现代中药，2010，12（6）：3-6.

农业科学院在湖北省建立的华中药用植物园，如表 7-20 所示；高校附属药用植物园共 20 个，如北京中医药大学药用植物园、天津中医药大学药用植物园、黑龙江中医药大学药用植物园等，如表 7-21 所示；企业自建药用植物园 7 个，如永和信珍稀药用植物园、浙江森宇药用植物园、重庆石柱黄水药用植物园等，如表 7-22 所示；各植物园中的药用植物专类园 36 个，如贵州植物园（药用植物区）、杭州植物园（药用植物小区）、黑龙江森林植物园（药用植物园）等，如表 7-23 所示。

表 7-20　国家和政府单位专业药用植物园

省份	植物园名称	省份	植物园名称
北京市	中国医学科学院北京药用植物园	湖北省	中国农业科学院华中药用植物园
	北京丰台药用植物园	重庆市	重庆南川用药植物园
广西壮族自治区	中国医学科学院广西药用植物园	贵州省	贵阳药用植物园
云南省	中国医学科学院云南西双版纳药用植物园	浙江省	大盘山药用植物园
	中国药山药用植物园	安徽省	亳州市药用植物园
海南省	中国医学科学院海南兴隆药用植物园		

资料来源：李标，魏建和，王文全，等．推进国家药用植物园体系建设的思考［J］．中国现代中药，2013，15（9）：721-726.

表 7-21　高校附属药用植物园

省份	植物园名称	省份	植物园名称
北京市	北京中医药大学药用植物园	福建省	福建中医药大学药用植物园
天津市	天津中医药大学药用植物园	江西省	江西中医药大学药用植物园
山西省	山西中医学院药用植物园	山东省	山东中医药大学药用植物园

续表

省份	植物园名称	省份	植物园名称
黑龙江省	黑龙江中医药大学药用植物园	河南省	河南中医药大学药用植物园
上海市	上海中医药大学药用植物园		河南大学药用植物园
	第二军医大学药用植物园		河南张仲景国医学院药用植物园
江苏省	南京中医药大学药用植物园	广东省	广东中医药大学药用植物园
	中国药科大学药用植物园	广西壮族自治区	广西中医药大学药用植物园
浙江省	浙江中医药大学药用植物园	四川省	成都中医药大学药用植物园
安徽省	安徽中医药大学药用植物园	陕西省	陕西中医药大学药用植物园

资料来源：李标，魏建和，王文全，等 . 推进国家药用植物园体系建设的思考［J］. 中国现代中药，2013，15（9）：721-726.

表 7-22 企业自建药用植物园

省份	植物园名称	省份	植物园名称
福建省	永和信珍稀药用植物园	山东省	青岛崂山药用植物园
浙江省	浙江森宇药用植物园	江苏省	江苏长江药用植物园
	浙江杭州药用植物园	安徽省	皖西药用植物园
重庆市	重庆石柱黄水药用植物园		

资料来源：李标，魏建和，王文全，等 . 推进国家药用植物园体系建设的思考［J］. 中国现代中药，2013，15（9）：721-726.

表 7-23 各植物园中的药用植物专类园

省份	植物园名称	省份	植物园名称
贵州省	贵州植物园（药用植物区）	新疆维吾尔自治区	乌鲁木齐植物园（药用植物园）

续表

省份	植物园名称
浙江省	杭州植物园（药用植物小区）
黑龙江省	黑龙江森林植物园（药用植物园）
	小兴安岭植物园（药用植物园）
吉林省	浑江树木园（中草药园）
山东省	济南植物园（药用芳香园）
	泰山植物园（泰山药用植物园）
宁夏回族自治区	银川植物园（百药园）
海南省	兴隆热带植物园（热带药用植物）
	海南热带经济植物园（热带药用、香料植物区）
福建省	厦门植物园（药用植物区）
陕西省	宝鸡植物园（药草园）
	秦岭植物园（药用植物区）
	西安植物园（药用植物区）
	榆林卧云山民办植物园（中草药种植示范区）
辽宁省	沈阳应用生态植物园（药用植物区）
	沈阳植物园（药草园）
山西省	太原东山植物园（药用植物园）
香港特别行政区	嘉道理农场暨植物园（中草药园）
	香港动植物园（草药园）
湖北省	武汉植物园（药用植物区）
上海市	上海植物园（草药园）
	上海辰山植物园（药用植物园）
湖南省	湖南森林植物园（药用植物园）
广西壮族自治区	桂林植物园（民族药园）
云南省	昆明世博园（药草园）
	西双版纳热带植物园（南药园）
	昆明植物园（云南中草药）
	中甸高山植物园（高山药用植物）
江苏省	南京中山植物园（药用植物中心）
广东省	华南植物园（药用植物区）
	仙湖植物园（药用植物专类园）
河北省	石家庄植物园（药用植物园）
江西省	庐山植物园（药圃）
甘肃省	兰州植物园（草药园）

资料来源：李标，魏建和，王文全，等．推进国家药用植物园体系建设的思考［J］．中国现代中药，2013，15（9）：721-726.

7.2.2 中医资源

中医资源是中医药健康旅游发展的核心要素之一，在我国几千年历史中名医辈出。这些名中医不仅为百姓医病诊疗，著书立作，还留下了许多相关遗迹。其中，最为重要的是其中医理论思想：其一，预防重于治疗：我国最早的医学典籍《黄帝内经》中提出“上医治未病，中医治欲病，下医治已病”，即中医自古讲究预防重于治疗，这也是中西医之间最重要的区别之一。其二，养生重于治疗：中医强调三分治、七分养，即中医更多地强调通过人体自身防御、自我修复能力来对抗疾病，而西医自创立起即以治疗疾病为重点，预防医学直到 19 世纪自然学三大发现后创立，并随着现代医学和统计学、微生物学的先后创立而逐步发展完善[①]。尤其是现代社会，老龄化日趋严重，慢性病、亚健康的人群越来越多，通过中医药健康旅游的形式进行养生保健既符合国家的医疗保健政策，也有利于个人的健康。

（1）历代名中医

从上古伏义氏、神农氏、黄帝开始，我国历代名医辈出，具体参见表 7-24 所示。

表 7-24　我国历代名中医

年代	名中医代表
上古	伏义氏、神农氏、黄帝、岐伯、伯高、雷公、少师、俞跗、少俞、僦贷季、鬼臾区、桐君、巫妨、巫彭、巫咸、伊尹等
周汉晋	扁鹊、淳于意、张仲景、华佗、王叔和、皇甫谧、涪翁、程高、郭玉、葛洪、张仲景、鲍姑、董奉等

① 陈其广，等.战略的中医药国情分析和国策建议（上）[M].北京：社会科学文献出版社，2018：63.

续表

年代	名中医代表
南北朝	雷敩、陶弘景、全元起、徐之才、许胤宗、甄权等
隋唐	杨上善、巢元方、孙思邈、张宝藏、崔知悌、张文仲、王焘、鉴真、王冰、昝殷、李珣、韩保升等
宋金元	刘完素、张子和、窦默、李东垣、王好古、危亦林、陈自明、王履、沈括、朱肱、王惟一等
明代	缪希雍、张景岳、杨济时、龚廷贤、徐春甫、薛己、汪机、刘纯、谈允贤、马莳、虞抟等
清代	汪昂、李中梓、王清任、王旭高、唐宗海、张山雷、施今墨、徐大椿、尤怡、高士宗、沈金鳌等
近代	董怀一、哈玉民、刘渡舟、姚正平、房芝萱、夏寿人、刘辅庭、佟阔泉、赵炳南、关月波、刘寿山、沈仲圭、韦文贵、王鸿术、张子珍、韦继贤、秦厚生、陈莲舫等
当代	吴育宁、高荣林、贺思圣、张作舟、王拥军、陆焱垚、廖怀章、王永炎、旦增达杰、哈虹、马万千、陈明岭、王富莊、郝燕梅、裴玉环、李葆富、林兰、金宇安、李幼安、田劭丹、周伯康、黄有云等

资料来源：根据中国中医网（https：//www.zhzyw.com/）整理。

（2）国医大师

“国医大师”是我国政府授予中医药人才的最高荣誉，评选标准十分严格。当选者必须在中医药领域从业 55 年以上，并且医德高尚、学术成就卓著。2009 年 5 月，人力资源和社会保障部、卫生部（现国家卫生和健康委员会）、国家中医药管理局联合发布了《关于表彰首届“国医大师”的决定》，表彰了首批 30 位“国医大师”。2014 年、2017 年和 2022 年又分别评选出第二届、第三届和第四届“国医大师”，累计评选国医大师 120 位，其中女性 11 位，少数民族 12 位。具体参见表 7-25、表 7-26。

表 7-25 “国医大师”名单

第一届“国医大师名单”			
姓名	工作单位	姓名	工作单位
王玉川	北京中医药大学	王绵之	北京中医药大学
方和谦	首都医科大学附属北京朝阳医院	邓铁涛	广州中医药大学
朱良春	南通市中医院	任继学	长春中医药大学附属医院
苏荣扎布（蒙古族）	内蒙古医学院	李玉奇	辽宁中医药大学附属医院
李济仁	皖南医学院附属弋矶山医院	李振华	河南中医学院
李辅仁	卫生部北京医院	吴咸中	天津市南开医院
何任	浙江中医药大学	张琪	黑龙江省中医研究院
张灿玾	山东中医药大学	张学文	陕西中医学院
张镜人	上海市第一人民医院	陆广莘	中国中医科学院
周仲瑛	南京中医药大学	贺普仁	首都医科大学附属北京中医医院
班秀文	广西中医学院	徐景藩	江苏省中医院
郭子光	成都中医药大学	唐由之	中国中医科学院
程莘农	中国中医科学院	强巴赤列（藏族）	西藏自治区藏医院
裘沛然	上海中医药大学	路志正	中国中医科学院
颜正华	北京中医药大学	颜德馨	同济大学附属第十人民医院
第二届“国医大师名单”			
姓名	工作单位	姓名	工作单位
干祖望	南京中医药大学附属医院	王琦	北京中医药大学
巴黑·玉素甫（维吾尔族）	新疆维吾尔自治区维吾尔医医院	石仰山	上海市黄浦区中心医院

续表

姓名	工作单位	姓名	工作单位
石学敏	天津中医药大学第一附属医院	占堆（藏族）	西藏自治区藏医院
阮士怡	天津中医药大学第一附属医院	孙光荣	北京中医药大学
刘志明	中国中医科学院	刘尚义	贵阳中医学院第一附属医院
刘祖贻	湖南省中医药研究院	刘柏龄	长春中医药大学附属医院
吉格木德（蒙古族）	内蒙古医科大学	刘敏如（女）	成都中医药大学
吕景山	山西中医学院第三中医院	张大宁	天津市中医药研究院
李士懋	河北中医学院	李今庸	湖北中医药大学
陈可冀	中国中医科学院	金世元	北京卫生职业学院
郑新	重庆市中医院	尚德俊	山东中医药大学
洪广祥	江西中医药大学	段富津	黑龙江中医药大学
徐经世	安徽中医药大学第一附属医院	郭诚杰	陕西中医学院
唐祖宣	河南省邓州市中医院	夏桂成	江苏省中医院
晁恩祥	中日友好医院	禤国维	广州中医药大学
第三届“国医大师名单”			
姓名	**工作单位**	**姓名**	**工作单位**
王世民	山西中医药大学	王烈	长春中医药大学附属医院
韦贵康	广西中医药大学	卢芳	哈尔滨市中医医院
包金山（蒙古族）	内蒙古民族大学附属医院	尼玛（藏族）	青海省藏医院
吕仁和	北京中医药大学东直门医院	朱南孙（女）	上海中医药大学附属岳阳中西医结合医院

续表

姓名	工作单位	姓名	工作单位
伍炳彩	江西中医药大学	刘嘉湘	上海中医药大学附属龙华医院
许润三	中日友好医院	李业甫（回族）	安徽省中西医结合医院
李佃贵	河北省中医院	杨春波	福建中医药大学附属第二人民医院
邹燕勤（女）	江苏省中医院	沈宝藩	新疆维吾尔自治区中医医院
张志远	山东中医药大学	张磊	河南中医药大学第三附属医院
张震	云南省中医中药研究院	周岱翰	广州中医药大学第一附属医院
周学文	辽宁中医药大学附属医院	周信有	甘肃中医药大学
段亚亭	重庆市中医院	柴嵩岩（女）	首都医科大学附属北京中医医院
梅国强	湖北中医药大学	葛琳仪（女）	浙江省中医院
雷忠义	陕西省中医医院	廖品正（女）	成都中医药大学
熊继柏	湖南中医药大学	薛伯寿	中国中医科学院广安门医院
第四届“国医大师名单”			
姓名	**工作单位**	**姓名**	**工作单位**
丁樱（女）	河南中医药大学第一附属医院	王永钧	杭州市中医院
王自立	甘肃省中医院	王庆国	北京中医药大学
王晞星	山西省中医院	王新陆	山东中医药大学
皮持衡	江西中医药大学	孙申田	黑龙江中医药大学附属第二医院

续表

姓名	工作单位	姓名	工作单位
严世芸	上海中医药大学	李文瑞	北京医院
杨震	西安市中医医院	肖承悰（女）	北京中医药大学东直门医院
何成瑶（女）	贵州中医药大学第二附属医院	余瀛鳌	中国中医科学院中国医史文献研究所
张伯礼	天津中医药大学	张静生	辽宁中医药大学附属医院
陈民藩	福建中医药大学附属人民医院	陈彤云（女，回族）	首都医科大学附属北京中医医院
陈绍宏	成都中医药大学附属医院	林毅（女）	广州中医药大学第二附属医院
林天东	海南省中医院	旺堆（藏族）	西藏藏医药大学
南征（朝鲜族）	长春中医药大学附属医院	涂晋文	湖北中医药大学
施杞	上海中医药大学	姚希贤	河北医科大学第二医院
翁维良	中国中医科学院西苑医院	黄瑾明（壮族）	广西中医药大学第一附属医院
韩明向	安徽中医药大学第一附属医院	潘敏求	湖南省中医药研究院

资料来源：根据国家中医药管理局网站（http：//www.satcm.gov.cn/）整理。

表 7-26 “国医大师”各省份分布及排序（不含港澳台）

排序	省份	第一批	第二批	第三批	第四批	小计
1	北京市	10	6	4	6	26
2	上海市	3	1	2	2	8
3	江苏省	3	2	1	0	6

续表

排序	省份	第一批	第二批	第三批	第四批	小计
4	天津市	1	3	0	1	5
5	吉林省	1	1	1	1	4
6	黑龙江省	1	1	1	1	4
7	安徽省	1	1	1	1	4
8	山东省	1	1	1	1	4
9	河南省	1	1	1	1	4
10	广东省	1	1	1	1	4
11	四川省	1	1	1	1	4
12	陕西省	1	1	1	1	4
13	河北省	0	1	1	1	3
14	山西省	0	1	1	1	3
15	内蒙古自治区	1	1	1	0	3
16	辽宁省	1	0	1	1	3
17	浙江省	1	0	1	1	3
18	江西省	0	1	1	1	3
19	湖北省	0	1	1	1	3
20	湖南省	0	1	1	1	3
21	广西壮族自治区	1	0	1	1	3
22	西藏自治区	1	1	0	1	3
23	福建省	0	0	1	1	2
24	重庆市	0	1	1	0	2

续表

排序	省份	第一批	第二批	第三批	第四批	小计
25	贵州省	0	1	0	1	2
26	甘肃省	0	0	1	1	2
27	新疆维吾尔自治区	0	1	1	0	2
28	海南省	0	0	0	1	1
29	云南省	0	0	1	0	1
30	青海省	0	0	1	0	1
31	宁夏回族自治区	0	0	0	0	0
	累计	30	30	30	30	120

资料来源：根据国家中医药管理局网站（http：//www.satcm.gov.cn/）整理。

由表 7-26 可以看出，国医大师数量最多的是北京市，其次是上海市和江苏省，三个省份的国医大师数量占全国国医大师总数的三分之一。与此同时，四批国医大师中有女性 11 位，少数民族 12 位，其中藏族 4 位，蒙古族 3 位，回族 2 位，维吾尔族、朝鲜族和壮族各 1 位。

（3）与名中医相关的文化遗址

我国历史上的十大名医大多有墓葬遗址或纪念馆。神医扁鹊、外科鼻祖华佗还都不止一处墓葬遗址，这能够反映出自古以来中国百姓对名医的信任与爱戴。从这些墓葬遗址的保护级别来看：最高等级的是全国重点文物保护单位——张仲景墓和李时珍墓；其次是省级重点文物保护单位，包括 3 个扁鹊墓、1 个华佗墓，以及皇甫谧墓、宋慈墓和葛洪纪念馆；第三是市级文物保护单位，如孙思邈墓；最后是县级文物保护单位，如位于河南省沈丘县的华佗墓。具体如表 7-27 所示。

表 7-27　中国十大名医墓葬遗址概览

姓名	称号	墓葬遗址地点		文物保护等级
扁鹊	医祖	陕西省	西安市临潼区北南陈村	省级
		河南省	汤阴县城东伏道乡岗杨村北	省级
		河北省	邢台市内丘县西	无
		山西省	永济市虞乡镇清华村东	省级
		山东省	济南北郊鹊山西麓	市级
华佗	外科鼻祖	河南省	许昌市北苏桥镇小清河畔	省级
		河南省	沈丘槐店西南角	县级
		江苏省	徐州市彭城路华祖庙侧	—
张仲景	医圣	河南省	南阳市城东温凉河畔	全国重点
皇甫谧	针灸鼻祖	甘肃省	灵台县朝那镇三里村	省级
叶天士	温病学派奠基人	江苏省	苏州市吴中区灵天路	市级
孙思邈	药王	河南省	济源市林山村	市级
薛雪	温病学派奠基人	—	—	—
宋慈	世界法医学鼻祖	福建省	南平市建阳区崇雒乡昌茂村	省级
李时珍	药圣	湖北省	黄冈市蕲春县时珍路	全国重点
葛洪	小仙翁	广东省	惠州市罗浮山	省级

资料来源：根据网络资料整理。

中国民间对古代名医也十分尊重，后来这些名医不断被深化，称为"神医""医王"或"药王"，由于时代、地域不同，"药王"所指的人物也不相同①。其中，较为著名的有扁鹊、张仲景、李时珍、孙思邈、神农氏甚至神话人物铁拐李等。各地为药王社庙祭祀，统称为药王庙。全国

① 祁超萍．我国中医药旅游产业发展研究［M］．北京：中国市场出版社，2021：109.

各地有多处药王庙，如表 7-28 所示

表 7-28 各地药王庙及其供奉药王

省份	地址	供奉药王
北京市	密云区古北口	神农氏、扁鹊、华佗、张仲景、孙思邈
	崇文区（现东城区）	孙思邈、韦慈藏
	丰台区	孙思邈
	平谷区	三皇祖师、孙思邈、张仲景
天津市	西青区	医药圣贤
河北省	安国市	邳彤
	涿州市	菩萨、炎黄二帝、扁鹊、华佗等
	石家庄市封龙山	孙思邈
辽宁省	丹东市凤凰山	孙思邈、扁鹊、李时珍
吉林省	吉林市	孙思邈、李时珍
江苏省	如皋市	岐伯、皇帝、神农氏、扁鹊
山东省	潍坊市昌乐县	邓阁
安徽省	合肥市	铁拐李
河南省	新密市	孙思邈
	焦作市	孙思邈
陕西省	铜川市耀州区	孙思邈
四川省	都江堰市青城山镇	孙思邈
贵州省	贵阳市	孙思邈
广东省	云浮市郁南县	扁鹊

资料来源：祁超萍 . 我国中医药旅游产业发展研究［M］. 北京：中国市场出版社，2021：109-110.

7.2.3 中医医院资源

中医医院资源是我国中医药健康旅游发展的重要资源要素之一，我国拥有数量众多的中医医院资源，但是区域分布不均衡，且各省份的中医医院实力也各不相同，这也是影响我国中医药健康旅游产业布局和发展的重要因素。

（1）我国中医医院数量

根据国家统计的相关数据显示，2011 年我国拥有中医医院数 2831 个，2020 年为 4426 个，增长了 56.34%，如表 7-29 所示。与此同时，我国各省中医医院数分布也较为不均匀，最多的为河南省，拥有 375 家中医医院，最少的为西藏自治区，只拥有 1 家中医医院。中医医院数排名前十的省份分别是河南省、山东省、河北省、四川省、山西省、湖南省、辽宁省、浙江省、广东省和云南省，其中，4 个省份位于东部地区、3 个省份位于中部地区、2 个省份位于西部地区、1 个省份位于东北地区，如表 7-30 所示。由此可以看出，东部地区的中医医院数量还是具有一定的优势。

表 7-29　2011—2020 年我国拥有中医医院数

年份	2011	2012	2013	2014	2015	2016	2017	2018	2019	2020
中医医院数（个）	2831	2889	3015	3115	3267	3462	3695	3977	4221	4426

数据来源：国家统计局。

表 7-30　2020 年我国各省市拥有中医医院数量排序（不含港澳台）

排序	省份	数量	排序	省份	数量	排序	省份	数量
1	河南省	375	12	陕西省	166	23	广西壮族自治区	107
2	山东省	335	13	北京市	163	24	福建省	88
3	河北省	262	14	江苏省	156	25	新疆维吾尔自治区	57
4	四川省	260	15	安徽省	155	26	天津市	54
5	山西省	217	16	重庆市	134	27	宁夏回族自治区	31
6	湖南省	197	17	内蒙古自治区	126	28	海南省	23
7	辽宁省	191	18	湖北省	123	29	上海市	21
8	浙江省	189	19	吉林省	122	30	青海省	14
9	广东省	176	20	江西省	117	31	西藏自治区	1
10	云南省	170	21	甘肃省	117			
11	黑龙江省	168	22	贵州省	111			

数据来源：国家统计局。

（2）我国各省份中医医院的区位熵

“区位熵”又称专门化率，是由哈盖特（P.Haggett）首先提出并用于区位分析之中。该方法在衡量某一区域要素的空间分布情况，反映某一产业部门的集中度，以及某一区域在高层次区域的地位和作用等方面具有重要意义①。运用区位熵指标不仅可以分析区域优势产业的状况，而且还可以根据区位熵值的大小来衡量其发展强度，具体来说值越大，发展强度越高②。

① 毛加强，王陪珈.基于区位熵方法的陕西产业集群识别与检验［J］.兰州大学学报（社会科学版），2007（6）：134-137.

② 张佑印，马耀峰，高军，马红丽，褚玉良.中国典型区入境旅游企业区位熵差异分析［J］.资源科学，2009，31（3）：435-441.

区位熵的计算公式为：

$$LQ_{ij}=\frac{\frac{L_{ij}}{L_i}}{\frac{L_j}{L}}$$

式中，LQ_{ij} 是指各省中医医院的全国区位熵，L_{ij} 是指某一省份的中医医院数量，L_i 是指某一省份的全部医院数量，L_j 是指我国中医医院的数量，L 是指我国医院的全部数量。若 LQ_{ij}=1 时表明该地区的中医医院发展强度相当于全国平均水平；LQ_{ij}>1 时表明该地区的中医医院发展强度高于全国平均水平，当 LQ_{ij}>1.5 该地区与的中医医院发展强度在全国具有显著的比较优势；LQ_{ij}<1 时表明该地区的中医医院发展强度低于全国平均水平。因此，2020 年我国各省份中医医院区位熵如表 7-31 所示。

表 7-31　2020 年我国各省份中医医院区位熵排序（不含港澳台）

排序	省份	数量	排序	省份	数量	排序	省份	数量
1	北京市	2.00	12	江西省	1.09	23	四川省	0.85
2	河南省	1.36	13	陕西省	1.09	24	广东省	0.83
3	甘肃省	1.33	14	浙江省	1.06	25	海南省	0.66
4	内蒙古自治区	1.30	15	天津市	1.02	26	贵州省	0.64
5	重庆市	1.25	16	山东省	1.01	27	江苏省	0.63
6	山西省	1.22	17	福建省	1.01	28	青海省	0.52
7	吉林省	1.20	18	湖南省	0.96	29	新疆维吾尔自治区	0.50
8	黑龙江省	1.19	19	云南省	0.94	30	上海市	0.42
9	广西壮族自治区	1.17	20	湖北省	0.94	31	西藏自治区	0.05
10	宁夏回族自治区	1.14	21	河北省	0.93			
11	辽宁省	1.12	22	安徽省	0.89			

由表7-31可以看出，北京市是我国31个省（自治区、直辖市）中区位熵唯一大于1.5的省份，其值达到2.00，即北京市的中医医院发展强度在全国具有显著的比较优势；另外河南省、甘肃省、内蒙古自治区、重庆市、山西省和吉林省的区位熵值也都分别大于1.2，其中医医院发展强度在全国具有比较优势；黑龙江省、广西壮族自治区、宁夏回族自治区、辽宁省、江西省、陕西省、浙江省、天津市、山东省和福建省的区位熵也都超过了1，其中医医院发展强度在全国具有一定的优势。在这里要特别说明的是，新疆维吾尔自治区、上海市和西藏自治区的区位熵小于等于0.5，其中医院发展强度在全国具有较为明显的劣势。

（3）我国中医医院竞争力排行

2021年4月17日，艾力彼医院管理研究中心在厦门召开了2021年中国医院竞争力大会，发布了《2020年中医医院竞争力报告》，对2020年中医医院100强进行了分析。由图7-7可知，2020年七大地区中医医院100强中，华东入围33家，竞争力指数为0.336，入围机构数以及竞争力指数相较于其他地区具有显著优势。七大地区中医医院分布基本呈三大梯队分布。第一梯队为华东地区；第二梯队华北、华中、华南三个地区的竞争力指数为0.13~0.17；第三梯队西北、西南和东北地区的竞争力指数相对较低，均低于0.1，可能受区域经济、医疗资源分布影响。整体来说，我国东、中、西部地区中医医院存在发展不平衡的现象。在东、西、中部中医医院比较中，东部相对而言更占优势，如图7-8所示。

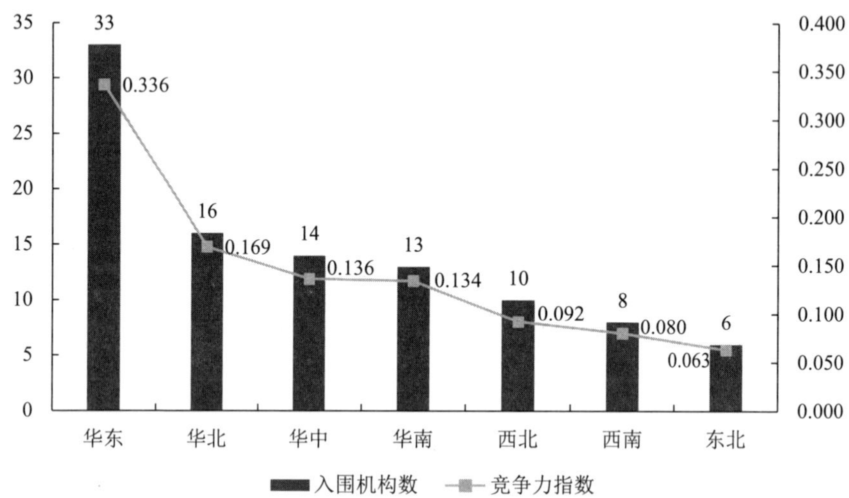

图 7-7　2020 年我国七大地区中医医院 100 强入围机构数和竞争力指数

数据来源：艾力彼医院管理研究中心医院竞争力数据库。

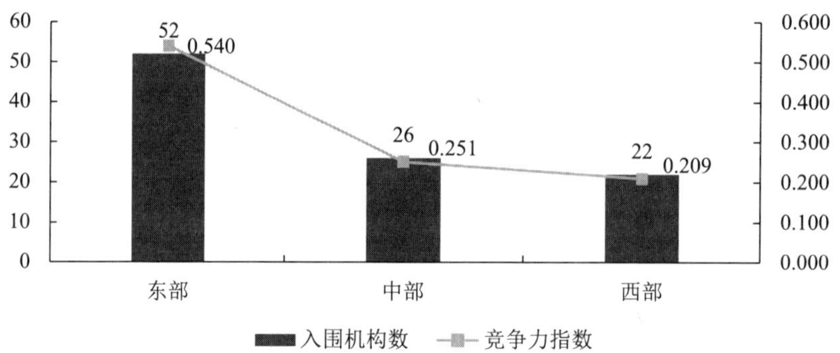

图 7-8　2020 年我国东、中、西部中医医院 100 强入围机构数和竞争力指数

数据来源：艾力彼医院管理研究中心医院竞争力数据库。

中医医院 100 强在全国省级行政区划单位分布上，一共分布在 29 个省（区、市）。其中，广东省入围机构数最多，达到 9 家；北京市、浙江省各有 7 家入围。在竞争力指数上，广东省（0.098）、北京市

（0.083）、浙江省（0.070）同样位居前三。在整体上看，入围机构前十名基本位于东部地区以及中部地区，西部地区仅陕西省位于前十。而西部地区的西藏自治区、宁夏回族自治区则没有中医医院入围 100 强，如表 7-32 所示。各省（区、市）的中医医院发展状况也存在不平衡的状况。

表 7-32　2020 年中医医院 100 强各省（区、市）入围机构数及竞争力指数

单位：家

省（区、市）	广东省	北京市	浙江省	江苏省	山东省	陕西省	上海市	河南省
入围机构数	9	7	7	6	6	6	5	5
竞争力指数	0.098	0.083	0.070	0.060	0.056	0.055	0.057	0.048
省（区、市）	湖南省	湖北省	四川省	福建省	天津市	广西壮族自治区	黑龙江省	安徽省
入围机构数	5	4	4	4	43	3	3	3
竞争力指数	0.047	0.041	0.039	0.038	0.033	0.032	0.032	0.027
省（区、市）	山西省	河北省	甘肃省	辽宁省	贵州省	江西省	吉林省	重庆市
入围机构数	3	2	2	2	2	2	1	1
竞争力指数	0.027	0.021	0.020	0.0.20	0.019	0.018	0.012	0.012
省（区、市）	新疆维吾尔自治区	云南省	青海省	海南省	内蒙古自治区			
入围机构数	1	1	1	1	1			
竞争力指数	0.011	0.009	0.005	0.005	0.005			

数据来源：艾力彼医院管理研究中心医院竞争力数据库。

2020 年，我国共有 333 个地级行政区划单位（包括地区、自治州、行政区和盟，以下简称“地级市”），2020 年中医医院 100 强分布在 60

个地级市，有杭州市、长沙市、福州市、武汉市、郑州市、广州市等8个地级市拥有3家以上100强中医医院，这些城市全部为省会城市，这也显示了我国中医医院优质资源依旧较多地集中在省会城市。其中，杭州市有5家100强中医医院，为拥有100强中医医院最多的地级市。西部地区则没有一个地级市拥有3家及以上100强中医医院，如表7-33所示。

表7-33　3家及以上医院入围2020年中医医院100强的城市

单位：家

地区	省份	城市	入围机构数
华东地区	浙江省	杭州市	5
	福建省	福州市	3
华中地区	湖南省	长沙市	4
	湖北省	武汉市	3
	河南省	郑州市	3
华南地区	广东省	广州市	3
东北地区	黑龙江省	哈尔滨市	3
华北地区	山西省	太原市	3

数据来源：艾力彼医院管理研究中心医院竞争力数据库。

均衡指数能够反映医疗资源在地理分布上的广泛程度，可通过各省份拥有100强中医医院的地级市数量除以该省份地级市总数得出。2020年中医医院100强分布在25个省份60个城市。从数量上看，广东省最多，有7个地级市，但其均衡指数排名第三，这也表明广东省拥有的100强中医医院主要集中在部分城市，整个广东省的中医医院区域均衡发展不如陕西省以及江苏省。在均衡指数上，陕西省排名最高，为

0.400，是唯一一个均衡指数达到 0.400 的省份，如表 7-34 所示。总体来看，东部地区的均衡指数要整体高于中部以及西部地区各省份的均衡指数，西部地区只有陕西省均衡指数较好。

表 7-34　2020 年中医医院 100 强各省份均衡指数

单位：家

省份	陕西省	江苏省	广东省	山东省	浙江省	海南省	福建省	安徽省
100 强入围城市数	4	5	7	5	3	1	2	3
均衡指数	0.400	0.385	0.333	0.313	0.273	0.250	0.222	0.188
省份	江西省	河北省	河南省	湖北省	四川省	湖南省	广西壮族自治区	青海省
100 强入围城市数	2	2	3	2	3	2	2	1
均衡指数	0.182	0.182	0.176	0.154	0.143	0.143	0.143	0.125
省份	吉林省	贵州省	山西省	内蒙古自治区	黑龙江省	甘肃省	辽宁省	新疆维吾尔自治区
100 强入围城市数	1	1	1	1	1	1	1	1
均衡指数	0.111	0.111	0.091	0.083	0.077	0.071	0.071	0.071
省份	云南省							
100 强入围城市数	1							
均衡指数	0.063							

数据来源：艾力彼医院管理研究中心医院竞争力数据库。

7.2.4 中医药产业资源

中医药企业是推动和促进中医药健康旅游发展的主力军和重要载体，这里主要选取中医药上市企业、医药类中华老字号企业和药用植物园作为代表进行分析。

（1）中药上市企业

我国现有中药类上市企业 70 家，市值排名前十（数据统计日为 2022 年 3 月 1 日）的企业为片仔癀（600436）、云南白药（000538）、同仁堂（600085）、白云山（600332）、*ST 康美（600518）、以岭药业（002603）、华润三九（000999）、东阿阿胶（000423）、步长制药（603858）和天士力（600535），如表 7-35 所示。从市值规模来看，只有片仔癀和云南白药市值超过千亿元，分别为 2195 亿元和 1161 亿元。这些在全国名列前茅的中医药企业，无论从规模、产品市场占有率还是知名度来讲，在全国都享有盛誉，它们都会成为中医药健康旅游的重要载体。例如，同仁堂集团在北京大兴建设了大健康行业的超级新物种“零号店”，以推动传统中医药文化与现代时尚混搭，展现京帮中医药特色的炮制技法。康美药业在青海投资兴建了“康美国际中药城”，以推动青海省中医药健康旅游发展。以岭药业打造的以岭健康城，首创医药健养一体化健康管理模式，涵盖以岭养生主题酒店、以岭康养旅游等多个业务板块，成为健康旅游行业的标杆和标准的制定者。东阿阿胶所打造的山东东阿阿胶世界获得首批国家中医药健康旅游示范基地创建单位称号。

表 7-35　中药上市企业市值排行前十名

排序	证券代码	股票名称	企业名称	市值（亿元）
1	600436	片仔癀	漳州片仔癀药业股份有限公司	2195
2	000538	云南白药	云南白药集团股份有限公司	1161
3	600085	同仁堂	北京同仁堂股份有限公司	623.9
4	600332	白云山	广州白云山医药集团股份有限公司	483.2
5	600518	*ST 康美	康美药业股份有限公司	422.8
6	002603	以岭药业	石家庄以岭药业股份有限公司	396.8
7	000999	华润三九	华润三九医药股份有限公司	340.7
8	000423	东阿阿胶	东阿阿胶股份有限公司	249.0
9	603858	步长制药	山东步长制药股份有限公司	237.0
10	600535	天士力	天士力医药集团股份有限公司	223.2

注：数据统计日为 2022 年 3 月 1 日。

数据来源：东方财富。

（2）医药类中华老字号企业

商务部先后于 2006 年和 2010 年分两批发布了“中华老字号”名单，累计入选企业 1129 家，其中第一批入选企业 430 家，第二批入选企业 699 家。在第一批入选企业中有 45 家医药类企业，占比 10.47%，如表 7-36 所示；第二批入选企业中有 82 家医药类企业，占比 11.73%，如表 7-37 所示。两批老字号中，医药类企业累计 127 家，占全部“中华老字号”企业的 11.25%。

表 7–36 第一批医药类“中华老字号”一览（45 家）

省份	企业名称	注册商标
北京市	中国北京同仁堂（集团）有限责任公司	同仁堂牌
天津市	天津中新药业集团股份有限公司隆顺榕制药厂	隆顺榕
	天津中新药业集团股份有限公司乐仁堂制药厂	乐仁堂
	天津宏仁堂药业有限公司	红花牌
	天津同仁堂股份有限公司	太阳
山西省	山西广誉远国药有限公司	远
辽宁省	丹东市老天祥大药房	老天祥
黑龙江省	哈药集团世一堂制药厂	世一堂
上海市	上海群力草药店	群力
	上海蔡同德堂药号	蔡同德堂
江苏省	南京白敬宇制药有限责任公司	白敬宇
	镇江存仁堂医药连锁有限责任公司	存仁堂
	南京同仁堂药业有限责任公司	乐家老铺
浙江省	杭州胡庆余堂国药号有限公司	胡庆余堂
	杭州方回春堂国药馆有限公司	方回春堂
	杭州民生药业集团有限公司	民生
	杭州华东大药房连锁有限公司	张同泰
	杭州朱养心药业有限公司	朱养心
	浙江震元医药连锁有限公司	震元堂
安徽省	安徽寿春堂大药房有限公司	寿春堂
	安徽安科余良卿药业有限公司	余良卿号
福建省	漳州片仔癀药业股份有限公司	片仔癀
	泉州市灵源药业有限公司	灵源
	福建回春医药连锁有限公司	回春

续表

省份	企业名称	注册商标
山东省	山东福胶集团东阿镇阿胶有限公司	福字牌
	济南宏济堂制药有限责任公司	宏济堂
湖北省	武汉马应龙药业集团股份有限公司	马应龙
湖南省	九芝堂股份有限公司	九芝堂
广东省	广州王老吉药业股份有限公司	王老吉
	佛山冯了性药业有限公司	冯了性
	广州修敬堂（药业）股份有限公司	修敬堂
	广东宏兴集团股份有限公司	宏兴
	广州潘高寿药业股份有限公司	潘高寿
	广州星群（药业）股份有限公司	群星
	广州市药材公司	采芝林
	英德市权祥凉茶有限公司	徐其修
	广东益和堂制药有限公司	沙溪
	广州白云山何济公制药有限公司	何济公牌
广西壮族自治区	广西玉林制药有限责任公司	玉林
四川省	四川德仁堂药业连锁有限公司	德仁堂
云南省	昆明福林堂药业有限公司	福林堂
	昆明老拨云堂药业有限公司	老拨云堂牌
	云南省腾冲制药厂	腾药
甘肃省	甘肃佛慈制药股份有限公司	佛慈
宁夏回族自治区	银川市协力厚医药连锁总店	协力厚

资料来源：根据中华人民共和国商务部网站（http：//www.mofcom.gov.cn/）整理。

表 7-37 第二批医药类"中华老字号"一览（82 家）

省份	企业名称	注册商标
北京市	北京永安堂医药连锁有限责任公司	永安堂
	北京鹤年堂医药有限责任公司	鹤年堂
	北京德寿堂医药有限公司	德寿堂
天津市	天津中新药业集团股份有限公司达仁堂制药厂	达仁堂
	天津达仁堂京万红药业有限公司	健春
河北省	石家庄乐仁堂医药股份有限公司	乐仁堂
	河北金牛制药有限公司	金牛
辽宁省	沈阳天益堂药房连锁有限公司	天益堂
	岫岩满族自治县益元堂大药房	益元堂
	沈阳广生堂药业有限责任公司	广生堂
	大连大仁堂药房连锁有限公司	大仁堂
吉林省	长春孟氏整骨孟晓东骨伤门诊部	孟氏整骨
	吉林省抚松制药股份有限公司	林海牌
	吉林省皇封参集团股份有限公司	皇封
黑龙江省	齐齐哈尔参鸽药业有限公司	参鸽
	哈尔滨永江药业有限公司	永江
	黑龙江鼎恒升药业有限公司	鼎恒升
	哈尔滨福庆堂医药保健用品有限公司	老王麻子
上海市	上海童涵春堂中药饮片有限公司	童涵春堂
	上海雷允上药业西区有限公司	雷允上
	上海九和堂国药有限公司	九和堂
	上海余天成药业连锁有限公司余天成堂药号	余天成

续表

省份	企业名称	注册商标
上海市	上海人寿堂国药有限公司	人寿堂
	集成药厂	集成
	上海市第一医药股份有限公司第一医药商店	医一
	上海医疗器械（集团）有限公司卫生材料厂	中亚
	上海中华药业有限公司	龙虎
	上海雷允上药业有限公司	雷氏
江苏省	江苏大众医药连锁有限公司	致和堂
	雷允上药业有限公司	雷允上
	苏州医疗用品厂有限公司	华佗
	江苏大德生药房连锁有限公司	大德生
	镇江唐老一正斋药业有限公司	唐萼楼
	苏州雷允上国药连锁总店有限公司宁远堂药店	宁远堂
	苏州雷允上国药连锁总店有限公司良利堂药店	良利堂
	苏州雷允上国药连锁总店有限公司王鸿翥药店	王鸿翥堂
浙江省	浙江温州医药商业集团老香山连锁有限公司老香山连锁总店	老香山
	杭州李宝赢堂中药饮片有限公司	李宝赢堂
	浙江天台山乌药生物工程有限公司	台乌
	杭州武林药店有限公司	许广和
	浙江天一堂药业有限公司	天一堂
	温州叶同仁医药连锁有限公司	叶同仁
	杭州万承志堂国药馆有限公司	承志堂
	金华寿仙谷药业有限公司	寿仙谷
	宁波四明大药房有限责任公司	四明

续表

省份	企业名称	注册商标
福建省	泉州中侨（集团）股份有限公司源和堂公司	源和堂
	泉州中侨（集团）股份有限公司药业公司	古井
	厦门光华大药房连锁有限公司	佛手
江西省	江西黄庆仁栈华氏大药房有限公司南昌市黄庆仁栈总店	黄庆仁栈
	江西省南城建昌帮中药饮片厂	建帮
山东省	烟台中亚药业有限责任公司	中亚
	山东东阿阿胶股份有限公司	东阿牌
	淄博万春堂骨科医院有限公司	万春堂
	济南药业集团有限责任公司	宏济堂
	桓台县起风整骨医院	起凤
	烟台生生堂药房有限公司	生生堂
	青岛国风大药房连锁有限公司	宏仁堂
河南省	河南省洛阳正骨医院	平乐正
	洛阳建洛生物科技有限公司	建洛
	汝州市四知堂制药厂	四知堂
湖北省	武汉健民药业集团股份有限公司	健民
	武汉叶开泰药业连锁有限公司	叶开泰
广东省	广州陈李济药厂	陈李济
	广州奇星药业有限公司	奇星
	佛山德众药业有限公司	安宁
	广州白云山明兴制药有限公司	明兴
	广州白云山光华制药股份有限公司	禾穗牌
	广州市医药公司健民医药连锁店	图形

续表

省份	企业名称	注册商标
广东省	广东大印象制药有限公司	萧广丰泰
	广州中一药业有限公司	中一
广西壮族自治区	广西梧州制药（集团）股份有限公司	中华
重庆市	重庆桐君阁股份有限公司	桐君阁
四川省	四川梓橦宫药业有限公司	梓橦宫
	四川遂宁市全泰堂药业有限公司	全泰堂
	成都德仁堂药业有限公司成都同仁堂	庚鼎
贵州省	遵义廖元和堂药业有限公司	廖元和堂
	贵州同济堂制药有限公司	同济堂
云南省	云南白药集团股份有限公司	云南白药
	昆明中药厂有限公司	云昆牌
	云南无敌制药有限责任公司	王子荣
	云南保元堂药业有限责任公司	洪光保元堂
陕西省	西安中药集团公司藻露堂连锁店	藻露堂

资料来源：根据中华人民共和国商务部网站（http：//www.mofcom.gov.cn/）整理。

从表 7-36、表 7-37 中可以看出，各省份医药类中华老字号企业数量分布不均。排名前 5 的省份分别是广东省、浙江省、上海市、江苏省和山东省，累计共有医药类中华老字号企业 65 家，占全国医药类中华老字号企业总量的 51.18%，且这 5 个省份全部位于我国的东部地区，经济和社会发展水平较高。与此同时，内蒙古自治区、海南省、西藏自治区、青海省和新疆维吾尔自治区的医药类中华老字号企业数量为 0，如表 7-38 所示。

表 7-38　各省份医药类中华老字号企业数量及占比（不含港澳台）

省份	数量（个）	占比（%）	省份	数量（个）	占比（%）	省份	数量（个）	占比（%）
广东省	18	14.17	四川省	4	3.15	陕西省	1	0.79
浙江省	15	11.81	吉林省	3	2.36	甘肃省	1	0.79
上海市	12	9.45	河南省	3	2.36	宁夏回族自治区	1	0.79
江苏省	11	8.66	湖北省	3	2.36	内蒙古自治区	0	0.00
山东省	9	7.09	河北省	2	1.57	海南省	0	0.00
云南省	7	5.51	安徽省	2	1.57	西藏自治区	0	0.00
天津市	6	4.72	江西省	2	1.57	青海省	0	0.00
福建省	6	4.72	广西壮族自治区	2	1.57	新疆维吾尔自治区	0	0.00
辽宁省	5	3.94	贵州省	2	1.57			
黑龙江省	5	3.94	湖南省	1	0.79			
北京市	4	3.15	重庆市	1	0.79			

数据来源：根据表 7-36 和表 7-37 整理。

7.2.5 传统医药非物质文化遗产资源

传统医药非物质文化遗产是我国各族人民传承下来的珍贵活态文化。"活态"是非物质文化遗产内涵中最为突出的特征之一，它是随着时代、社会以及传承人的变化而不断发展的文化体。中国传统医药通过历朝历代传承人的不断努力和创新，形成和发展了完整的健康观、疾病观、诊断观与治疗观。因此，中国传统医药类非物质文化遗产有着突出的科学性和实用性内涵。

传统医药非物质文化遗产项目主要包括四个级别：国家级—省（直辖市、自治区）级—市级—县（区）级。在这个保护体系中，国家级非物质文化遗产项目是级别最高、影响力最大，也是最为重要的一类，其次是省级非物质文化遗产项目。

传统医药国家级非物质文化遗产情况分析。

截至 2022 年 3 月，国家先后发布 5 批，累计 182 项传统医药国家级非物质文化遗产项目。其中，第一批中传统医药类项目共计 13 项，且全部为新增项目；第二批中传统医药类项目共计 40 项，包含 17 项新增项目和 23 项扩展项目；第三批中传统医药类项目共计 36 项，包含 8 项新增项目和 28 项扩展项目；第四批中传统医药类项目共计 48 项，包含 2 项新增项目和 46 项扩展项目；第五批中传统医药类项目共计 45 项，且全部为扩展项目。由此可见，各批次国家级非物质文化遗产项目中，传统医药类项目数量呈现递增趋势，这也说明国家层面对于传统医药非物质文化遗产保护、传承和利用工作的重视。

为了进一步分析研究传统医药国家级非物质文化遗产项目在全国的分布情况，我们对传统医药国家级非物质文化遗产项目在全国各省份的分布情况进行统计，结果如表 7-39 所示。从中我们可以看出，传统医药国家级非物质文化遗产项目总数量排名前十的省份依次是北京市（22 项）、浙江省（12 项）、上海市（11 项）、广东省（10 项）、贵州省（9 项）、西藏自治区（9 项）、天津市（8 项）、山西省（8 项）、内蒙古自治区（7 项）和新疆维吾尔自治区（7 项），海南省目前尚无传统医药国家级非物质文化遗产项目。由此可见，传统医药国家级非物质文化遗产在全国的分布差异较大，北京由于历史上长期作为经济、政治和文化中心，传统医药发展基础好，大量中直单位坐落于北京，所以非物质文化遗产项目数量较多。西藏自治区、内蒙古自治区和新疆维吾尔自治区作为民族医药的主要存在和发展地区，也有很多国家级非物质文化遗产项目，这也充分体现了国家对民族医药传承与保护的重视。

表 7–39　全国各省份传统医药国家级非物质文化遗产数量分布及占比（不含港澳台）

序号	省份	传统医药非物质文化遗产数量	传统医药非物质文化遗产占比
1	北京市	22	12.09%
2	浙江省	12	6.59%
3	上海市	11	6.04%
4	广东省	10	5.49%
5	贵州省	9	4.95%
6	西藏自治区	9	4.95%
7	天津市	8	4.40%
8	山西省	8	4.40%
9	内蒙古自治区	7	3.85%
10	新疆维吾尔自治区	7	3.85%
11	江苏省	6	3.30%
12	福建省	6	3.30%
13	山东省	6	3.30%
14	河南省	6	3.30%
15	湖北省	6	3.30%
16	湖南省	6	3.30%
17	云南省	6	3.30%
18	青海省	6	3.30%
19	河北省	4	2.20%

续表

序号	省份	传统医药非物质文化遗产数量	传统医药非物质文化遗产占比
20	重庆市	4	2.20%
21	宁夏回族自治区	4	2.20%
22	吉林省	3	1.65%
23	安徽省	3	1.65%
24	四川省	3	1.65%
25	辽宁省	2	1.10%
26	黑龙江省	2	1.10%
27	陕西省	2	1.10%
28	甘肃省	2	1.10%
29	江西省	1	0.55%
30	广西壮族自治区	1	0.55%
31	海南省	0	0.00%
累计		182	100.00%

注：数据统计日期为 2022 年 3 月。

截至 2020 年 3 月，全国各省份共有传统医药省级非物质文化遗产项目 723 项。

从传统医药省级非物质文化遗产数量来看，排名前十的省份依次是内蒙古自治区（49 项）、重庆市（45 项）、江苏省（44 项）、广西壮族自治区（38 项）、山西省（35 项）、河南省（34 项）、河北省（32 项）、上海市（29 项）、浙江省（28 项）和贵州省（27 项），海南省数量最少，仅有 3 项，如图 7-9 所示。

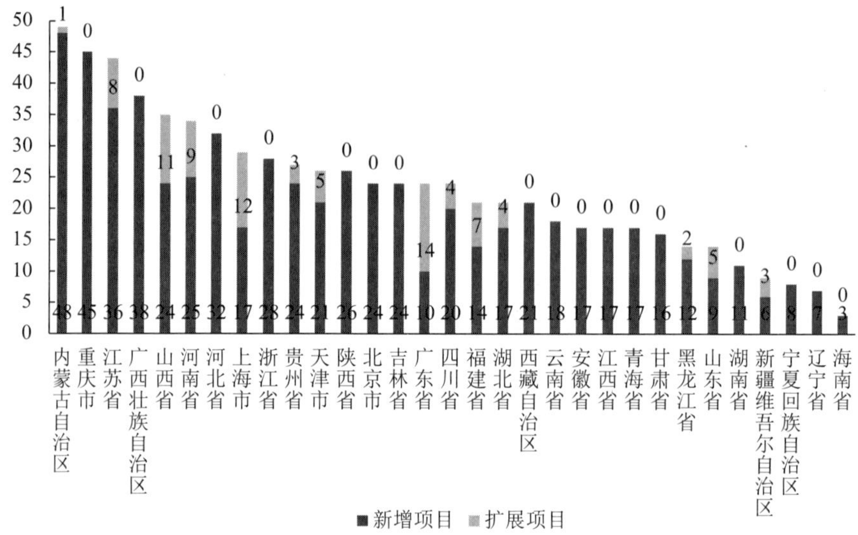

图 7-9　全国各省份传统医药省级非物质文化遗产数量分布

注：数据统计日期为 2022 年 3 月。

7.2.6 中国传统医学资源

中国传统医学是中国各民族传统医学的统称，主要包括中（汉）医学、藏医学、维医学、蒙医学、傣医学、回医学、苗医学等民族传统医学。发展至今，它们当中大都似乎自成体系，且各具特点。中（汉）医学以阴阳、五行学说等为理论基础，以脏腑经络为生理病理基础，注重天人相应、整体观念与辨证论治，以望、闻、问、切四诊合参，依据脏腑、气血等理论辨证，创立了汗、吐、下、和、清、温、消、补八大知法，根据君、臣、佐、使原则组方用药；藏医学也以阴阳、四行学说作为理论基础，对解剖学认识较为深入，除四诊外，更注重尿诊，且诊疗也具辨证论治之特点，根据药物的性味、功能及消化后性味组方，讲究调伏增效、适当配置；蒙医学则以阴阳、五行、五元学说作为基础，对人体解剖认识也较为深刻，除常用的问、闻、望、切诊外，还重视按、嗅之诊察方法，同时注重尿液诊察与疾病寒热之辨别，蒙医学方剂是以蒙医学基本理论为指导，依据辨证及治则，选择合适的药物，按照组成配伍原则，妥善配伍，并按一定剂型、用量和用法组合而成；维医学以物质论、气质体液论等作为理论基础，除重视四诊外，还将望诊范围内的尿诊、观察大便、痰诊另立诊法，维药分为植物药、动物药、矿物药三大类，其气质（属性）分为热、寒、干、湿四种，每种又分为四级，即弱、较弱、较强、强，每一属性的第四级是毒药，并依据此理论调理药性，治疗疾病；傣医学对人体结构理解较为透彻，注重四塔五蕴辨证与三盘辨证，治则讲究、治法丰富，组方分为单方、小方、大方；回医学以人天浑同与有机结合的整体思想为主导，也以元气与阴阳七行学说为基础，以辨质为主，结合辨证、辨病、辨经，注重辨证论治，治法较为灵活、丰富，回药、阿拉伯药物及传统中药并用，组方时无明显君、臣、佐、使之配伍；苗医学把一切疾病归为冷病、热病两大类，冷病热治、热病冷治，治疗方法较为多样，组方有配单不配双和三位一体两个特点；壮医学以阴阳为本、三气同步的天人自然观为理论基础，重视目诊，注重辨病与辨证相结合，对动物药的使用非常重视且有规律[①]。

我们仅就我国主要传统医学的基本概念、哲学基础、代表著作、病因认识、诊断方法认识、治法特点等方面逐一列表进行比较，如表7-40所示。

① 董竞成.中国传统医学比较研究［M］.上海：上海科学技术出版社，2019：3.

表 7–40　传统医药省级非物质文化遗产统计

	基本概念	哲学基础	代表著作	病因认识	诊断方法认识	治法特点
中（汉）医	中（汉）医学是研究人体生理、病理，以及疾病的诊断和防治等的一门学科，它有独特的理论体系和丰富的临床经验，是以整体观念为主要指导思想，以脏腑经络为生理病理基础，以辨证治疗为诊疗特点的医学理论体系	阴阳、五行学说（木、火、土、金、水）	《黄帝内经》《神农本草经》《伤寒杂病论》《本草纲目》	“三因学说”，即六淫（风、寒、暑、湿、燥、火）为外因，七情（喜、怒、忧、思、悲、恐、惊）为内因，饮食不节、劳逸损伤、外伤、虫兽伤、溺水等属于外因	望、闻、问、切四诊合参，具有整体观念与辨证论治的特点	主要包括汗、吐、下、和、清、温、消、补等，实施治疗的手段多样
藏医	藏医学兴起于松赞干布至赤松德赞时期，受汉文化的影响，在藏医学理论的基础上，吸收和借鉴中（汉）医学、印度医学理论而形成的一门学科	阴阳、四行学说（风、火、水、土）	《四部医典》	分内因、外援（外因）两方面，内因指隆、赤巴、培根三种基本物质出现偏盛偏衰，形成“三邪”，外因指四时不正、饮食失节、环境失宜等	除望、闻、问、切外，更加注重尿诊，且具辨证论治之特点	分为内服和外治两种，外治有灸疗、放血、拔罐、热酥油止血等
蒙医	蒙医学以长期与疾病斗争中所积累的实践经验为基础，受汉文化影响，也吸收了藏医、中（汉）医及古印度医学理论的精华，逐步形成了具有鲜明民族特色和地域特点的传统医学理论体系	阴阳、五元（土、水、火、风、空）	《四部甘露》《蒙药正典》《方海》	赫依、协日、巴达干、血、黄水、虫六种病因，而前三种为基本病因	除常用望、问、切诊，还重视按、闻、嗅之诊疗方法，同时重视尿液观察与疾病寒热之辨别	营养之法、削弱之法和手技之法

续表

	基本概念	哲学基础	代表著作	病因认识	诊断方法认识	治法特点
维医	以四大物质学说为理论核心，同时也以气质学说为指导思想，以体液、力、素质及器官的生理与病理为基础，以整体观念、辨证论治为特点，进而形成的一门具有独特理论体系和丰富实践经验的学科	四大物质（火、气、水、土）学说和气质与体液论	《回回药方》《验方锁要》	四种体液（胆液质、血液质、黏液质、黑胆质）在数量和质量上处于异常状态，是人体产生各种疾病的内因；自然界的四大物质（火、气、水、土）及其他因素，对四种体液影响而产生疾病，属于外因	气质失调及其虚和实为其辨证大纲，除重视四诊外，还将望诊范围内的尿诊、观察大便、痰诊另立诊法	护理疗法、饮食疗法、药物疗法和用手疗法等
傣医	以傣族贝叶文化为背景，以四塔、五蕴、雅解、三盘、风病论为理论核心，以聚居区天然药物为资源，进行防病治病的民族传统医学	四塔学说（风、火、水、土）	《嘎牙山哈雅》《档哈雅龙》	认为发病有内因和外因之分，内因与“四塔五蕴”失调相关，外因多为自然界的致病因素	四塔、五蕴辨（病）证，三盘辨（病）证	内治疗法主要有哦喝、哈、鲁、皇、耶等，外治法主要有烘雅、沙雅、果雅等
回医	回医学以人天浑同与有机的整体思想为主导，深受汉文化的影响，以元气与阴阳七行学说为基础，以动态和谐与过程论的观念，探索生命活动中身心健康的整体规律及其与疾病过程的关系。	四元（水、火、气、土）、真一七行学说	《回回药方》《回族医学概览》	“黑红黄白”四液、“温湿冷热”四际	望诊是其诊断学的一个重要内容，尤其望四毛、口舌、鼻、指纹、指甲等方面独具特色	偏方、验方、食谱、气功保健、放血疗法、火针、熏法、点眼、滴鼻法、涂抹法等

续表

	基本概念	哲学基础	代表著作	病因认识	诊断方法认识	治法特点
苗医	苗医学是苗族长期生活与生产实践中形成的以特定地域药材为基础的一种医学实践体系。在其形成之初具有巫医合一，兼具神学、巫术等特点，此后发展成为特色鲜明的民族传统医学	巫医合一，兼具神学、巫术等特点	—	毒、亏、伤、积、菌、虫是导致人体生病的六种因素	通过纲、经、症、疾的辨证隶属关系认识每个疾病	分内治法和外治法，内治法极具特色，包括败毒法、攻毒法、退火法、止泻法、健胃法、冷却法等
壮医	壮医学是壮族人民在长期的生产、生活实践中，在同疾病作顽强斗争的过程中，经过对积累和总结出的宝贵医疗经验进行提炼和升华而逐渐形成的独特的理论体系。受汉文化的影响，以阴阳为本、三气同步为特征。	阴阳为本、三气同步的天人自然观	《痧症针方图解》《壮族医学史》	毒虚论为壮医的病因论	重视目诊，同时运用问诊、闻诊、脉诊、甲诊、指针、腹诊等，主张辨病与辨证相结合，以辨病为主	刺血、放血、补血是壮医治疗多种疾病的常用方法。

资料来源：董竞成．中国传统医学比较研究［M］．上海：上海科学技术出版社，2019：227-322.

第 8 章

旅游业与中医药产业融合发展的进展与不足

8.1 旅游业与中医药产业融合发展的进展

中医药健康旅游是旅游业与中医药产业融合发展过程中最为典型的产业之一。旅游业是中医药健康旅游产业发展的基础和根基，是中医药产业在焕发生机的同时，弘扬中华传统文化最为重要的方式和手段。与此同时，中医药产业将赋予旅游业新的内涵，将成为旅游产业发展的新内容。

8.1.1 我国旅游业与中医药产业融合发展处于初级阶段

在“健康中国”战略背景下，伴随着我国社会经济的发展，人们越来越重视身体和身心的健康，维护健康的方式也呈现出多样化、多维度的态势，旅游业与中医药产业融合发展所产生出的中医药健康旅游就是人们追求健康生活方式的一种选择。但是，由于各相关行业对于中医药健康旅游的认知程度有限，导致企业的参与度相对于其他旅游业态来说较低。与此同时，我国各级政府都相继颁布了促进旅游业与中医药产业融合发展的政策，这些政策有力地推动了旅游业与中医药产业融合发展的力度，结合人民对健康的需求，越来越多的地区将中医药嵌入旅游活动当中。但总体而言，我国旅游业与中医药产业的融合发展还处于起步阶段。

8.1.2 我国拥有丰富的旅游和中医药资源

旅游资源和中医药资源都是我国旅游业与中医药产业融合发展的前提和基础。中医药健康旅游资源是中医药资源的旅游化，即在中医药资源的基本功能上添加、融入或开发旅游功能。因此，中医药健康旅游资源是指与中医药相关或以中医药为主题并用于旅游业开发的各种资源的集合。如本研究第 7 部分所述，我国旅游资源与中医药资源都极为丰富，能够相互开发利用的资源种类很多。

8.1.3 我国旅游业与中医药产业融合发展已形成多种业态

根据旅游产业链与中医药产业链的组合，旅游业与中医药产业融合发展能够形成多种业态模式。而国家中医药健康旅游示范基地，就是旅游业与中医药产业融合发展所形成的最为典型的中医药健康旅游业态。在本研究第 9 部分，我们将选取第一批共计 73 家国家中医药健康旅游示范基地中的代表企业进行分类分析。

8.2 旅游业与中医药产业融合发展的不足

我国中医药健康旅游资源极为丰富，中医药健康旅游业态、中医药健康旅游产品及消费者对于中医药健康旅游的需求也极为多样。但是，由于目前旅游业与中医药产业融合发展尚处于起步阶段，还存在较多短板，严重制约和阻碍了我国中医药健康旅游的高质量发展。具体问题集中在以下几个方面：

8.2.1 中医药健康旅游供给方面

中医药健康旅游供给主要包括中医药健康旅游的资源、产品、服务和基础设施四个方面。首先，中医药健康旅游资源的分类相对于其他旅游业态来说较为简单，仅从中医药健康旅游的自然资源和文化资源两个方面进行了分类。如广东省首先在全国进行了“中医药文化养生旅游”的品牌宣传，并在省内进行了“广东省中医药文化养生旅游示范基地”的评选，将基地分为生态类、人文类和体验类三大类别；山东省依托省内健康旅游资源，将中医药生态旅游基地分为中医药生态旅游境地、中医药人文旅游基地和中医药养生保健服务基地三种类型。中医药健康旅游资源是我国中医药健康旅游发展的基础和条件，但时至今日，无论是从国家角度还是地方政府角度，都没有对中医药健康旅游资源进行系统统计、梳理及分类。

其次，中医药健康旅游产品同质性较强，缺乏特色。我国中医药健康旅游起步较晚，现还处于快速发展阶段，中医药健康旅游项目及产品开发不足，在旅游产品内容、形式、设计、销售和宣传推广等诸多方面存在着诸多明显的雷同。以杭州胡庆余堂为例，其中医药健康旅游产品以较为简单地感受中医药传统文化为主，其旅游项目以参观博物馆、品尝药膳、听中医药文化相关讲座及购买保健品为主，旅游者对于中医药健康旅游的深层次需求较难得到满足，旅游者体验感相对较差。

再次，我国中医药健康旅游服务水平较低、口碑相对较差。中医药健康旅游的核心是服务水平与服务质量，我国正规医疗机构的中医药健康医疗服务能力毋庸置疑，但是中医药健康旅游产业的发展，不仅仅依靠医疗机构，还涉及中医药养生保健、旅游观光、娱乐休闲、研学体验等许多方面。这就要求从事中医药健康旅游服务的专业人才，既要拥有专业的中医药知识，又要了解旅游专业知识。但是，目前看来，我国中医药健康旅游服务人员缺乏一定的专业知识，尤其是精通第三国语言又熟知中医药和旅游相关知识的复合型高端人才更是稀缺，这导致我国中医药健康旅游服务水平整体较低，游客的满意度整体不高。

最后，我国中医药健康旅游发展的基础设施相对于其他旅游业态较为薄弱。我国中医药健康旅游资源丰富，但基础设施建设和规划相对滞后，我国中医药健康旅游目的地有一部分分布在我国的老、少、边、穷地区，这些地方旅游固定资产投资较少，道路、通信、水电等基础设施需要新建，所要付出的资金成本相对较高。尤其是交通基础设施成为阻碍我国中医药健康旅游良性发展的“瓶颈”。

8.2.2 中医药健康旅游政策方面

中医药健康旅游作为旅游业与中医药产业融合发展所形成的一种新型旅游业态，目前还缺乏相关政策制度的保护。现阶段国家及地方政府已经发布的中医药健康旅游产业相关政策包含中医药发展规划、中药材保护和发展政策、中医药健康旅游示范区评定标准、非物质文化遗产保护等多方面。但是，中医药健康旅游产业的发展，既涉及旅游产业发展的整个产业链，又涉及中医药产业的整个产业链。同时，还涉及国家及地方政府多个部门，如文化和旅游部门、卫生部门、农业部门、林业部门、商务部门、食品药品部门等。因此，当前的政策体系及出台的相关规定，对于中医药健康旅游的高质量发展还是远远不够的。

8.2.3 中医药健康旅游产业环境方面

我国中医药健康旅游产业发展的环境还有待进一步提升。旅游产业本身就是一个关联性极强的综合性产业，其发展很容易受到多种环境因素的影响。中医药健康旅游发展的环境既包括社会环境，又包括自然环境；社会环境包含政治、经济、法律、市场等要素，自然环境包含空气、气候、地质、地貌等要素。对于我国中医药健康旅游的发展，自然环境尤为重要。当前，我国部分区域自然环境的问题还屡有发生，如广西作为我国中医药健康旅游大区，水体污染事故时有发生，如龙江镉事件，贺江镉、铊事件[①]；长白山地区森林覆盖面积逐年减小，森林结构发生变化[②]等，这些环境污染事件都直接或间接地严重影响了我国中医药健康旅游的高质量发展。与此同时，社会环境对中医药健康旅游的发展也产生着较为深入的影响，如之前所分析，中医药产业与旅游产业政策环境、人口结构因素（年龄因素、性别因素、收入因素、受教育程度因素、疾病与健康因素）、旅游者经济条件等，也都会影响旅游者参与中医药健康旅游的热情与积极性。

除上述三个方面问题外，我国中医药健康旅游还存在着诸如中医药产业与旅游产业融合度不够、中医药健康旅游认知缺失、中医药健康旅游产业链不完整、中医药健康旅游市场宣传及品牌建设力度不够、旅游者消费的非理性情况等方面的缺失与短板。

---

① 刘静静 . 论广西生态旅游［J］. 环境与发展，2015，27（2）：15-16，25.

② 徐东钰，马云驰 . 长白山旅游开发中的环境污染问题［J］. 合作经济与科技，2017（9）：38-39.

第 9 章

国家中医药健康旅游示范基地建设进展

9.1 中医药健康旅游示范基地概况及功能分类

9.1.1 中医药健康旅游示范基地概况

目前，国家中医药健康旅游示范基地共计 73 家，具体如之前表 5-2 所示。每个省份的示范基地数量为 2~4 家，如表 9-1 所示，各区域示范基地数量分布如图 9-1 所示，按照示范基地数量排序依次为：华东地区、华北地区、西南地区、西北地区、华中地区、东北地区和华南地区。

表 9–1　国家中医药健康旅游示范基地各省（自治区、直辖市）分布情况

数量	省（自治区、直辖市）
4 个	安徽省、江西省、山东省
3 个	北京市、河北省、内蒙古自治区、湖南省、四川省
2 个	天津市、山西省、辽宁省、吉林省、黑龙江省、上海市、江苏省、浙江省、福建省、河南省、湖北省、广东省、广西壮族自治区、海南省、重庆市、贵州省、云南省、西藏自治区、陕西省、甘肃省、青海省、宁夏回族自治区、新疆维吾尔自治区

数据来源：根据国家中医药管理局网站（http：//www.satcm.gov.cn/）整理。

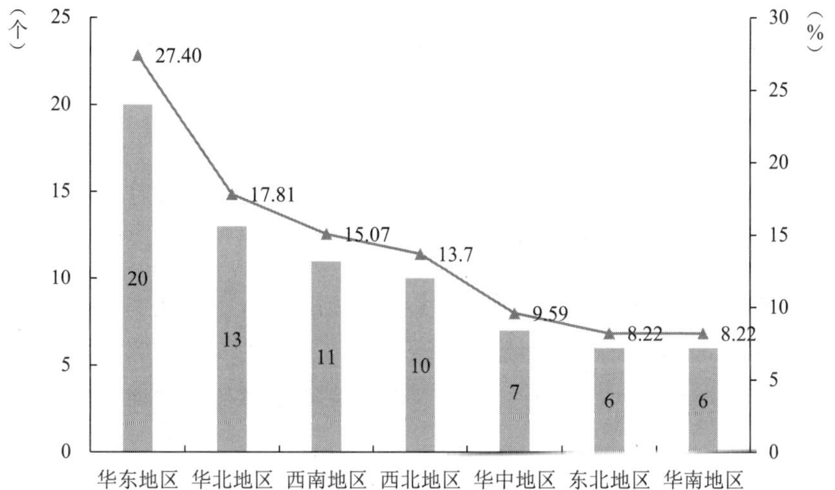

图 9–1　国家中医药健康旅游示范基地分布情况

数据来源：根据国家中医药管理局网站（http：//www.satcm.gov.cn/）整理。

9.1.2 中医药健康旅游示范基地功能分类

在对中医药健康旅游示范基地申报材料进行反复研读、仔细分析的基础上，选取部分有代表性的示范基地进行实地调研，并结合示范基地

的公开信息以及各类型网络平台上的消费者评论为依据，对现有的 73 家中医药健康旅游示范基地的功能进行分类，大致可以分为六种，即药材种植、药材生产、中医诊疗、康养休闲、生态观光和文化宣传。各功能的释义如下：

药材种植：拥有药材种植功能的中医药健康旅游示范基地所处位置区域的中药材资源较为丰富，气候环境、水资源、土壤条件等具有一定的独特性，适宜中药材的生长。企业往往借助这些独特的生态环境进行中药材的规模化种植，尤其是道地药材的种植。

药材生产：拥有药材生产能力的中医药健康旅游示范基地，通过特定生产过程所生产的，较其他地区所生产的同种药材品质更佳、疗效更好，且具有较高的知名度。

中医诊疗：拥有中医传统专科特色的临床科室，能运用中医中药预防、治疗疾病，同时提供多种多样的中医药产品，满足人民群众对中医药服务需求的中医药健康旅游示范基地。

康养休闲：以本地阳光、气候、森林、沙滩、温泉等优质的自然资源为依托，辅以中医药健康旅游示范基地内完善的配套设施，并以提供中医药健康旅游产品为主要内容，使旅游者实现身体和精神上的最佳状态。

生态观光：拥有生态观光功能的中医药健康旅游示范基地依托优越的自然环境，为旅游者提供中医药健康旅游产品的同时，让旅游者达到认识自然、了解自然、享受自然、保护自然的目的。

文化宣传：拥有文化宣传功能的中医药健康旅游示范基地主要深入挖掘当地的中医名人故事、当地特色药材知识以及当地中医药发展历史等信息并通过多种方式呈现给旅游者，旨在为消费者宣传中华民族深厚的中医药文化。

9.2 中医药健康旅游示范基地类型

根据中医药健康旅游示范基地功能可将中医药健康旅游示范基地分为六种类型，即种植基地类、产业园类、中医医院类、康养综合体类、旅游景区类和文博场馆类，如图 9-2 所示。

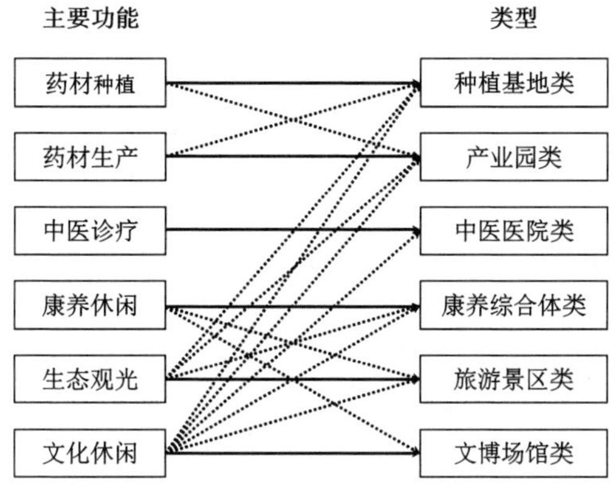

图 9-2　国家中医药健康旅游示范基地类型

资料来源：根据相关资料整理。

在总结归纳六大类中医药健康旅游示范基地后，对 73 家中医药健康旅游示范基地进行分类，如表 9-2 所示，得到各类型中医药健康旅游示范基地数量，如图 9-3 所示。

表 9-2　国家中医药健康旅游示范基地分类

基地类型	具体名单
种植基地类（A）	山西红杉药业有限公司、辽宁大连普兰店区博元聚中医药产业基地、上海益大中医药健康服务创意园、浙江龙泉灵芝产业基地、江西黎川国医研中医药健康旅游示范基地、陕西秦岭药王茶文化产业园、宁夏朝天雀枸杞茶博园、宁夏银川闽宁镇覆盆子健康养生产业基地、新疆裕民宏展红花种植基地

续表

基地类型	具体名单
产业园类（B）	北京潭柘寺中医药健康旅游产业园、天津天士力大健康城、河北金木国际产业园、山西广誉远国药有限公司、黑龙江中国北药园、安徽霍山大别山药库、福建漳州片仔癀产业博览园、江西德兴国际中医药健康旅游产业基地、山东东阿阿胶世界、山东华茂集团、河南焦作保和堂瑞祥现代农业科技园、湖北浩宇康宁康复休闲颐养产业基地、湖南永州异蛇生态文化产业园、广西信和信桂林国际智慧产业园、海南海口文山沉香文化产业园、四川千草康养文化产业园、四川花城本草健康产业国际博览园、贵州大健康中国行普定孵化基地、云南白药大健康产业园
中医医院类（C）	内蒙古呼伦贝尔蒙医药医院、湖北咸丰县中医院、海南三亚市中医院、青海省藏医院、新疆昭苏县中医院
康养综合体类（D）	河北以岭健康城、河北新绎七修酒店、内蒙古鄂托克前旗阿吉泰健康养生园、吉林长白山一山一蓝康养旅游基地、吉林盛世华鑫林下参旅游基地、黑龙江伊春桃山玉温泉森林康养基地、江苏句容茅山康缘中华养生谷、浙江佐力郡安里中医药养生体验园、安徽潜口太极养生小镇、江西新余悦新养老产业示范基地、山东庆云养生基地、湖南龙山康养基地、重庆金阳映像中医药健康旅游城、四川成都龙泉健康科技旅游示范中心、贵州百鸟河中医药旅游度假养生谷、西藏白玛曲秘藏医外治诊疗康复度假村、中国秦岭乾坤抗衰老中医药养生小镇
旅游景区类（E）	内蒙古呼伦贝尔蒙古之源蒙医药原生态旅游景区、辽宁天桥沟森林公园、安徽丫山风景区、福建厦门青礁慈济宫景区、江西婺源文化与生态旅游区、广东罗浮山风景名胜区、云南杏林大观园、西藏拉萨净土健康产业观光园、青海祁连鹿场
文博场馆类（G）	北京昌平中医药文化博览园、中国医学科学院药用植物园、天津乐家老铺沽上药酒工坊、上海中医药博物馆、江苏苏州李良济中医药体验中心、安徽亳州华佗故里文化旅游基地、河南开封大宋中医药文化养生园、湖南九芝堂中医药养生及文化科普基地、山东台儿庄古城、广州神农草堂中医药博物馆、广西药用植物园、重庆药物种植研究所、甘肃灵台县皇甫谧文化园、甘肃庆阳岐黄中医药文化博物馆

资料来源：根据相关资料整理。

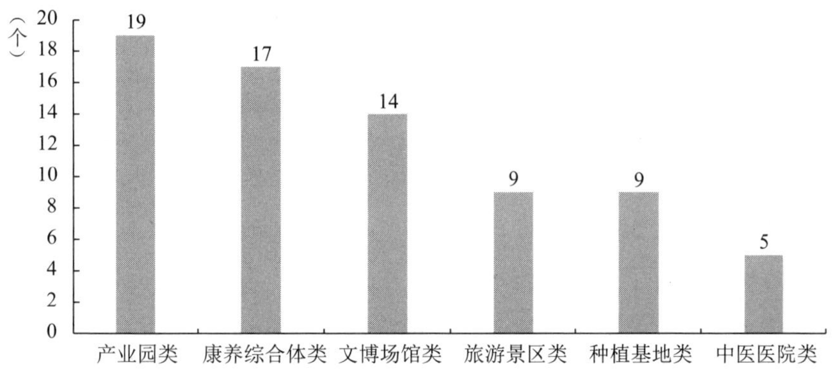

图 9–3　各类型国家中医药健康旅游示范基地数量

数据来源：根据表 9–2 整理。

9.2.1 种植基地类国家中医药健康旅游示范基地

我国现有种植基地类国家中医药健康旅游示范基地 9 个，占我国中医药健康旅游示范基地总数的 12.33%。种植基地类中医药健康旅游示范基地主要以中药材种植功能为主，辅以中药材的生产和加工、生态观光、养生保健及中医药文化传播。这一类型的中医药健康旅游示范基地业态较为单一，主要围绕道地药材的种植区域开展相关活动以实现其他经济收益。

以上海益大中医药健康服务创意园为例，该基地内拥有本草园、博物馆、中药文化影展馆、中药文化街等不同景点，其中本草园是基地的核心区域，本草园占地近 800 亩，其中中医药生产基地超过 200 亩，栽种中草药 600 余种。与此同时，为了达到宣传中医药传统文化的目的，上海益大中医药健康服务创意园根据药用植物部位用途不同按区域进行有序划分，如花叶类、种子果实类、皮类等。通过对中药材的区域划分，消费者能够更加直观地感受到不同类型中药材之间的药用价值区别，也能更好地分辨不同类型的中药材。

9.2.2 产业园类国家中医药健康旅游示范基地

我国现有产业园类国家中医药健康旅游示范基地 19 个，占我国中医药健康旅游示范基地总数的 26.03%。产业园类中医药健康旅游示范基地以中药材加工为主，辅以药材种植、生态观光、养生保健及中医药文化传播，这一类型的中医药健康旅游示范基地的核心是现代中药研发与智能制造，让游客详细了解现代中药生产的工艺流程与高新技术，同时零距离接触现代中药的智能制造。

以天津天士力大健康城为例，该基地所生产的复方丹参滴丸是世界首例开展美国 FDA 全球多中心、大样本、随机双盲Ⅲ期临床试验的复方中药，并实现了与美国 Arbor 公司的战略合作，开创了我国复方中药与海外医药公司合作开发、推广的先河，开辟了我国现代中药国际化发展的新道路。基地内拥有占地 16000 平方米的药用生态植物园，其间种植上百种药材植物以及名贵花草，形成了一个富有中药材种植特色的生态氧吧。与此同时，该基地在天津拥有 4 家制药生产企业，分别为天士力制药集团股份有限公司、天士力现代中药资源有限公司、天士力之骄药业有限公司和天津天士力圣特制药有限公司，其中，可供旅游者参观生产制造区共 4 个，分别可参观现代中药滴丸剂型及微滴丸胶囊剂型的生产流程、中药自动化数字化提取流程、中药冻干粉针生产流程、片剂以及硬胶囊剂的生产流程。游客在该基地内不仅可以学习到中药材生长习性、药理药性、药用价值，了解更多中药材相关知识，还可以了解国际先进的复方中药生产技术。

9.2.3 中医医院类国家中医药健康旅游示范基地

我国现有中医医院类国家中医药健康旅游示范基地 5 个，占我国中医药健康旅游示范基地总数的 6.85%。中医医院类中医药健康旅游示范基地的本质上是中医（民族医）医院，因此具有医疗、教学、科研、药物临床试验、药物研发、预防保健、国际交流等多重作用。同时，作为中医药健康旅游基地将更加重视特色疗法与中医药健康旅游产品、商品的开发和应用。

以三亚市中医医院为例，该医院利用三亚得天独厚的旅游资源，突出中医特色，在全国范围内首创“中医康复疗养游”，为来自世界各地的人士提供康复疗养、养生保健等方面的高端定制服务。为推进三亚中医健康旅游事业和中医药对外贸易服务发展，三亚市中医医院还成立了“国内名医工作站”，邀请来自国内各地及院校的知名老中医来医院坐诊查房。与此同时，在中医药健康旅游项目、产品及旅游套餐定制方面也不断创新，先后开发了中医药温泉医疗、中医火灸系列疗法、五行音乐疗养项目、中医治未病膏方项目、俄罗斯脑瘫儿童康复项等 10 余项中医药健康旅游项目，海南凉茶、四物茶、固本增免茶、金匮肾气药浴方、玉屏风散药浴方、温经油等 20 余项中医药健康旅游产品，半日中医文化体验游、七日健康养生疗养游、智慧冬休之旅、候鸟康养之旅等 7 项中医药健康旅游基础套餐。

9.2.4 康养综合体类国家中医药健康旅游示范基地

我国现有康养综合体类国家中医药健康旅游示范基地 17 个，占我国中医药健康旅游示范基地总数的 23.28%。康养综合体是近年来我国中医药产业与旅游产业融合发展背景下一种新兴的业态，其核心是健康旅游产业，并将疾病治疗、康复调理、健康管理、养生服务、运动健身、养老服务、文化宣传等多元化功能有机融为一体，同时核心特色产业也能与“研、学、农、林、渔、牧”等其他产业相融合，在起到产业拉动的作用的同时，为旅游者提供良好的康养环境。

以贵州百鸟河中医药旅游度假养生谷为例，该基地位于百鸟河畔，黔惠林场附近，自然景观丰富，且内部有水系穿插，生态系统完善，原始植物植被丰富，景色优美。基地整体占地 2661 亩，内包括养生服务中心、医药研展基地、名贵药材种植基地及养生社区，形成集中医药培植与研究、中医医疗、健康体检、中医文化体验、商务会议、生态旅游、康体娱乐及高端生活为一体的可辐射周边省市的中医药健康旅游度假村。其中养生社区是以中医理疗为背景，与国内外专业康疗机构合作建设以高端康复、疗养为特色，集健康检查、疗养、医疗、度假等于一体的综合康养基地；与此同时，养生社区内还包含国际康疗医院、国际健康体检中心、中医药膳食街、中医理疗中心、中医养老公寓等项目，可以更好地为旅游者提供服务。

9.2.5 旅游景区类国家中医药健康旅游示范基地

我国现有旅游景区类国家中医药健康旅游示范基地 9 个，占我国中医药健康旅游示范基地总数的 12.33%。旅游景区类中医药健康旅游示范基地的形成分为自然生态和人文资源两类；依托自然生态建成的中医药健康旅游示范基地，一般以生态旅游景区为建设基础，以生态环境和道地药材的种植为吸引点吸引游客。依托人文资源建成的中医药健康旅游示范基地，一般以中医药名家的故居或长期居住地为依托，深入挖掘名人资源，同时增加参观和娱乐项目，形成较为有参与感和吸引力的旅游产品体系，以打造有影响力的旅游景区。

以江西婺源文化与生态旅游区为例，婺源被誉为“中国最美的乡村”，森林覆盖率达 82.5%，是国家级徽州文化生态保护实验区，徽文化的重要发源地和传承地，拥有 5 项国家级非物质文化遗产、6 个国家历史文化名村、28 个中国传统村落；并拥有 5A 级景区 1 个、4A 级景区 12 个，是目前全国 4A 级以上景区最多的县，也是全国唯一一个以整个县命名的国家 3A 级旅游景区。与此同时，婺源也是“新安医学”的发祥地之一，有着深厚的中医发展史和丰富的中草药资源。朱子理学，新安医学，衢江医学，昌江医学都曾在此交融。这里医风鼎盛，名医辈出，有汪绂、汪莲石、程门雪、詹启敏、黄璐琦等医药学巨匠，医著达 100 余种。依托婺源优美的自然环境优势，以婺源县莲花溪生态旅游发展有限公司等企业为代表，建设中医药健康养生度假村、森林康养基地，开展传统中医药养生保健体验；以江西佑美制药有限公司、婺源县龙坞山蜡梅专业合作社等企业为代表，建设中医药文化展览馆，恢复传统工艺制作场景等，开展历史文物古迹参观、中医药文化学习、中药传统制作工艺体验、中医传统技法等活动，让游客感受博大精深的中医药文化；以江西婺源香榧产业发展有限公司、婺源县晓起华联农产品专业合作社等中药材种植企业为代表，依托婺源篁菊、香榧、山蜡梅、金银花、杜仲、红山茶等药用植被资源优势，开展中药材种植基地、药用植物园建设，打造一批特色鲜明、优势明显的集中草药种植、采摘、食补、观赏等为一体的综合性中医药健康旅游项目。

9.2.6 文博场馆类国家中医药健康旅游示范基地

我国现有文博场馆类国家中医药健康旅游示范基地 14 个，占我国中医药健康旅游示范基地总数的 19.18%。文博场馆类中医药健康旅游示范基地主要包括博物馆、博览园、植物园、文化园、科普基地等形式，主要通过文化宣讲、陈列展览、工艺展示、车间游览、亲子活动、趣味体验等丰富多彩的活动，向游客传播中医药知识，弘扬中医药传统文化。与此同时，文博场馆类中医药健康旅游示范基地一般还提供中医药养生、食疗等方面的指导服务，让更多的游客加入健康生活的队列中。

以山东台儿庄古城为例，台儿庄古城内的中医药文化旅游街，是将优秀的中医药文化资源和旅游资源相结合所形成的中医药文化特色鲜明、文化内涵丰富、服务设施完整、示范辐射作用强的文化场所，也是国家级物质文化遗产和非物质文化遗产基地，在传播传统中医药文化方面具有得天独厚的优势。与此同时，台儿庄古城内拥有世界唯一的药典博物馆和全国唯一的中药老字号集中博物馆群，为中医药健康旅游产业的发展提供了丰富的中医药文化资源，成为旅游者接触中医药文化、了解中医药知识和体验中医药的场所和窗口。

9.3 国家中医药健康旅游示范基地案例分析

9.3.1 种植基地类国家中医药健康旅游示范基地——江西黎川国医研中医药健康旅游示范基地

（1）基本情况

黎川县介于北纬 26°59′~27°35′，东经 116°42′~117°10′ 之间，位于江西省中部偏东、抚州市东南部，地处武夷山脉中段西麓，抚河上游。地势南高北低，由东北部、东部和南部渐次向地势平缓的中部和西北部呈撮斗形倾斜。县域东部、西部和南部三面环山，南高北低走向，武夷山脉环绕县境东南部，东北至东南一带，海拔高度在 500 米以上，相对高度为 200~400 米，1000 米以上的山峰有 45 座。黎川县属中亚热带湿润性季风气候区，雨量丰沛，日照充足，气候温和湿润，无霜期较长，具有冬夏长、春秋短、四季分明的特点。

黎川县作为“建昌帮”(“建昌帮”是对建昌药商采购、炮制、销售中药材商业群体的一种称谓，县城内的药栈、药行、药店字号林立，“吃药饭”从业谋生成为黎川、建昌的乡俗，并且远走他乡发展，福建延平、邵武、建宁、河州四府的药商基本为黎川、建昌籍人，1993 年国内贸易部授予“建昌帮”重要炮制技术为“中华老字号”。) 中药炮制技术“中华老字号”的主要起源地，中医药文化至今在当地备受重视。

为传承弘扬建昌药帮的中医药文化，北京国医研医药技术开发有限公司依托 30 万亩原生态岩泉国家森林公园、万亩地处龙头寨风景区的艾草种植基地与黎川县人民政府共同建设黎明山川中医药健康旅游示范基地，该基地内拥有艾草种植基地 1000 亩，艾草育苗基地 200 亩，名贵中药材科普试验园 300 亩，是一个以打造艾产品为主的中医药健康旅游示范基地。

（2）特色优势

①利用艾草天然优势，打造黎川特色旅游品牌

艾草是中草药一种，通过建设大面积艾草种植基地，形成一道独特的“芳香风景线”，通过利用艾草的观赏价值和药用价值，发展“艾文化健康生态旅游”。按无公害农业生产技术规程对艾草进行种植、加工，摒弃三废污染，打造开发全国第一条从艾草繁育、种植、收获、加工、精油提炼、艾草饮食、艾灸体验、艾草养生科普等完整产业链的艾草中医养生体验的旅游线路。设立艾草养生知识课堂、艾疗体验馆、艾草天然染料坊、精油提炼厂，研制艾草筵席等一条龙的特色服务，吸引大批游客前往项目区观赏，带动黎川县“红色、绿色、古色”旅游资源的发展，打造有黎川特色旅游品牌。

②依托"建昌药帮"打造中医药文化特色街区

依托我国南方古药帮和中药炮制的重要流派之一"建昌药帮"中药业将黎川古街打造成中医药文化一条街，并引入中医药专家、民间医生坐堂弘扬中医药国粹、传授中医药理念，提供名中医传承膏方、调理膏方，应用中药金线莲药膳调理养生，养胃擂茶、藤茶等；依山傍水延绵长达数千米的道路可提供运动养生；岩泉森林公园林下中草药基地和百草观赏园可提供辨识真伪的珍稀中药材；园区内的万亩艾草种植基地可提供传统建昌药帮中药炮制特色工艺流程观光。与此同时，江西天人康农林科技有限公司可提供艾灸、艾条、艾草精油加工生产流程观光；北京扶风文化传媒有限公司提供油画、书法、拍摄服务；江苏念有堂医疗科技有限公司提供中医拔罐、刮痧器具、艾灸器具等保健养生器材研究；北京国医研医药技术开发有限公司提供中草药种植技术输出、中医自然疗法培训、名中医养生讲座、艾文化传播，更好地为有志于服务中医药旅游产业的各类创业人员服务，为社会培养更多的中医专业人才，促进中医药产业绿色发展、提升中医医疗服务、加强中医药继承创新、打造建昌药帮中医药文化品牌，让传统中医文化繁荣昌盛。

③充分利用道地药材开发具有黎川特色的旅游产品

黎川县境内拥有线莲、艾草、铁皮石斛、八角莲、草珊瑚、七叶一枝花、绞股蓝、忽木等多种道地药材，对不同道地药材进行深度开发，可使中药材资源优势转变为经济优势，提高中药材的附加值。例如，在基地内的药膳馆，以道地药材金钱莲为主打，打造金线莲猪心汤、金线连鸡汤、金线莲蛇汤、金线莲排骨汤等特色美食，游客在用餐品尝过程中就是对我国传统中医药文化的推广和普及。与此同时，基地内的艾草水疗园、养生茶博园等都是针对道地药材的深度开发，打造具有黎川特色的旅游产品。

9.3.2 产业园类国家中医药健康旅游示范基地——山东东阿阿胶世界

（1）基本情况

山东东阿阿胶世界的运营方为东阿阿胶股份有限公司，前身为山东东阿阿胶厂，1952 年建厂，1993 年由国有企业改组为股份制企业。1996 年成为上市公司，同年 7 月 29 日“东阿阿胶”A 股股票在深交所挂牌上市。现东阿阿胶股份有限公司隶属于华润集团。山东东阿阿胶世界项目位于山东省东阿县，距省会济南市 100 千米，距聊城市 30 千米，毗邻京九、京沪、济邯、济馆等交通动脉，南北 105 交国道，东西 304 省道和 329 省道在县城交会，西距京九铁路聊城站 30 千米，北距济聊高速公路和济邯铁路 15 千米。

项目所在地地下水物质含量高，微量元素丰富，为天然弱碱性水，偏硅酸含量高，硬度适宜。东阿全县有林面积达到 57 万亩，木材蓄积量 350 万立方米，林木覆盖率达到 48%.

（2）特色优势

①打造独具特色的阿胶世界

阿胶世界是以三千年的阿胶文化为载体，以中医药文化为依托，以工厂为舞台、产品为道具、消费者体验为核心，由全球顶级运营专家团队精心打造的具有科普性、互动性、趣味性等强体验感的养生体验旅游项目，融合并带动了当地一、二、三产业的同步发展。阿胶世界主要包括东阿阿胶体验工厂、中国阿胶博物馆、东阿阿胶城、东阿药王山、国际良种驴繁育中心和毛驴博物馆等项目。其中，动感体验中心是其重点打造的项目，运用全息投影技术，打造裸眼 3D 技术，再现历史情境，演绎东阿阿胶人对炼制古方探索、炼制技艺的传承和创新。与此同时，采用“阿胶弥漫”设计风格，通过视频特效技术、五觉全方位体验互动设计打造的阿胶探秘长廊也是阿胶世界内的一大特色项目。

②建成我国首个单一中药品种为主题的专题性博物馆

中国阿胶博物馆创建于2002年，是我国第一个以单一中药品种为主体所打造的专题性博物馆，也是我国唯一的阿胶博物馆，现为国家4A级景区、全国中医药文化科普教育基地，馆藏面积近1500平方米，国内收集了大量与阿胶相关的字画、书籍、人物典籍及年代阿胶等上千件物品，并且采用实物和影像展示、实景虚拟等多种展示方式，向游客传达东阿阿胶人艰苦创业，在传统技艺上努力创新锐意进取，开发新工艺、新产品为现代人解除贫困的奉献精神。

③充分发挥东阿文化底蕴，打造可体验、可参与的旅游项目

东阿阿胶城被誉为“到山东不得不去的100个地方”之一，也是《大宅门1912》等多部知名影视剧的拍摄地。在东阿阿胶城内拥有“东阿传奇”大型杂技情景剧、阿胶城民俗风情表演、皮影戏体验、婚恋养生项目——“鹊桥相会”、中国古典婚礼体验、东阿民间功夫实景秀、影视文化实景秀、中华国医书院、阿胶城养生体验、大禹舞步等10余项可供游客体验、参与的旅游项目。

9.3.3 中医医院类国家中医药健康旅游示范基地——青海省藏医院

（1）基本情况

青海省藏医院位于省会西宁市南山东路，占地152.66亩（含贵德、循化两个分院），总建筑面积13万平方米，病床1200张。院内有门诊楼、行政食疗综合楼、综合住院楼、专科住院楼、药浴专科楼、制剂大楼等。青海省藏医院是青海金诃藏医药集团有限公司医疗、教学、科研、文化、

产业五位一体中的医疗载体。全院职工（包括两个分院）900 余人，其中卫生专业技术人员 681 人，中高级专业技术人员 325 人，省级学科带头人 3 人，博、硕导师 12 人，享受国务院政府津贴和卫生部（现国家卫生健康委员会）有突出贡献的中青年专家 3 人，全国继承老中医专家学术经验指导老师 5 人。经过多年努力，一大批全国一流的、优秀的藏医药中青年专家脱颖而出，1 人获得 2013“何梁何利科技奖”、5 人获得“中国青年科技奖”、1 人获得“中国科协西部开发突出贡献奖”、2 人获得“卫生部（现国家卫生健康委员会）有突出贡献中青年专家”、1 人被文化部（现文化和旅游部）授予“国家非物质文化遗产保护工作先进个人”。

医院拥有专业的团体负责接待及讲解工作，主要对医院特色外治疗法、藏药用药规范、藏医药浴疗法、藏医养生保健（治未病科）等藏医特色进行展示与体验，完善旅游服务通用基础标准体系、服务保障体系和服务提供标准体系三大标准体系，不断提升讲解服务水平。与此同时，集团所属青海大学藏医学院是全国仅有的 2 所培养藏医药学专业高级人才的高等医学院校之一，目前已基本形成了本科教育、大专教育、成人教育、研究生教育和留学生教育五位一体的民族医药教育体系，目前拥有专任教师 76 人，其中教授 19 人，副教授 33 人，硕士生及博士生导师 10 人，享受国务院特殊津贴专家 2 人，具有硕士以上研究生学历的教师占 62.1%。集团所属中国藏医药文化博物馆是世界上唯一以藏医药文化为主题的博物馆，也是收藏、保护、展示、研究藏文化的综合型博物馆。集团所属金诃藏药股份有限公司拥有完整的研发、生产、营销产业链，现有员工近 700 人；并拥有 68 个国药准字号，12 种保健食品，700 余种中藏药饮片；其中，拥有独家知识产权的国药准字号品种达 24 种。

目前，青海省藏医院已成为青海省卫计委（现青海省卫生健康委员会）定点藏医药文化宣传基地、全省各州县藏医药技术及进修生培训基地，是青海省对外宣传藏医药文化及藏医药基本知识的窗口。近三年来累计接待国内外旅游团体达 200 余团次，参观人员达 5 万余人次。具有完备的服务体系和接待能力。

（2）特色优势

①以藏医药为代表的民族医药旅游服务项目多样

青海省藏医院科室设置齐全，设有临床医疗医技科室 25 个，其中卫生部（现国家卫生健康委员会）临床重点专科 3 个，国家中医药管理局重点专科 8 个，国家中医药管理局重点学科 6 个，国家西部重点学科 1 个。青海省藏医院也是青海省最早的国家药物试验机构，目前获得国家药物临床试验资格 8 个专业。

青海省藏医院传统诊疗中心在近 30 年的发展历程中，努力挖掘传统藏医学特有的各种外治疗法，已发展成为最有特色的科室之一，其中放血疗法已被收入国家非物质文化遗产保护名录。目前患者来自全国各地。特色疗法有金针疗法、金烙疗法、铁烙疗法、铜烙疗法、熏蒸疗法、埋线疗法、放血疗法、针灸疗法、牵引、磁疗、油脂涂擦、藏医按摩、敷浴疗法、角罐、铜罐、刮痧、红外线、微波、电针、温灸等藏医特色项目。

青海省藏医院养生保健科（治未病科）是国家中医药管理局"十二五"重点专科建设单位，科室业务用房面积 5500 余平方米，现开放床位 34 张，医护人员 12 名；是全国第一个在三级甲等民族医院设立的藏医养生保健（治未病科）专科。科室以藏医经典"三因"学说为基础，以藏医体质辨识为主线，充分发挥藏医药在养生保健方面的特色优势，探索出了一套临床疗效明显、可操作性强的藏医养生模式和具体养生方法，特色养生法有：藏医季节养生法、藏医体质养生法、藏医情志养生法、冥想疗法、水轮疗法。

药浴科是国家级重点专科、青海省名科、省级特色专科。藏医药浴疗法有1300多年的历史，它是在纯草药配方五味甘露的基础上，辅之以各种藏医特色疗法，对风湿、类风湿、各种皮肤病、神经系统疾病等有着显著的疗效。主治有风湿、类风湿性关节炎、痛风、产后风、外伤性关节炎、强直性脊柱炎、肩周炎、坐骨神经痛、椎间盘突出、骨质增生、帕金森综合征及各种皮肤病等疑难疾病。药浴疗法被收入国家非物质文化遗产保护名录。

②以藏医药为代表的民族医药文化资源极为丰富

集团所属中国藏医药文化博物馆收藏藏医药古籍文献6000余部（函）、藏医学唐卡80幅、古代藏医外科手术医疗器械180多件和3000余种动物、植物、矿物藏药标本，从不同维度展现了藏医学悠久的历史、博大精深的理论体系、疗效显著的临床实践和独具特色的炮制技艺。博物馆珍藏的藏医药典籍历经20余年、先后组织100多人次深入十多个国家和8个省区州县博物馆、民间、寺院抢救搜集所得，为国内外藏医药古籍收藏数量之最。其中有些古籍为首次发掘，部分古籍为孤本、绝版及历史上高僧大德的手写本，填补了藏医药历史和文献学研究的空白，具有极高的历史价值、文献价值和研究价值，4部古籍入选国家珍贵古籍名录。藏医史展厅按时间顺序，对藏医药学发展的七个历史时期、28位历代著名藏医药学家的事迹作了翔实的介绍，勾勒出藏医药发展的辉煌历史轨迹。曼唐器械展厅展出的80余幅唐卡，为祖国医药学历史上绝无仅有，在世界医药学史上也属罕见。80幅曼唐作品（即彩色系列挂图唐卡），通过4900多幅小图诠释了藏医巨著《四部医典》中的胚胎学、解剖学、心理学、养身保健学、药物临床学等诸多内容，这在世界医药学史上也是绝无仅有的。古籍文献展厅陈列了卷帙浩繁的藏医药文献中最具代表性的1000多函典籍，还展出有用传统工艺制成的藏纸，以金、银、珍珠、珊瑚等为原料书写的《四部医典》，堪称是目前世界上最大的一部藏医学经典。与此同时，展厅内还展出了300多部现、当代藏医药学书籍和珍贵的古籍印版；通过古籍印版展示了《四部医典》《月王药诊》《祖先口述》《四部医典蓝琉璃》《晶珠本草》等著名典籍，显示了作为世界四大传统医学之一的藏医药学浩瀚的典籍和博大精深、体系完整的藏医药学理论。藏药标本展厅展出有2000多件分布在青藏高原的动物、植物、矿物标本，品种繁多，种类齐全，令人目不暇接。展厅不但展示了藏药学名著《晶珠本草》中所收载药物中的精品，而且也成了高原生物学的一个最精彩、最集中的展示课堂。

③以藏医院为代表的民族医药旅游产品体系完善

青海省藏医院制剂科自1983年成立，2016年按“医院制剂生产质量规范”（GPP）要求改建并经青海省药品食品监督管理局认证，成为青海省品种最多、剂型最全的藏药制剂科，年生产能力可达到200吨以上。它是青海省民族医医院规模最大、品种最多、建设面积名列前茅的现代化藏药制剂室。目前有丸剂、散剂、胶囊剂、颗粒剂、膏剂、煎膏剂、软膏剂、合剂、酒剂、栓剂、洗剂、茶剂、贴膏剂十三种剂型十六条生产线，制剂产品达401种，实现了传统工艺与现代科技的完美结合。

9.3.4 康养综合体类国家中医药健康旅游示范基地——河北新绎七修酒店

（1）基本情况

河北新绎七修酒店位于新绎三疗七修中医药健康养生旅游基地内，基地立足“三疗七修”理念，以中医药的理论为基础，中医药的产品为应用核心和特色，旨在通过广度、深度、高度层面，打造大众体验型七修酒店、深度疗愈型三疗酒店和高端精进型七修书院酒店，结合不同定位和优势，针对中医药健康养生、未病防治、亚健康和慢病调理、疾病治疗、养生康复等方面进行身心健康评估、针对性调理和动态追踪管理，同时发挥产业优势，配套进行旅游休闲文化、中医药健康科普和心理情志培养的精神调理，倡导健康生活方式，提供蓄精、理气、养神的全健康服务，形成旅游度假、运动休闲、中医药种植体验、中医药科普教育与提升自体自愈力的健康管理为一体的中医药健康养生旅游基地。

基地拥有新绎七修酒店、枫社三疗酒店、七修书院酒店等硬件设施，分布在 3700 亩的高尔夫球场内。区域内大小湖泊布局巧妙，原生果林错落有致，为基地营造了优美的生态环境。与此同时，基地内拥有国医堂、国针馆、中医药慢病调理中心、中医调理 SPA 和中医药种植观光园区、中医药文化长廊、中医药文化生活馆等中医药养生治疗项目和文化传播项目，以及正在规划建设的药师佛文化阁，中医药特色精舍，中医文化禅疗、功疗和食疗中心，中医慢病康复养护小镇等。

新绎七修酒店：以中国中医养生理论为本，结合现代生命科学体系实证，通过七修，即德、食、功、书、香、乐、花七大类修习方式，将七修特色的养生产品与酒店的住宿、餐饮、会议、康乐等业态巧妙融合，从而达到蓄精、理气、养神，修复与提升自体自愈力的健康养生主题酒店。七修酒店内设中医药文化长廊（七修廊）、中医药文化生活馆（七修堂）、中医主题养生客房（七修客房）、中医养生素食餐厅（七修斋止语餐厅）、中医调理 SPA（花时间 SPA）、五行八音音乐 SPA 等，将七修大众体验型活动融于酒店中，定期举办七修雅聚，七修书、香、花、乐主题活动，及日例七修活动。汇聚七修各修专家 50 余人，定期开展国学与养生智慧（如德修黄帝内经课程）、花道（如中式花道）、养生功法（如太极、健身气功、八段锦）以及中医科普（如身边的中草药）等课程。

枫社三疗酒店：将禅疗、食疗、功疗系统的疗愈方法结合中医药养身理论，与园区内的酒店、中草药种植园、国医堂、健康管理中心全面融合。以“让天下人少生病”为目标，全新打造具有深度疗愈型的中医药健康养生旅游目的地。三疗酒店地理环境适宜。以高尔夫球场、原生态果林、中医药种植园为腹地，空气清新、环境优美。结合园区内国医堂的中医诊疗基础服务和特色门诊，依托优势中医药资源，在内、妇、儿、皮肤、骨科等专科专项形成独特优势。区域内的中医药健康管理中心提供健康调理、慢病康复、增强免疫力等中医治疗与疗养项目。三疗酒店通过全面的健康疗养和中医治疗干预，为客户提供私密深度疗愈及休闲度假场所。

七修书院酒店：具有独立的书院课堂空间，专家级讲师 10 余名。配有顶级的素食餐厅，将书院课程与素食、七修精舍客房进行融合。开发以《黄帝内经》为主线的课程体系。根据不同的人群、时节、地域、条件、针对人生不同阶段身心问题的关键节点，出具特定人群，特定阶段、特定问题的七修健康生活调理方案。

（2）特色优势

①形成具有中国特色的中医药健康旅游产品体系

以中医整体观念和辨证论为理论基础，结合专家对顾客专业、系统、全面的健康评估结果及健康管理方案，运用六大技法，针刺、艾灸、推拿、罐疗、刮痧、中药熏洗等作为手段，对各种常见病症及亚健康人群所出现的健康问题，进行全面系统的预防和治疗。目前已开发中医药调理项目包括：全息刮痧、御罐排浊、蕲艾灸疗、温阳通督、通天药浴、乾坤洗髓、古法针刺、按跷松筋、砭术通经、经穴导引。

全息刮痧。传统民间刮痧术主要选取背部、胸腹、肘窝、膝窝等部位进行刮痧，其中既包含了经验选区，也包含了中医循经选区。而经络刮痧则是以中医经络系统为基础，进行刮痧部位和穴位的选择。全息刮痧除借鉴了民间刮痧术、中医经络刮痧术的选穴方法和思路外，还引入了全息生物学理论指导下的部位及穴位的选取方法，使刮痧部位更精准，疗效更确切，皮肤反应更微弱。对失眠多梦，肝气郁结，气虚血瘀等症状效果尤为明显。

御罐排浊。本项目是在传统罐疗的基础上，运用人体全息调治理论，将传统的罐疗与点穴、按摩、药疗、针灸有机地结合在一起，施以特殊的手法，达到排浊、祛湿、除热、化瘀、消炎、止痛的目的，将罐的作用从传统的治疗延伸到诊病、预防、保健和美容上，起到疾病预警、明确病因、指导调理的作用。

蕲艾灸疗。中医理论认为，艾灸能补气助阳、温益脾肾，使人体元气充足，精力旺盛，抗衰延年。蕲艾灸疗通过开穴、闭穴等手法使灸感引导，并选择道地五年以上陈存“蕲艾”为原料，令气至病所，从而起到温通经络，调和气血的作用，尤其适用于腰膝酸软、神疲乏力、失眠多梦、畏寒肢冷、月经不调、阳痿早泄等症状。

通天药浴。本项目针对不同人群由北京中医药大学特别设计了极具针对性的药浴方，并采用萃取方药原液精华进行全身浸泡，以全身的皮肤、毛孔、穴位为窗口，以全身的经络为通道，使药物成分快速渗透进入体内，周身腠理疏通，毛孔开放，加快汗液的排泄，从而达到祛风除湿，温经散寒的目的。

古法针刺。针刺是中医内病外治的传统技法，本项目依据脏腑、经络学说原理，针对人体病症，针刺经穴，采用补虚泻实的手法，达到通经脉、和气血、调脏腑、去顽疾的目的。具有适应证广、疗效明显、操作方便等优点。

经穴导引。本项目是以高深的道家周天理论和中医三焦气血理论为基础，通过气功与中医传统推拿相结合，依据“作痛气不通，气通则不痛"的经典论述，将劲力灌注于双手和十指之上，运用各种独特手法，在脏腑、经络、气血等感应明显的经穴、骨空之处，透表达理。起到调动人体阳气、正气、精气、元气的作用，从而使瘀者化、塞者通、清者升、浊者降，实现脏腑、经络、气血运行生理功能的正常化。

②打造具有品牌特色的生活养生处方

食修。中医健康养生食方，中医药药膳食疗餐厅（智慧厨房）、七修斋健康素食止语餐厅。产品结合一纲五目中的四时、起居、性别、文化习俗等，进行养生食方设计。从吃什么、怎么吃、什么时候吃等角度，为客户提供健康饮食调理干预。

合作机构：北京中医药大学。

功修。中医运动养生处方，通过运动处方，调理针对性亚健康及康复问题，同时，通过主动功和被动功进行健康调理。太极、八段锦、导引养生功等养生功法，使人勤四体经脉，通自然真气，唤醒人们对身体的呵护，强化对身体自然气机的调理，重新回归健康生活常态。推拿及中医调理项目包括：足底反射疗法、全息经络刮痧、面部美容刮痧、御罐排浊、按挠松筋等，从被动功角度对人体进行健康干预。

合作专家：来龙、云中鹤、华南师范大学教授谭建湘等。

合作机构：国家体育总局健身气功管理中心、北京体育大学武术学院、喜乐瑜伽等。

香修。中药养生香方、香丸、合香等产品及香修活动。通过养生香产品，及品香、制香等活动，达到养生保健、身心健康的作用，从而提高生活品位，提升生命质量。

合作专家：臧曦。

合作机构：中国香文化研究会。

乐修。中医五行养生音乐、五行八音音乐 SPA。通过健康养生音乐，以及不同音波、音效对五脏的调理功效，对身体健康干预与调理；同时通过音乐的情志养生调理，愉悦耳目，荡涤灵魂。

合作专家：石骅、张征、崔学荣、何成华等。

合作机构：中央音乐学院、凤凰八音。

花修。中医花草药养生产品、中医SPA调理、花道、天然花产品工作坊等。中药花草药产品及SPA，对人进行身体干预；花道、天然花产品工作坊，通过心理及情志调养，提高审美情趣，提高生活品质。

合作专家：清华大学园林景观系教授李树华、万宏等。

合作机构：中国社联园艺治疗学部、北京易花道文化发展有限公司。

③中医药健康旅游产品覆盖全年龄段

结合中医理论和七修一纲五目的理论框架，针对各类人群设计七修中医药健康养生套餐产品，同时面向国际高端个人和团队客户，设计适合跨文化发展的新型“中医药健康养生模式”。

儿童。针对儿童的中医药科普课程及中医药文化体验营等。如身边的中草药、七修少年中医养生课堂、中草药园观光游览、大山楂丸制作等。

青年、中年。针对中青年的减压、运动养生调理、身心灵亚健康调理项目等。如功修系列运动养生项目：形意拳、太极拳、导引养生功、运动疗法等；七修道家密修驻颜班、中医健康轻断食养生训练营；德修系列讲堂如《黄帝内经》等；中药传统膏方制作、古法蒸馏、香丸制作；药膳、药酒、养生茶制作与体验等。

中老年。七修中医五行养脏训练营、高血压等慢病中医健康疗愈套餐、中医健康养生保健课堂等。

④中医药健康旅游商品特色鲜明

与北京中医药大学合作，在国医大师和专业研发团队支持下，开发了系列健康养生产品：

七修良品食修系列。自主研发四季养生粥茶方、老年及儿童功能性疗方共 3 款，与机构合作研发水岸海苔系列产品、麦片系列产品、黑糖等共计 27 款。具体包括：系列养生茶包 8 款，包括具有生津解暑、宁心安神的荷梗冬竹茶；理气活血，化瘀通脉的三花清淤饮；行气解郁，柔肝怡神的百花柔肝饮等。功能性食疗方 8 款，包括调理腹泻的健脾止泻食方；调理失眠的养心安神食方，以及调理小儿腹泻、小儿厌食、小儿肥胖等食方。膳食纤维系列 6 种，减肥、降糖、降脂膳食纤维系列。养生酒 2 款，包括恬酒、跃酒。

七修良品功修系列。功修良品 8 款，包括与外部机构合作，拓展开发的少林寺跌打损伤生活类产品，如少林舒活膏、少林杜仲茶等。

七修良品书修系列。以中医心理学为基础，针对不同人的体质和情志特点开发的篆、隶、楷、行、草字体字模，平缓情绪和舒放减压的字形字模，颐养情志的少数民族象形字帖，还有结合六字诀等发音养生的字音养生诀，孙思邈养生歌和养生百字铭书修套装等。

七修良品香修系列。特色精致的香修良品（香礼盒、随手礼、功效及特色香囊、香袋，香筒等 8 款）共计 32 种。方寸间、随手礼（简礼）、锦绣香管系列、非洲酸枝木雅致套装、无界书香文化三件套等。

七修良品乐修系列。色空（大中小号）7 款颜色、轻缓柔和音质的乐修良品（播经机、音响、光碟等 5 款）共计 19 种。

七修良品花修系列。天然植物提取的七修护肤品系列产品，包括精油、水、乳、霜、洗发水、润肤露等；同时引进便于携带的五感疗愈园艺种植套装以及相关花修衍生品等。

中医数字化产品。包括负压理疗仪、智能健康镜子、环境盒、智能马桶、体检箱以及气血经络监测系统等。

9.3.5 旅游景区类中医药健康旅游示范基地——广东罗浮山风景名胜区

（1）基本情况

广东罗浮山风景区总面积为 214.82 平方千米，山峰 432 座，其中 1000 米以上山峰 80 多座，主峰飞云顶海拔 1296 米。飞瀑名泉 980 多处，洞天奇景 18 处，石室幽岩 72 个，拥有山、水、泉、林、瀑、洞、观、寺、塔、池等景观，景区生态环境优越，资源丰富而全面，古树名木大量分布，清竹、古树、仙药常年翠绿多姿。据调查统计，罗浮山共有植物 214 科，808 属，3000 多种，其中土沉香、救必应、还魂草、青蒿、艾草、七叶一枝花、马钱、灵芝、黄精、牛大力、金线莲、石斛等药用植物就有 1240 多种，是岭南天然中药宝库，在东南亚国家中是药种之最。拥有国家级保护的珍稀濒危植物桫椤、金毛狗、格木等 28 种；中国特有植物种类分布在罗浮山植物区系中含 5 属 8 种，以罗浮山命名植物有十多种，如罗浮紫珠、罗浮冬青、罗浮柿等；在罗浮山保存下来的孑遗植物有 20 多种。

东晋著名道学家、医药学家、化学家葛洪，是我国中医十大鼻祖之一，提倡“我命在我不在天”，将“养生以不伤为本”奉为重要的养生理论基础。他不仅创建了道教的思想体系，而且是道教灵宝丹鼎派的最杰出代表和集大成者，在罗浮山开创了中国道教岭南教派，并隐居 33 年至羽化成仙。他在罗浮山修道炼丹，采药济世，著书立说，建造了东南西北四庵，即白鹤观、冲虚观、黄龙观、酥醪观，距今已近 1700 年历史，历代香火旺盛。他善于炼丹，又精于药理，在罗浮山发现并记载了 1200 多种药用植物的习性、功效及药用价值，潜心完成了 60 余部著作，如《抱朴子内篇》《金匮药方》《肘后备急方》等。其中《抱朴子内篇》

系统记载了一些实验操作技术和一些化学反应现象，如“丹砂（硫化汞）烧之成水银，积变还成丹砂”的化学反应以及把铁放在胆矾（硫酸铜）溶液中把铜置换出来的方法等，对促进化学及制药化学的发展具有重要的贡献，被认为“整个医药化学起源于中国”。《肘后备急方》中所载药物约350种，其中植物药230种，动物药70种、矿物及其他药50种，这些药物大多来自罗浮山中。中医科学家屠呦呦受《肘后备急方》“青蒿一握，以水二升渍，绞取汁，尽服之”的启示，发现青蒿素，于2015年10月获得诺贝尔生理学或医学奖。

罗浮山自古就有“龙脉仙山”“神仙洞府，南海蓬莱”之称，道、佛、儒三家长期在此繁衍共存。罗浮山以“仙”为魂，不仅体现在其自古便是仙山仙迹遍野，历代名仙、历代帝王、名将、名相、名人与罗浮山，有着数不尽的仙缘，著名的有安期生、朱灵芝、葛洪、黄大仙、鲍姑、八仙、司马迁、李白、杜甫、韩愈、刘禹锡、杨万里、朱熹、屈大均、汤显祖、苏东坡、王蒙等。以“仙”为魂还体现在罗浮山拥有仙山仙水仙气，负氧离子含量极高，每立方厘米含量最高达14.5万个以上，每年吸引数百万游客前来休闲旅游，2014、2015连续两年举办中国健身名山登山的收官之赛，是人们感受天然原生态及养生度假的胜地。正因为罗浮山生态环境优越，“仙气”十足，博罗县连续三年（2014—2016年）被评为中国十佳深呼吸小城，2016年还被评为世界长寿之乡、中国最具幸福感县级城市，2021年全国空气质量排行榜中惠州市全国排名第九，惠州市特别是博罗县拥有良好的宜居宜业宜游环境。

（2）特色优势

①罗浮山中医药文化景点丰富

罗浮山文化精神核心是葛洪文化，为更好地传承和发展葛洪医道，罗浮山景区以中医科学大会和国际养生大会为契机，加快提升景区中医药养生文化宣传景点，其中以葛洪博物馆、冲虚古观为核心，周边有青蒿园、洗药池、稚川丹灶、东坡亭、罗浮山百草油文化长廊、珍稀植物观光园、百草园、青蒿艾草培育基地，以及东南西北庵、葛洪衣冠冢、蝴蝶洞、长生井、仙人卧榻等葛洪遗址，通过以上景点的有机整合将葛洪文化、中医药文化、道教文化发扬光大。

葛洪博物馆。博物馆位于罗浮山朱明洞景区大礼堂内，主要展现罗浮山深厚的历史文化底蕴，融旅游、文化、医药三者于一体。室内展馆分为三层：一层为葛洪博物馆主展厅，主要展示葛洪生平、医学成就、药学成就、养生成就、炼丹成就、道家成就、学术传承等方面内容；二层为养生体验馆，分为药膳、药酒、药浴、艾灸、按摩等体验区，以养生为主题，参观者可参与互动；三层为葛洪医馆，将聘请国家名医或当地名医坐诊。

千年古观——冲虚古观。冲虚古观始建于东晋咸和二年（327 年），是葛洪修建的南庵，为岭南历史最久且最为著名的道观，距今已近 1700 年历史。这里设有三清宝殿、葛仙祠、黄大仙祠、吕祖殿、元辰殿、丹房、廊房、道舍等 100 多间。许多名道士如白玉蟾、邓守安、邹师、杜阳桂、曾一贯、余一谦、曾雪凡等都曾在道观任住持。冲虚观千百年来香火鼎盛，以悠久的道教历史和深厚的文化底蕴，供游人游览和瞻仰。此外，冲虚古观还在革命斗争史上具有光辉的一页。1945 年，东江纵队司令部设在冲虚古观内。冲虚古观于 1979 年被广东省人民政府列为省级重点文物保护单位，于 1983 年被国务院列为全国二十一座重点宫观之一。

罗浮山百草油文化长廊。选址朱明洞核心景区内，紧靠青蒿园、洗药池、炼丹炉景点，长廊建筑面积约 800 平方米。罗浮山百草油文化长廊以国家级非物质文化遗产——百草油制作技艺为线索，共分为序厅和

5个单元，充分展现出罗浮山百草油与葛洪、罗浮山以及岭南中医药的关系，揭示出罗浮山百草油的丰富文化内涵，展示以罗浮山百草油为代表的岭南中医药文化。

青蒿园、稚川丹灶、洗药池。青蒿园里有一块“青蒿治疟之源”的石碑，是广东新南方青蒿科技有限公司于2006年所立。2015年，中国药学家屠呦呦因从中药中分离出青蒿素，应用于疟疾治疗，获得2015年诺贝尔生理学或医学奖，催热了罗浮山青蒿园、洗药池、稚川丹灶等中医药文化景点。

珍稀植物观光园。为重新打造“洞天药市”，弘扬岭南中医药文化，罗浮山风景区积极搭建珍稀植物观光园、中草药种植基地。珍稀植物观光园占地面积约2000平方米，园内主要通过仿野生环境人工培育国家二级保护植物金线莲和铁皮石斛等。观光园与周边中草药种植基地占地面积40余亩，种有130多种药用植物，具备展示、认种、选购、体验等功能，既能向游客传播博大精深的中药知识，也为市场提供了一个选购中药材的原产种植地。

百草园。百草园位于冲虚古观左侧，占地40多亩，园内种植了130多种常见于罗浮山的中草药。每一种中草药前面都树立一块牌子，上面写着中草药药名、性状、功效等内容，便于向游客普及中草药知识。百草园将和珍稀植物观光园一起向中外游客展示罗浮山“洞天药市”的奇观胜景。

②罗浮山中医药健康旅游商品极具特色

药油传奇。罗浮山药源丰富，有悠久的制药历史。当地山民世代采掘中草药，流传了不少应验如神的民间秘方。其中最为悠久、最出名的是传承了1000多年的罗浮山百草油，也是如今罗浮山最受欢迎的旅游产品。罗浮山百草油的历史，可追溯到东晋时期，据说葛洪采集罗浮百草，熬炼出“百草药油”，医治风寒肿毒等岭南民间常见疾患，成为罗浮山一宝，当地民间有“昔日神农尝百草，今朝始得百草油”的说法。2010年，广东罗浮山国药股份有限公司生产的“罗浮山百草油”成功入选国务院第三批国家级非物质文化遗产名录。百草油继承了数千年中医药理论及道家文化，由79味中草药提取的百草精制而成，所用药材均来源于罗浮山，其中包括多种仙草灵药，有金线风、金耳环、七叶一枝花、还魂草、水芙蓉、小罗伞、一朵云等名贵药材，运用最严格的质量标准和监控方法，制作工序达72道之多，具有特殊疗效，代表着南药中药制剂的最高品质。

罗浮仙宴。罗浮山村民利用罗浮山的千余种天然药材，结合当地上等食材，根据东晋医学家葛洪留下来的古法配方，烹饪出各式养生“仙宴”，为客人献上养生暖胃的美食。罗浮至今流传一席闻名粤海的菜肴，名为“仙缘酒”，又称“罗浮仙宴”，俗称“九大簋”。该宴主要饮食理念是人可以通过药食同源、食疗养生来得到健康长寿。它的主要食材均产自罗浮山，是真正健康、纯天然、绿色的饮食。其集各镇精品美食，每一道菜都有其背后的传说或故事。第一道菜名为“龙凤呈祥”，又名龙凤宝芝汤、葛洪灵芝汤，是用灵芝、金线莲、土茯苓、土鸡煲制的老火汤，口感悠长、味甘，还具有祛风除湿、凉血解毒等奇妙功效。而纯阳清蒸鲇有个喜庆名字，叫“好运常来”，又名“太极小山鲇”，传说此菜为吕洞宾创制，选取生长在罗浮山肉质幼嫩的小鲇鱼，清蒸烹饪，头尾相向排列形成太极图模样，为老饕还原当年味道。还有“财路亨通”（东坡皱皮肉）、“苦尽甘来”（平安酿凉瓜）、“十全十美”（仙菜焖全猪）等，均为食疗佳品。

特色旅游商品。罗浮山地理位置特殊，北回归线刚好在此经过，属亚热带季风气候，雨量充沛，适宜多种植物生长。尤其在峰峦、洞溪山涧，生长着上千种的草本药物和各种四时佳果，造成了独具一格的罗浮山养生特产，包括罗浮山甜茶、罗浮山山水豆腐花，青蒿、艾草、金线莲手工皂，青蒿香囊，葛仙堂红糖姜茶，翡翠艾糖等。

9.3.6 文博场馆类国家中医药健康旅游示范基地——广西药用植物园

（1）基本情况

广西壮族自治区药用植物园（广西壮族自治区药用植物研究所，中国医学科学院药用植物研究所广西分所），创建于 1959 年，占地面积 202 公顷，是广西壮族自治区卫生与健康委员会直属的从事药用动、植物资源收集、保存、展示、科普教育；药用动、植物资源保存与利用、特色中药资源、民族药资源产品开发、中药材产品质量检测技术与标准研究；中药材产品质量标准起草以及检测服务的公益性事业单位。是国家 4A 级旅游景区、国家旅游服务标准化试点单位、全国中医药文化宣传教育基地、全国科普教育基地。

广西药用植物园致力于国家战略资源——药用资源的收集保护，已实现了活体保存、离体保存、种子保存、标本保存、活性成分保存、基因保存等多样化的保存方式。广西药用植物园建园至今已保存药用植物物种 10021 种。以物种保存数量最多和保存面积最大获得“最大的药用植物园”吉尼斯世界纪录认证。

园区建设围绕中医药和传统医药文化规划设计，建设了按照《本草纲目》分部布局的“本草纲目园”主题园，按照民族传统医药文化的“民族药物园”，按照世界各国国树国花和用药习俗的“世界知名药物园”三大主题园，以及包含姜科、木兰科、兰科等 20 个药用植物专类区的专类园。园区配套建设了总建筑面积 10000 平方米的面向大众的集住宿、休闲、用餐、养生、会议、办公等为一体的综合服务设施，以及 30854 平方米的停车场。

园区常年以中医药文化为内容开展形式多样的健康旅游项目和活动产品。在让广大群众体验药用植物神奇知识、享受森林药香药浴、特色保健足疗的基础上，常年推出“小神农科普主题活动”“珍稀濒危药用植物展”等特色中医药科普活动。并先后主办和承办了“第十六届国际传统药物学大会”“中国—东盟传统医药展”“中国—奥地利中草药春令营”等多项大型的高级别专项活动，近几年累计入园人数达 100 万人。已经初步形成了集科普教育、休闲养生于一体的健康旅游服务、景区。

在不断的发展药园自身健康旅游的同时，总结提炼出了可复制的建园理念和模式，已经或正在推广建设了中国南药园、靖西壮药园等其他园区，在中医药健康旅游建设和服务方面具有示范和推广的优良基础。

（2）特色优势

①以改造升级项目为基础，打造中医药健康旅游品牌

常用药用植物辨识。园内对游客参观线路精确规划，同时在药用植物身上配备植物身份标识牌。使游客在园内游览的同时，能根据当前所看到的药用植物标识牌的内容了解到当前植物的形态特征、生长习性、产地生境、繁殖方法、栽培技术、主要价值等一系列相关信息。并在专业讲解人员的讲解下了解到种类繁多的植物信息和辨识方法，达到在畅快游园的同时，享受植物专业知识的补充。

森林药香药浴。广西药用植物园地处亚热带，年均气温 21.6℃，年降水量 1200~1500 毫米；是典型的丘陵地区，园内水域总面积达 18 公顷。园内林木苍翠，藤蔓纵横，满园药花飘香，每立方米负氧离子含量高达 8.9 万个。身在园中漫步如同做着天然的药浴 SPA，这于快节奏现代社会对高品质养生健康生活的需求不谋而合，对广大群众有着独特的吸引魅

力。

特色中草药足疗。为响应“健康中国战略”号召以应对国内社会人口“老龄化”的健康问题。根据中医传统“治未病”的理念，在发掘传统医药成果的基础上，结合药园科研成果，研制生存了针对中、老年人多发病症有良好疗效的“过江龙”草本植物足浴配方。通过黄檗、川楝子等多种中草药材精心配制，为入园游客熏蒸、熏泡。使其不单在风湿骨痛等方面收效良好，更是对手足麻木、经络疼痛等问题上治疗效果拔群。因此，“到药用植物园去进行足疗养生”，一度在广大群众，尤其是中老年群众中，有着优秀的口碑效应。

②以保护国家战略资源为己任，药用植物物种保存获吉尼斯认证

科学研究的基础理念上，发展出以保存多类多科目药用植物的多样性为己任，以积极传播科普同类知识为目标。让广大入园游客在“游以致学，学以致用”的氛围中边放松边学习中医药保健知识的目的。为保证中医药药材的保存及研究的重大使命，广西药用植物园建成了由标本馆、活体库、种子库、离体库、馏分库、基因库为一体的“五库一馆”药用资源保护平台，形成全球首个最完善的药用植物资源保存体系。确保了入园游客能接收到的各项中医药讯息都为当前世界之最的重要前提。2011 年，广西药用植物园以药用植物物种保存数量和保存面积被英国吉尼斯总部认证为世界“最大的药用植物园”。

中药材标本馆。建筑面积为 1563 平方米，内设腊叶标本馆、药材标本馆、浸泡标本馆三个藏馆。开展药用植物资源调查与评估、标本采集与保存、植物分类、药用植物亲缘学与谱系地理研究，同时开展科普展示宣传。整个标本馆具备保存和展示 80 万份药用植物腊叶标本和 10 万份药材标本的能力；建立广西中药材标本数据库，所有馆藏标本信息实现数字化管理。

药用植物种质资源库。总建筑面积为2200平方米。其中，药用植物种子生物学研究室（种子库）400平方米，药用植物园无性繁殖生物学研究室（离体库）800平方米、药用植物天然化学研究室（馏分库）600平方米，药用植物遗传改良研究室（基因库）400平方米。广西药用植物园建园至今已保存药用植物物种10021种，腊叶标本保存20万份，其中活植物保存近8000号；种子保存5000多种7000份，离体保存650种，基因保存1385份、馏分保存1000种15000份。在此基础上建立药用资源全息数据库，形成完整的药用植物迁地保护体系。

药用植物研究实验室。广西药用植物园建设的西南濒危药材资源开发国家工程实验室、广西药用资源保护与遗传改良重点实验室、广西中药材生产工程技术研究中心、广西中药材产品质量监督检验站以及院士实验室等从国家级到省部级多层次实验室，根据中医药健康活动需要，有条件的向公众开放，可以使游客能够直观地了解到中医药现代化的研究和发展过程，为更好地推广和提升中医药起到良好的作用。

③以传承发扬中医药文化为己任，中医药健康服务产品开发丰富

中医药文化科普活动。在利用本身物藏丰富的同时，积极筹划传统中医药文化在实用科普传播方面的宣传力度。根据不同游客类型，有针对性地开展丰富多彩的科普活动。针对广大中小学生，广西药用植物园每逢学校节假日便举行“科普春秋游”活动，“趣味小神农”活动，在向学生群体传达辨识药用植物知识的同时，达到让他们对中药“会做，会尝，会闻”的三个要求。针对社会各界人士，广西药用植物园频频开展“三月三”“中国—东盟国际健康养生周”活动等大型游园参观活动。做到认识药用植物之美，理解养生健体的重要性等国家提倡目标。推进了群众的精神文明建设达到了拓宽大众对健康，对保健，对传统医药辨识的一个补充。针对国内外日益高声需求的高端技术交流需要，广西药用

植物园也承办过诸如“第五届药植论坛”“全国中药材种子种苗繁育基地建设暨成果转化和服务专题研讨会”“第十六届药物学大会”等国内外知名专业技术交流大会。推动了世界关于中草药药用植物的应用研究及转化的各项重要指标与任务。

香包制作。香包最早称“容臭”，屈原《离骚》中有“扈江篱与辟芷兮，纫秋兰以为佩”，当时的香料是辟芷、秋兰。在明朝仍有容臭的称呼。中国传统的香囊多用绸布制成，内装雄黄、熏草、艾叶等香料。一说香包可以避邪，端午节时多会配挂香包。广西药用植物园在此基础上加以改进，选用园内特制植物如驱蚊类的灵香草、藿香等中药材，由游客自己动手制作，不但有驱蚊养生的效果，也能充分的体验传统文化和中医药文化的乐趣。

中草药真伪品辨别。在位于广西药用植物园对症下药区处的“中医药草庐”馆一幢，在古色古香的建筑氛围下放满各色园区特有珍稀中草药。于真品之旁另设立假品，达到鲜明的辨识效果。并辅以文字及视讯资料简介，配以专业导游进行讲解。往往能让各路游客听得流连忘返，津津有味。

药膳药酒品尝。园内餐厅提供特色药膳。用紫苏、百合、假蒌等十几种药用植物制成的“药园百药汇”具有提神醒脑、清热利湿的功效。用枸杞、山药等熬制的养生粥对脾胃有很好的调养功效。由广西药用植物园自己研发生产的金玉酒、参玉酒、鹿血酒等系列中药材保健酒类产品，因采用铁皮石斛、金银花等珍贵中药材生产，颜色晶莹剔透，富含各项人体所需微量元素，具有极高的保健价值和较高的收藏价值。

④以科研成果转化为基础，壮大中医药健康旅游商品基础

广西药用植物园利用自身的科研成果转化优势，联合国内优良生产基地和生产厂家，联合研发了一系列特色旅游产品。目前已生产和引进

了包括保健茶、保健酒、化妆品等 11 个大类近 80 个产品。

在保健茶方面，选用广西药用植物园圣堂山有机茶种植基地的精选七叶绞股蓝药材茶叶，严格控制生产线品质，使药园主导生产出的绞股蓝茶具有降三高、治疗肠胃病等一系列药效功用。采用大瑶山茶叶制作的广西甜茶，因其天生的不含甜味的甜味剂效果，使其成为糖尿病病人的首选饮用茶。且自古以来就有用甜茶熬粥，煮粽子等群众喜爱的烹调方式。融合药园科技的清热明目茶，因在清热去火，护肝明目方面比市场普通的同类产品出色，也在广大群众中颇受欢迎。

在保健酒方面，因金玉酒、鹿血酒、益龙酒等选料上乘，制作工艺先进，屡获各项大会指定用酒殊荣。

在化妆品方面，因铁皮石斛种植的专业技术原因而蜚声国内外的各类女士爱用化妆品，如面膜、化妆水、日霜、夜霜、眼霜、洁面膏等远销至美国、日本、韩国等地。

在中药材原料方面，拥有数千公顷的中药材规范化种植基地和种子种苗繁育基地，为广西道地中药材提供了保障。同时，近年来开辟了石斛等特色草药的特色产品开发，在产业链上环环相扣，屡增创新。

第 10 章

旅游业与中医药产业融合发展的方向与政策建议

10.1 旅游业与中医药产业融合发展的方向

10.1.1 提升内涵，促进旅游业与中医药产业资源融合

针对旅游业与中医药产业融合发展过程中的资源融合程度不深、旅游产品过于单一及产品雷同性强的问题，首先，要统筹全局，实现旅游资源与中医药资源的多方位融合；其次，要提升旅游业与中医药产业融合发展过程中的文化内涵，突出中医药健康旅游的文化特色，打造具有中国文化特色的中医药健康旅游品牌。

中医药健康旅游是旅游业与中医药产业深度融合所产生的一种新型旅游业态，资源的融合涉及两大产业的方方面面，如“食、住、行、游、购、娱、医、药、养”等。我国旅游资源种类丰富，旅游设施空间分布合理；与此同时，我国中医药与民族医药资源丰富，拥有各类型中医医院、中药种植基地、中医药产业园、中药企业、中华老字号品牌和非物质文化遗产等。因此，要统筹全局，加强各类资源之间的整合开发力度，实现旅游业与中医药产业的高质量融合。具体包括，与景区合作，拓宽景区与中医药健康旅游相关的内容，丰富景区的中华传统文化内涵；与旅行社合作，提供满足不同消费者需求的中医药健康旅游套餐，开辟主题鲜明的中医药健康旅游路线；与乡村旅游合作，进一步建立以中医药健康旅游示范基地为基础的中草药种植示范区，让游客进一步了解和参与中草药的种植过程，体验在田间耕作的乐趣；与户外旅游合作，开展野生中草药的采摘、识别及功效的学习，提高游客对中草药的兴趣与认知。

中医药文化在我国不同地域所体现出的独特韵味是吸引游客参与中医药健康旅游的关键影响因素之一。因此，要对我国不同地域内的旅游文化与中医药文化进行深度挖掘和利用，将别具一格的旅游文化资源与特有的中医药文化底蕴相融合，进行特色旅游产品开发。对于一些区域内所拥有的特别独特的文化资源，在遵循可持续发展的基本原则上，采用因地制宜、因时制宜、科学规划、统筹开发的办法，避免在产业化过程中削弱了文化特色。与此同时，将文化内涵、休闲创意等融入中医药健康旅游的各种项目当中，进一步释放中医药健康旅游过程中的文化感染力与文化感召力，用以中医药文化为代表的中国传统文化去增强消费吸引力。

10.1.2 优化设施，实现旅游业与中医药产业功能融合

中医药健康旅游的实质是让消费者通过旅游的方式实现身体健康、身心休闲、精神娱乐等。因此，发展中医药健康旅游不仅需要丰富的旅游资源、中医药资源，还需以完善的配置设施作为支撑，以实现旅游业与中医药产业的高质量融合。

旅游活动的六大要素分别是“食”“住”“行”“游”“购”“娱”。以“食”为基础，可构建多元且富有特色的药膳餐饮体系；我国饮食文化历史悠久，药食同源是中医药传统特色之一，在中医药健康旅游产品开发过程中应该注重药食同源产品的开发，引进专业的药膳开发团队，研发出各种即新颖，又口感好，且具有中医药保健功能的药膳产品供游客品尝；与此同时，要注重药膳品牌的开发，推广有本地特色的药膳菜肴、特色小吃；根据客源地的不同，有针对性地为旅游者提供不同风格和口味的药膳。以“住”为基础，建设覆盖不同消费层次的住宿产品；面对不同游客群体，可提供不同文化主题、不同价位的住宿产品，如中医药文化体验酒店、中医药养生体验酒店、康养度假主题酒店、特色文化主题酒店等。以“行”为基础，可提供便利化的交通出行服务。扩大各景区、景区与酒店、酒店与各文化体验中心等之间的便捷程度，对不同旅游目的地之间的道路进行改造，建设自行车专用道和步行道，美化道路两旁的景点；加大公共交通往返于各旅游目的地之间的班次；提供多样化、选择性强、便捷且舒适的旅游目的地内部交通供游客选择。以“游”和“娱”为基础，举办各类型中医药文化节日、中医药文化活动，增强旅游者的互动性和体验性，建设全年龄段喜爱的中医药健康旅游场所。以“购”为基础，打造中医药健康旅游文化购物场所，如中医药文化特色街区；与医院、药企等展开深度合作，开发具有不同功效且得到国家

有关部门批准的系列保健产品、美容产品等；与高校、文创工作室展开合作，开发具有文化创意的中医药周边产品、纪念品等。

10.1.3 加强营销，推动旅游业与中医药产业市场融合

随着中医药领域在抗击新冠肺炎疫情中的作用，及消费者对于自身健康关注的程度，中医药健康旅游市场将在日后得到更多的关注。面对利好的外部条件，如何做好市场推广，吸引更多的旅游者参与到中医药健康旅游当中，就显得尤为重要。在中医药健康旅游市场融合过程中，既要结合市场上旅游者的需求进行有针对性的中医药健康旅游产品开发，又要加强营销，推动旅游业与中医药产业在市场层面的深度融合。

结合消费者需求进行有针对性的中医药健康旅游产品开发。要了解消费者对于健康的诉求和旅游的需求，并结合消费者的消费习惯进行有针对性的市场开发。当前，随着社会的进步，消费者对于传统文化、特色民俗、新鲜元素有着极大的兴趣，因此，对于中医药健康旅游产品开发者来说，要深入对目的地的生态、文化、旅游等特色资源进行深入挖掘，并将其开发成具有地方特色且参与度高的旅游产品。与此同时，要对新鲜元素进行深入挖掘，将传统文化与新鲜元素相融合，满足当下旅游者个性化的消费需求。

加强营销推动旅游业与中医药产业在市场层面的深度融合。市场的整合进程是一个漫长的过程，需要从认识到理解最终被接受，中医药健康旅游产品在市场层面的认可也需要经历这个环节。因此，我们要运用各种方法加快市场层面的整合进程，应用先进的营销手段和营销方法引导消费者进行中医药健康旅游产品的消费。一方面，以“中医药健康旅游”为主体举办各种创意活动，运用微信、微博、抖音、快手、小红书等新媒体平台，进行网络宣传，对中医药健康旅游的各种活动进行全方

位的传播；另一方面，要对市场进行细分，深入各客源市场进行有针对性的、长时间的宣传。与此同时，还要加强中医药健康旅游的国际推广力度，在新冠肺炎疫情得到有效控制的基础上，吸引更多的海外游客体验具有中国特色的健康旅游产品。

10.1.4 完善制度，引导旅游业与中医药产业政策融合

从国内外健康旅游发展较为发达的国家或地区经验可以得出，政府有关部门的支持是以中医药健康旅游为代表的医疗旅游高质量发展的重要保障；政府部门能够有效整合各方优势资源和力量，以达到旅游业与中医药产业深度融合发展的目的。现阶段，我国中医药健康旅游的高质量发展离不开各层级政府部门的有效引导和协调帮助。

作为政府部门，首先，要营造适合中医药健康旅游发展的外部环境。中医药健康旅游作为旅游业与中医药产业深度融合发展所衍生出的一种新兴旅游业态，其有序发展需要良好的外部环境：一方面要严控行业准入标准，出台促进旅游业与中医药产业要素融合的鼓励性政策，吸引更多有能力的企业参与到中医药健康旅游产业当中，完善中医药健康旅游的产业链条；与此同时，要积极培育中医药健康旅游产业内的龙头企业、核心企业、重点企业，使他们成为中医药健康旅游产业发展过程中的核心支撑，以有效引领整个产业高质量发展。另一方面，政府要加大对于从事中医药健康旅游产业服务的企业进行资金上的支持，如加大税收优惠政策力度、降低企业贷款利率、研发费用加计扣除、专项资金补助等。其次，建立中医药健康旅游产业领域资源共享平台。在当今社会背景下，信息共享已成为各不同产业之间融合发展的关键要素，消息的高效、高速、双向互动更是推动不同产业之间高质量融合发展的直接驱动力。因此，政府部门要做好中医药健康旅游产业领域数据平台的顶层设计，有

效进行市场行情、资源信息、产业信息、产品信息、需求信息等关键数据的采集功能工作，并制定相关制度进行统一管理、使用和发布，有效提升中医药健康旅游产业的信息共享程度，提高供给端和需求端之间的匹配程度。最后，政府部门要认真履行自身的监管责任，做好中医药健康旅游市场范围内的监管工作，包括定制中医药健康旅游服务标准、中医药健康旅游服务规范、中医药健康旅游监管条例、中医药健康旅游纠纷化解机制、中医药健康旅游应急处理规范等，以制度的形式来约束不利于中医药健康旅游发展及旅游业与中医药产业高质量融合发展的行为。

10.1.5 夯实队伍，加强旅游业与中医药产业人才融合

由于中医药行业具有一定的专业性，中医药健康旅游产业的发展相较于其他类型的旅游业态，更需要既具备专业的中医药学知识又具备专业旅游知识的复合型人才，这类人才是中医药健康旅游得以高质量发展和可持续发展的重要保障，因此必须加大对于该类型人才的培训与培养。

首先，定期开展中医药健康旅游行业相关人员的培训工作，以提高他们的工作能力。针对中医药健康旅游者所从事的不同岗位，可通过集中授课、网络授课等方式，按照其工作内容的不同进行有针对性的培训，经培训、考核合格后才能上岗或继续执业。其次，建立专业的中医药健康旅游从业人员培训机构。针对目前从事中医药健康旅游人才短缺的情况，政府部门应给予相应的资金支持，建立专业的培训机构（班），补充现阶段中医药健康旅游从业人员短缺的现实状况。最后，应不断扩大人才队伍。各级政府应与各类中等院校、高等院校、科研机构等开展深入合作，开办专业培养中医药健康旅游从业人员的专业人才。政府与院校、科研机构、企业分工合作，政府提供资金支持，院校、科研机构负责培养专业人才，企业负责提供就业机会，共同合力培养出适应当代社

会发展的中医药健康旅游专业技术人才。与此同时，更应该注重企业的协同创新与成果转化能力，不断提升旅游业与中医药产业融合发展过程中的科研与产业自主创新能力。

10.2 旅游业与中医药产业融合发展的政策建议

为了有效推动我国旅游业与中医药产业融合发展，各级部门需要统筹协调、各利益相关方需要通力合作，这样才能使得我国中医药健康旅游业高质量发展。

10.2.1 建立国家级多部门合作共管协调机制

为推动我国旅游业与中医药产业融合发展的速度和质量，顶层制度设计、政策组合、全面规划和规范引导就显得尤为重要。因此，有必要科学编制发展旅游业与中医药产业的国家战略计划，明确发展定位、目标、重点项目、保障措施和制度等。打通旅游业与中医药产业融合发展过程中的旅游与中医药领域的上下游政策通道，将中医药健康旅游列入两个行业重点支持的产业列表，对产业战略定位、战略目标、整体布局、重点任务、实施路径和保障措施进行顶层设计，以立法形式明确相关内容，为中医药健康旅游产业发展提供法律保障。

与此同时，体制、机制需要尽早革新。参考健康旅游发展较为成熟和成功的国家和地区先进经验及有效做法，建议尽快设立国家中医药健康旅游产业发展领导专班或指导委员会，并且尽快对已经评选出的 15 家国家中医药健康旅游示范区创建单位和 73 家国家中医药健康旅游示范基地创建单位进行验收，改变现行的碎片化、孤岛化、低水平和低效率的运行状态。

充分发挥旅游、中医药及相关领域专家、学者的智慧，在专班或指导委员会下设立中医药健康旅游产业发展专家咨询委员会，打造专业、高效、多元的中医药健康旅游智库团队。

10.2.2 制定旅游业与中医药产业融合发展的相关政策和制度

制定支持旅游业与中医药产业融合发展的宏观政策，完善中医药健康旅游管理制度，为中医药健康旅游产业的发展创造条件，从准入、运营、监管、评价等多方面、多角度进行制度设计。

制定准入许可制度，严把入口关。明确市场主体进入中医药健康旅游领域的准入制度和准入条件，研究不同类型的中医药健康旅游服务机构标准，规范各机构基本标准和审批、审查流程，加强政策及资金支持，有条件的统一纳入医疗机构统一准入管理。

规范运营流程。建立健全中医药健康旅游服务标准、指南等相关运营制度。中医药健康旅游服务是一个涉外复杂的高端服务，除了服务机构的基本运营和服务外，还需将国际化服务和非医疗服务作为重要要素进行重点设计并纳入中医药健康旅游的整个服务体系。另外，还需进一步完善医疗旅游签证制度，尽快提升海（境）外患者、护理人员及相关人员的医疗签证办理速度和效率。

制定相应的评估体系，开展国内外多元评价和认证活动。实施第三评价认证制度，发布中医药健康旅游领域国家审查评价规范，参考 JCI、HIMSS 等国际先进技术和理念，依托我国认证领域相关法律、法规和强大的专家技术团队，根据现有国家等级医院评审标准，制定适合我国国情的国际中医药健康旅游机构评价系统，实施国内外多元化评价和认证，建立高品质的认证评价体系，在国（境）内提供国际中医药健康旅游服务机构的认证服务，培养我国在国际具有影响力的第三方评估认证机构，与国际标准尽快接轨。

加强市场监管。尽快制定有关中医药健康旅游领域的法律法规，重点解决可能在运营过程中出现的行业监督管理、医疗责任划分等重点问题。完善管理体制，创新监督管理方法，特别加强属地管理。

10.2.3 加强公立医院开展国际中医药健康旅游服务的探索

公立医疗机构是开展国际中医药健康旅游服务的主体机构，为了有效促进国际中医药健康旅游的发展，在加强规范管理的前提下，公立医疗机构有必要有计划地探索开拓国际中医药健康旅游服务市场。例如，2021 年 4 月，北京市出台政策，允许公立医疗机构在特定区域向患者提供部分特需医疗服务，医疗机构在国家许可比例内设立和发展国际医疗部，这些都对于国际中医药健康旅游产业的发展具有强大的促进作用。

与此同时，加强国际医疗保险体系的构建，建立健全保险赔偿和国际结算通道。对接全球商业保险体系的资质，发展包含中医药健康旅游保险在内的多种健康保险服务。鼓励商业保险公司提供适应中医药健康旅游服务的多样化、多层次、规范化的产品和服务。

第 11 章

结　论

本报告以“健康中国”战略背景下旅游业与中医药产业融合发展为研究对象，首先，对“健康中国”战略的提出及基本要素进行了系统分析，其次，对旅游业与中医药产业融合发展的理论基础进行了系统梳理，再次，对国内外旅游业与中医药产业融合发展的学理展开研究，复次，对旅游业与中医药产业融合发展的基础与短板进行了讨论，最后，以国家中医药健康旅游示范基地为研究对象，对旅游业与中医药产业融合发展展开了实证研究，并提出未来我国旅游业与中医药产业融合发展的路径与政策建议。主要得出的结论如下：

（1）在“健康中国”战略背景下，中医药健康旅游不仅受到旅游者的青睐，也成为很多省份或地区的经济新增长点，通过对国家中医药健康旅游示范基地的分析，发现旅游业与中医药产业融合发展背景下中医药健康旅游高质量发展，需要在政策、服务、配套、市场等方面作为重要发力点。

（2）中医药健康旅游现已逐渐成为最受关注的新兴旅游业态之一，其发展主要受国家政策、经济发展水平、消费者需求、产业基础等因素影响。消费者需求等内部动因是中医药健康旅游发展的重要推动力。国家政策等外部动因是中医药健康旅游发展的坚实保障。内外动因共同推动着旅游业与中医药产业高质量融合发展。

（3）目前我国旅游业与中医药产业融合发展尚处于起步阶段，还存在较多问题。例如，在中医药健康旅游供给方面，中医药健康旅游资源的分类相对于其他旅游业态来说较为简单，仅从中医药健康旅游的自然资源和文化资源两个方面进行了分类；中医药健康旅游产品同质性较强，缺乏特色；中医药健康旅游服务水平较低、口碑相对较差；中医药健康旅游发展的基础设施相对于其他旅游业态较为薄弱。在中医药健康旅游政策方面，目前还缺乏相关政策制度的保护。

（4）根据国家现有的73家中医药健康旅游示范基地所提交的申报材料及实地调研，并结合示范基地的公开信息和各类型网络平台上的消费者评论，可将中医药健康旅游示范基地类型分为六种类型，即种植基地类中医药健康旅游示范区、产业园类中医药健康旅游示范区、中医医院类中医药健康旅游示范区、康养综合体类中医药健康旅游示范区、旅游景区类中医药健康旅游示范区和文博场馆类中医药健康旅游示范区。

（5）旅游业与中医药产业融合发展的路径主要体现在：提升内涵，促进旅游业与中医药产业资源融合；优化设施，实现旅游业与中医药产业功能融合；加强营销，推动旅游业与中医药产业市场融合；完善制度，引导旅游业与中医药产业政策融合；夯实队伍，加强旅游业与中医药产业人才融合。从这些融合路径出发，还可衍生出诸如中医药乡村旅游、中医药文化旅游、中医药工业旅游、中医药种植旅游等不同的融合方式。

（6）为了有效推动我国旅游业与中医药产业融合发展，对旅游业与中医药产业融合发展提出了以下政策建议：首先，建立国家级多部门合作共管协调机制，以推动我国旅游业与中医药产业融合发展的速度和质量。其次，制定旅游业与中医药产业融合发展的相关政策和制度，从准入、运营、监管、评价等多方面、多角度进行制度设计。最后，加强公立医院开展国际中医药健康旅游服务的探索，并加强国际医疗保险体系的构建。

致 谢

时光荏苒，博士后出站报告终于完稿。喟然长叹，两年的博士后工作转眼间就要画上句号。掩卷而思，感激之情溢于言表。

感谢我的合作导师宋子千首席研究员，在我迷茫的时候为我指点迷津，使我得以开启人生新征程。合作导师以其深厚的学术造诣，严谨的治学态度，高瞻远瞩的学者思想，仁厚的为师之道，为吾辈树立了治学和做人的楷模。从博士后出站报告选题、研究设计、初稿修改到最终完稿，都倾注了导师大量的心血。定稿前的几次校改尤使我感受到导师博深的理论基础和丰富的实践经验。工作交流中，虽寥寥数语却有醍醐灌顶之效。未来唯愿以加倍的努力报答老师的悉心教导和精心培养。

感谢戴斌院长、李仲广副院长、唐晓云副院长及各位所长、主任和同事们，你们渊博的学识和干事创业的精神，让我受益匪浅，也将激励着我勇往直前。

感谢亲爱的父母、家人和朋友，你们一如既往的支持、关爱和包容，给我力量，为我护航，让我得以顺利完成博士后研究工作。未来我将继续怀着感恩之心不畏艰辛、执着前行。

大恩不言谢，滴水恩，涌泉报。

参考文献

著作类：

中文著作：

［1］田里．现代旅游学导论［M］．云南：云南大学出版社，1994.

［2］李天元．旅游学概论（第七版）［M］．天津：南开大学出版社，2014：150.

［3］薛玉莲．河南省旅游业融合与创新发展研究［M］．北京：中国经济出版社，2017：1.

［4］王欣，邹统钎，耿建忠，等主编．中国康养旅游发展报告（2019）［M］．北京：社会科学文献出版社，2020.

［5］阿尔弗雷德·马歇尔．马歇尔文集（第1卷）：产业经济学［M］．北京：商务印书馆，2019.

［6］阿尔佛雷德·韦伯．工业区位论［M］．北京：商务印书馆，2010.

［7］刘勇．区域经济发展与地区主导产业［M］．北京：商务印书馆，2006.

［8］范晓屏．工业园区与区域经济发展［M］．北京：航空工业出版社，2005.

［9］刘志彪．现代产业经济学［M］．北京：北京高等教育出版社，2009：3.

［10］迈克尔·波特．国家竞争优势［M］．北京：中信出版社，2014.

［11］L. 贝塔朗菲．一般系统论：基础 发展 应用［M］．秋同，袁嘉新，译．北京：社会科学文献出版社，1984.

［12］何毅亭．以习近平同志为核心的党中央治国理政新理念新思想新战略［M］．北京：人民出版社，2017.

［13］宋子千．旅游融合发展论［M］．北京：中国旅游出版社，2015：118.

［14］D. 普莱斯．小科学，大科学［M］．宋剑耕，戴振飞，译．北京：世界科学社，1984：23.

［15］祁超萍．我国中医药旅游产业发展研究［M］．北京：中国市场出版社，2021.

［16］史忠良．新编产业经济学［M］．北京：中国社会科学出版社，2007：10.

［17］唐晓华．产业经济学教程［M］．北京：经济管理出版社，2007：159.

［18］文化和旅游部资源开发司．2020—2021 年中国旅游景区发展报

告［M］. 北京：中国旅游出版社，2021：10.

［19］卡尔·马克思. 资本论第一卷［M］. 中共中央马克思恩格斯列宁斯大林著作编译局，译. 北京：人民出版社，2004：392.

［20］宋瑞主编.2019—2020年中国旅游发展分析与预测［M］. 北京：社会科学文献出版社，2020：4-5.

［21］陈其广，等. 战略的中医药国情分析和国策建议（上）［M］. 北京：社会科学文献出版社，2018.

［22］张小波，黄璐琦. 中国中药区划［M］. 北京：科学出版社，2019：8.

［23］习近平. 习近平谈治国理政第二卷［M］. 北京：外文出版社，2017.

［24］健康中国行动推进委员会办公室. 健康中国行动文件汇编［M］. 北京：人民卫生出版社，2019：1-33.

［25］董竞成. 中国传统医学比较研究［M］. 上海：上海科学技术出版社，2019：3.

［26］中华人民共和国国家旅游局. 中国旅游业“十二五”发展规划纲要［M］. 中国旅游出版社，2011.

［27］胡锦涛. 坚定不移沿着中国特色社会主义道路前进为全面建成小康社会而奋斗——在中国共产党第十八次全国代表大会上的报告［M］. 北京：人民出版社，2012.

［28］中华人民共和国国家旅游局. 中国旅游业“十三五”发展规划纲要［M］. 中国旅游出版社，2016.

［29］薄贵利. 国家战略论［M］. 中国经济出版社，1994.

［30］李斌.《“健康中国2030”规划纲要》辅导读本［M］. 北京：人民卫生出版社，2020.

［31］王瑞．健康产业新展望［M］．北京：中信出版集团，2021：8.

［32］哈特．医疗服务的政治经济学：第 2 版［M］．林相森，丁煜，译．上海：格致出版社，2014：209-280.

［33］陈劲，王焕祥．演化经济学［M］．北京：清华大学出版社，2008：167.

［34］李美云．服务业的产业融合与发展［M］．北京：经济科学出版社，2007.

英文著作：

［1］Elkington J.Cannibals with forks：The triple bottom line of 21st century business［M］.Oxford：Capstone，1999.

［2］Bookman M.Bookman K.Medical tourism in developoing countries［M］.Bsaingstoke：Palgrav Macmillan.2007.6-12.

［3］David B.Yoffie.Competing in the age of digital convergence［M］. Boston：Harvard Business School Press，1997.

期刊、论文类：

中文：

［1］M.Г.科洛斯尼齐娜，M.T.西季科夫，张广翔.影响健康生活方式的宏观因素［J］.社会科学战线，2014（7）：236-245.

［2］吕忠梅.控制环境与健康风险 推进"健康中国"建设［J］.环境保护，2016，44（24）：21-27.

［3］宋茂勇，江桂斌.加强环境与健康研究 助力美丽中国建设［J］.中国科学院院刊，2020，35（11）：1317-1320.

［4］韩丹."产业"与"体育产业"辨析［J］.山东体育学院学报，2003（2）：5-9.

［5］薛同锐.中国和印度的第三产业发展比较［J］.福建论坛（人文社会科学版），2012（S2）：83-86.

［6］向铁梅，黄静波.国民经济行业分类与国际标准产业分类中制造业大类分类的比较分析［J］.对外经贸实务，2008（11）：33-36.

［7］傅广生.现代旅游业在英国的诞生［J］.学海，2005（4）：127-132.

［8］占佳.旅游产业范围界定应从基本概念入手［J］.旅游学刊，2007（12）：9-10.

［9］曹国新.旅游产业的内涵与机制［J］.旅游学刊，2007（10）：6-7.

［10］习近平.在庆祝中国共产党成立95周年大会上的讲话（2016

年 7 月 1 日）[J] . 求是，2021（8）：4–20.

[11] 张凌云 . 试论有关旅游产业在地区经济发展中地位和产业政策的几个问题 [J] . 旅游学刊，2000（1）：10–14.

[12] 余洁 . 文化产业与旅游产业 [J]. 旅游学刊，2007（10）：9–10.

[13] 罗明义 . 关于“旅游产业范围和地位”之我见 [J] . 旅游学刊，2007（10）：5–6.

[14] 李美云 . 国外产业融合研究新进展 [J] . 外国经济与管理，2005（12）：12–20，27.

[15] 马健 . 产业融合理论研究评述 [J] . 经济学动态，2002（5）：78–81.

[16] 陈柳钦 . 产业融合问题研究 [J]. 长安大学学报（社会科学版），2008（1）：1–10.

[17] 胡汉辉，邢华 . 产业融合理论以及对我国发展信息产业的启示 [J] . 中国工业经济，2003（2）：23–29.

[18] 厉无畏 . 产业融合与产业创新 [J] . 上海管理科学，2002（4）：4–6.

[19] 周振华 . 产业融合：产业发展及经济增长的新动力 [J] . 中国工业经济，2003（4）：46–52.

[20] 杨颖 . 产业融合：旅游业发展趋势的新视角 [J] . 旅游科学，2008（4）：6–10.

[21] 张凌云 . 旅游产业融合的基础和前提 [J] . 旅游学刊，2011，26（4）：6–7.

[22] 何建民 . 我国旅游产业融合发展的形式、动因、路径、障碍及机制 [J] . 旅游学刊，2011，26（4）：8–9.

[23] 赵黎明 . 经济学视角下的旅游产业融合 [J] . 旅游学刊，2011，

26（5）：7-8.

［24］严伟.演化经济学视角下的旅游产业融合机理研究［J］.社会科学家，2014（10）：97-101.

［25］薛文礼.中药产业国际竞争力的生产要素现状及评价［J］.辽宁中医药大学学报，2007，9（3）：79.

［26］王景明，王景和.对发展中医药旅游的思考与探索［J］.经济问题探索，2000（8）：85-86.

［27］张群.我国中医药专项旅游开发初探［J］.北京第二外国语学院学报，2002（6）：77-80，85.

［28］田广增.我国中医药旅游发展探析［J］.地域研究与开发，2005（6）：82-85.

［29］刁宗广.中医药旅游发展中存在的问题及解决对策［J］.社会科学家，2010（1）：95-97.

［30］虢剑波，冯进.湖南中医药旅游的研究现状及意义［J］.中国医药指南，2012，10（6）：211-213.

［31］李时，宋明.中国特色旅游——中医药旅游开发与发展对策研究［J］.中国科技信息，2008（2）：165，167.

［32］高婷婷.广东省中医药文化旅游的开发与发展对策［J］.中国医学创新，2012，9（17）：133-134.

［33］孙永平，刘丹.中医药旅游研究初探［J］.商场现代化，2007（13）：357.

［34］韩路宾，郑久良，明鹏飞，江娜，陈奥竹，崔伟伟，赵雨赪.亳州市中医药文化旅游发展问题与对策研究［J］.现代经济信息，2013（11）：394-397.

［35］刘华云，侯胜田.北京市实施中医医疗旅游发展战略存在的问

题及对策［J］. 医学与社会，2014，27（2）：40-43.

［36］郑强，杨长平，冯贤贤，柴念，王敏．“十三五”规划下我国中医药养生旅游发展研究——以四川省为例［J］. 四川旅游学院学报，2017（3）：47-50，100.

［37］张文菊，张念萍．生态型中医药旅游发展探析［J］. 湖南工业职业技术学院学报，2013，13（1）：37-40.

［38］郭鲁芳，虞丹丹．健康旅游探析［J］. 北京第二外国语学院学报，2005（3）：63-66.

［39］王艳，高元衡．健康旅游概念、类型与发展展望［J］. 桂林旅游高等专科学校学报，2007（6）：803-806.

［40］王燕．国内外养生旅游基础理论的比较［J］. 技术经济与管理研究，2008（3）：109-110，114.

［41］陈永涛，谭志喜．养生旅游概念探析［J］. 商业时代，2014（7）：131-133.

［42］黄力远，徐红罡．巴马养生旅游——基于康复性景观理论视角［J］. 思想战线，2018，44（4）：146-155.

［43］杨铭铎，陈心宇．休闲、养生、度假旅游概念辨析［J］. 黑龙江科技信息，2009（29）：109，316.

［44］周作明．中国内地养生旅游初论［J］. 林业经济问题，2010，30（2）：141-145.

［45］高静，刘春济．国际医疗旅游产业发展及其对我国的启示［J］. 旅游学刊，2010，25（7）：88-94.

［46］中国全科医学编辑部．全科医生小词典——医疗旅游［J］. 中国全科医学，2014，17（10）：1092.

［47］张文菊，杨晓霞．国际医疗旅游探析［J］. 桂林旅游高等专科

学校学报，2007（5）：736-740.

［48］刘庭芳，苏延芳，苏承馥．亚洲医疗旅游产业探悉及其对中国的启示［J］．中国医院，2009，13（1）：74-77.

［49］雷铭．医疗旅游研究现状及启示［J］．中国卫生政策研究，2017，10（7）：65-70.

［50］刘丽勤．久藏深闺的木王国家森林公园［J］．陕西林业，2004（4）：28.

［51］王赵．国际旅游岛：海南要开好康养游这个“方子”［J］．今日海南，2009（12）：12.

［52］杨振之．中国旅游发展笔谈——旅游与健康、养生［J］．旅游学刊，2016，31（11）：1.

［53］任宣羽．康养旅游：内涵解析与发展路径［J］．旅游学刊，2016，31（11）：1-4.

［54］谢晓红，郭倩，吴玉鸣．我国区域性特色小镇康养旅游模式探究［J］．生态经济，2018，34（9）：150-154.

［55］田云国，段文英．山西康养旅游开发研究［J］．河北旅游职业学院学报，2019，24（1）：30-32，38.

［56］杨荣斌．健康旅游理论初步研究——对相关概念范畴的辨析［J］．长春理工大学学报（社会科学版），2014，27（3）：74-75，122.

［57］罗艺文．海南发展医疗旅游的策略研究［J］．海南师范大学学报（社会科学版），2013，26（5）：133-139.

［58］信慧娟，段文军．我国中医药旅游研究综述［J］．乐山师范学院学报，2020，35（4）：69-75.

［59］李鹏，赵永明，叶卉悦．康养旅游相关概念辨析与国际研究进

展［J］. 旅游论坛，2020，13（1）：69–81.

［60］牛文元 . 可持续发展理论的内涵认知——纪念联合国里约环发大会 20 周年［J］. 中国人口·资源与环境，2012，22（5）：9–14.

［61］徐虹，范清 . 我国旅游产业融合的障碍因素及其竞争力提升策略研究［J］. 旅游科学，2008（4）：1–5.

［62］杨彦锋 . 互联网技术成为旅游产业融合与新业态的主要驱动因素［J］. 旅游学刊，2012，27（9）：7–8.

［63］张辉，黄雪莹 . 旅游产业融合的几个基本论断［J］. 旅游学刊，2011，26（4）：5–6.

［64］曹世武，郑向敏 . 旅游产业融合动力机制研究——博弈论的解释框架［J］. 求索，2011（12）：5–7.

［65］吴三忙 . 旅游业融合发展中政府的作用［J］. 旅游学刊，2011，26（6）：7–8.

［66］李太光，张文建 . 新时期上海推动旅游业转型升级的若干思考［J］. 北京第二外国语学院学报，2009，31（3）：44–49.

［67］罗栋，程承坪 . 旅游产业融合过程中的协同创新研究——以旅游与演艺产业融合为例［J］. 湘潭大学学报（哲学社会科学版），2015，39（1）：70–73.

［68］关于促进健康旅游发展的指导意见［J］. 中华人民共和国国家卫生和计划生育委员会公报，2017（5）.

［69］国务院办公厅关于促进全域旅游发展的指导意见［J］. 中华人民共和国国务院公报，2018.

［70］毛晓莉，薛群慧 . 国外健康旅游发展进程研究［J］. 学术探索，2012（11）：47–51.

［71］翁嘉 . 日本枥木县健康旅游产业现状对我国的启示［J］. 度假

旅游，2018（10）：22-24.

［72］李新泰．国外健康旅游的发展路径与启示［J］．人文天下，2019（5）：13-18.

［73］葛君书，王贵生，孙颖，李瑞锋．韩国健康旅游的发展对我国中医药国际健康旅游的启示［J］．世界中西医结合杂志，2020，15（6）：1160-1164，1168.

［74］李享，侯胜田，郑方琳，王天琦．日本、韩国医疗旅游发展经验与对中国的启示［J］．中国医院，2021，25（6）：85-87.

［75］贾朋社，刘鹏，张振祥．多元视角下健康旅游发展路径探析［J］．湖北文理学院学报，2020，41（8）：22-27.

［76］杨威，马丽平，李娜，孙晓宇．亚太地区部分医疗机构国际医疗服务开展情况调查［J］．中国医院管理，2019，39（6）：78-80.

［77］周义龙．泰国医疗旅游业国际竞争策略及启示［J］．中国卫生事业管理，2017，34（11）：805-809.

［78］张广海，高旭．国际医疗旅游研究进展及其对中国发展医疗旅游的启示［J］．西部经济管理论坛，2016，27（4）：83-86.

［79］詹丽，谢梦琳，周鑫．印度国际医疗旅游发展的经验、风险与启示［J］．对外经贸实务，2014（11）：82-84.

［80］丁志良．国际医疗旅游的发展趋势及对海南的启示［J］．宏观经济管理，2013（12）：81-83.

［81］王红芳．医疗旅游发展与国际经验研究［J］．调研世界，2012（1）：61-64.

［82］李桥兴，张芸，吴俊芳．国内外健康旅游文献的比较分析与述评［J］．旅游研究，2020，12（4）：83-98.

［83］周功梅，宋瑞，刘倩倩．国内外康养旅游研究评述与展望［J］.

资源开发与市场，2021，37（1）：119-128.

［84］黄琴诗，朱喜钢，曹钟茗，孙洁，刘风豹．国外康养旅游研究的转型与趋势——基于英文文献的计量分析［J］．林业经济，2020，42（2）：48-58.

［85］衡敬之．国际医疗旅游研究概览——以国际医疗旅游的风险及其规制研究为重点［J］．医学与法学，2018，10（2）：76-81.

［86］张彩霞．国际医疗旅游的法律风险及其防范［J］．卫生软科学，2011，25（11）：766-768.

［87］杨璇，叶贝珠．我国健康旅游产业发展的 PEST 分析及策略选择［J］．中国卫生事业管理，2018，35（12）：942-945.

［88］朱笑笑，钱爱兵，刘军军．我国健康旅游发展现状及国际竞争力分析［J］．产业与科技论坛，2019，18（24）：16-18.

［89］吕一星，徐乐，罗昊宇．我国健康旅游服务机构发展现状及对策研究［J］．中国初级卫生保健，2021，35（8）：1-4，8.

［90］刘晓惠．我国健康旅游产业拓展国际市场的 SWOT 分析［J］．现代经济信息，2017（16）：318-319.

［91］翟燕霞，石培华．政策工具视角下我国健康旅游产业政策文本量化研究［J］．生态经济，2021，37（7）：124-131.

［92］李东．论健康旅游的类型、市场和概念［J］．国土与自然资源研究，2016（1）：70-73.

［93］牧亮．中医药健康旅游政策环境研究［J］．企业导报，2016（2）：102-103.

［94］薛群慧，白鸥．论健康旅游的特征［J］．思想战线，2015，41（6）：146-150.

［95］杨荣斌．健康旅游理论初步研究——对相关概念范畴的辨

析［J］. 长春理工大学学报（社会科学版），2014，27（3）：74-75，122.

［96］单亚琴，姚国荣 . 国内健康旅游研究综述［J］. 牡丹江大学学报，2015，24（7）：171-174.

［97］朱金悦 . 健康旅游产品开发研究——以海南省为例［J］. 科技广场，2016（6）：139-143.

［98］李慧芳，杨效忠，刘惠 . 健康旅游的基本特征和开发模式研究［J］. 皖西学院学报，2017，33（5）：122-127.

［99］吴之杰，郭清 . 我国健康旅游产业发展对策研究［J］. 中国卫生政策研究，2014，7（3）：7-11.

［100］薛群慧，蔡碧凡，包亚芳 . 健康旅游研究对象探析［J］. 云南社会科学，2014（6）：78-82.

［101］夏文桃 . 青年女性健康旅游的心理需求与产品设计［J］. 全国商情（经济理论研究），2009（12）：97-98，103.

［102］徐修远 . 浅析国内老年健康旅游市场的开发［J］. 旅游论坛，2010，3（5）：575-578.

［103］张妍 . 关于加快我国健康旅游产业高质量发展的探析［J］. 产业创新研究，2020（22）：120-121.

［104］钟小东 . 我国数字经济与健康旅游产业融合发展的策略研究［J］. 西部旅游，2021（7）：75-76.

［105］李秀桂 . 海南健康旅游市场需求与发展研究［J］. 旅游纵览（下半月），2018（12）：98.

［106］孙国学 . 推进内蒙古“大健康旅游”发展研究［J］. 北方经济，2018（Z1）：67-70.

［107］孙源源，陈浩，倪雯洁，陈璐怡 . 江苏省中医药健康旅游竞

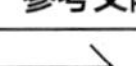

争力实证分析及策略研究［J］. 亚太传统医药，2019，15（10）：1-5.

［108］唐嘉倩，王静，李雪松. 基于 SWOT 定量分析的云南健康旅游目的地构建战略研究［J］. 保山学院学报，2020，39（6）：76-81.

［109］林泽恺. 广东健康旅游发展模式与对策研究［J］. 旅游纵览（下半月），2019（2）：120-121.

［110］鲍兰平. 海南健康旅游发展对策研究［J］. 商业经济，2020（2）：22-23.

［111］崔朝晖，彭勇，廖红，袁彬，樊习英，夏敏. 攀枝花市阳光·生态·健康旅游研究［J］. 攀枝花学院学报，2011，28（1）：36-39.

［112］孙晓生，李亮. 广东中医药文化养生旅游开发现状及对策研究［J］. 中医药管理杂志，2013，21（5）：442-444.

［113］徐峰，胡欢欢. 基于 RMP 分析的金华中医药健康旅游产品开发［J］. 现代企业，2019（10）：64-65.

［114］孙婷婷. 常州居民健康旅游需求调查分析［J］. 佳木斯职业学院学报，2018（12）：423-425.

［115］黄嘉. 六盘水市健康旅游产业发展研究［J］. 旅游纵览（下半月），2019（10）：69-70.

［116］黄伟林. 桂林健康长寿资源调查暨国家健康旅游示范基地建设构想——“桂学应用”研究系列论文之四［J］. 广西教育学院学报，2019（2）：1-5.

［117］张希，林立，杨昕. 健康中国背景下健康旅游示范基地的形象感知研究——以福建平潭为例［J］. 湖州师范学院学报，2018，40（10）：62-68.

［118］赵琦，于朝东，杜佳蕾，周春丽. 铁力市中医药健康旅游示

范区开发刍议［J］. 经济师，2019（8）：131-132.

［119］沈菲飞 . 巢湖健康旅游发展 SWOT 分析［J］. 黑河学院学报，2020，11（5）：31-34.

［120］张英英 . 京津冀区域合作视角下河北健康旅游资源开发研究［J］. 商场现代化，2013（14）：128-129.

［121］邓敏，韩少卿 . 金沙江流域健康旅游开发模式探究［J］. 旅游纵览（下半月），2017（24）：18-19.

［122］赵维婷 . 国家中医药健康旅游示范区创建启动［J］. 中医药管理杂志，2016.

［123］许振宇，吴金萍，霍玉蓉 . 区块链国内外研究热点及趋势分析［J］. 图书馆，2019（4）：92-99.

［124］李静海 . 国家自然科学基金支持我国基础研究的回顾与展望［J］. 中国科学院院刊，2018，33（4）：390-395.

［125］吕晶，郭思月，滕广青，马卓 . 基金项目对科学研究的关联影响分析［J］. 数字图书馆论坛，2019（12）：18-27.

［126］袁珍，朱智英，杨慧，喻玲，陈广 . 中医药健康旅游发展策略研究［J］. 中国市场，2018（5）：283-284.

［127］孟晓伟，姚东明，胡振宇 . 中医药健康旅游发展现状与对策研究［J］. 江西中医药大学学报，2018，30（1）：96-99.

［128］侯胜田 . 以中医药为特色的中国医疗旅游产业发展战略探讨［J］. 中国中医药信息杂志，2013，20（12）：1-3.

［129］侯胜田，于海宁，杨思秋 . 中医药服务贸易阻碍因素及发展策略研究概况［J］. 中国中医药信息杂志，2019，26（4）：5-9.

［130］汤朝晖，高永翔，杜娟，祝捷，泽翁拥忠 . 四川省民族医药文化的旅游资源开发初探——以南派藏医药为例［J］. 康定民族师范高

等专科学校学报，2009，18（5）：59-61.

［131］刘小滨．中医药健康旅游资源分类及评价［J］．旅游纵览（下半月），2016（22）：53.

［132］张群．中医药旅游者满意度实证研究［J］．市场论坛，2013（4）：78-79，82.

［133］张群．中医药旅游游客行为特征研究——基于广西药用植物园的调查［J］．湖南工程学院学报（社会科学版），2013，23（3）：1-5.

［134］孙源源，王玉芬，施萍，申俊龙．“一带一路”背景下江苏中医药健康旅游的创新发展策略［J］．世界科学技术－中医药现代化，2018，20（5）：769-774.

［135］陈浩，吴锦仪，阮诗慧，孙源源．“一带一路”背景下江苏中医药健康旅游发展的 SWOT 分析及对策研究［J］．亚太传统医药，2019，15（2）：9-14.

［136］张群．中医药旅游开发探讨［J］．商场现代化，2006（35）：272-273.

［137］张群．中医药旅游的产品开发［J］．江苏商论，2007（1）：80-81.

［138］孙天胜，王欣．面向东南亚华侨华人的中医药旅游开发研究［J］．东南亚纵横，2010（2）：51-54.

［139］侯笑闻，余正．我国中医药旅游的 SWOT 分析［J］．卫生经济研究，2013（2）：19-22.

［140］师帅．我国中医药旅游现状浅析［J］．中国中医药信息杂志，2014，21（1）：5-6.

［141］刘小滨．中医药健康旅游资源分类及评价［J］．旅游纵览（下半月），2016（22）：53.

[142] 王林景，王克园．移动互联网的中医药旅游产业分析［J］．电子商务，2017（5）：1-2，25.

[143] 江惺俊，孙健炜．中医药文化旅游发展策略［J］．市场研究，2018（1）：25-26.

[144] 汪淑敏．全养生视阈下中医药健康旅游发展路径研究［J］．四川旅游学院学报，2018（6）：47-50.

[145] 刘思鸿，张华敏，吕诚，史楠楠，刘大胜，王燕平．中医药健康旅游的概念界定及类型探析［J］．中医药导报，2019，25（19）：9-12.

[146] 马亮，颜亭玉．中医药旅游创新体系的理论研究［J］．北京农学院学报，2013，28（1）：71-73.

[147] 冯进，虢剑波．湖南中医旅游资源开发潜力初探［J］．湖南中医杂志，2013，29（6）：99-101.

[148] 王亚飞，赵建磊，于欢，李韵歆，韩雪，杨子，高鹏．浙江省中医药健康旅游现状及发展对策研究［J］．中国中医药现代远程教育，2020，18（22）：130-133.

[149] 王诗源，菅广峰，陈莉军，庄严．中医药健康旅游产业发展存在的问题及对策［J］．医学争鸣，2019，10（1）：15-18.

[150] 赵磊．基于 PEST 模型的黑龙江省对俄中医药旅游发展对策研究［J］．边疆经济与文化，2020（8）：15-18.

[151] 付晖，朴永吉，徐欢，强宪军．对中国药用植物园旅游资源的 SWOT 分析与发展对策［J］．农业科技与信息（现代园林），2009（9）：70-72.

[152] 鲁延召，赵钰莹，陈清清．焦作中医药健康旅游发展对策研究［J］．三门峡职业技术学院学报，2021，20（2）：121-126.

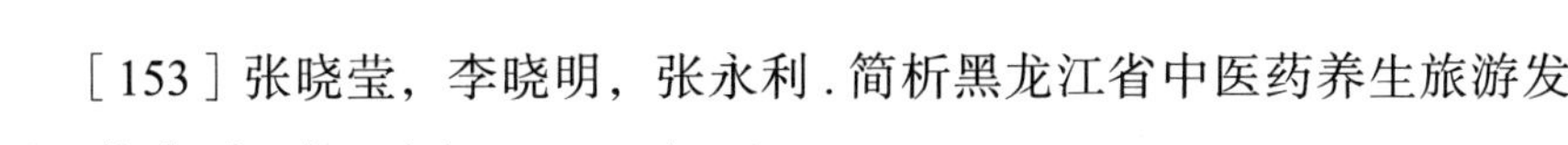

［153］张晓莹，李晓明，张永利．简析黑龙江省中医药养生旅游发展现状［J］．中国市场，2014（42）：172-173.

［154］张永利，张晓莹，王元奕，刘阁亮，张金凤．中医药旅游开发下医学人文精神培育［J］．中国市场，2016（28）：120，122.

［155］杜佳蕾，于朝东，刘津序，赵琦．“旅游，健康”黑龙江省中医药旅游发展研究［J］．现代商业，2020（12）：17-18.

［156］葛新颖．江西中医药健康旅游发展战略研究［J］．中外企业家，2016（1）：199，217.

［157］曹婷婷，姚东明．江西中医药健康旅游发展模式与发展对策研究［J］．江西中医药大学学报，2016，28（4）：98-100，104.

［158］吴海波，周桐，邵英杰，刘统银．江西发展中医药健康旅游的优劣势分析［J］．江西中医药大学学报，2019，31（6）：91-93，121.

［159］季凯文．江西打造中医药强省优势明显［J］．中国国情国力，2020（4）：43-45.

［160］万宠菊，于博，肖丽萍．云南省发展中医药健康旅游的思考［J］．当代经济，2016（34）：102-104.

［161］韩欣欣，徐颖剑，章涤凡，高洁．云南中医药健康产业发展趋势及特征分析［J］．中国医药导报，2017，14（18）：168-171.

［162］肖丽萍，陈丽萍，罗美兰．云南省中医药，旅游产业的产品策略研究［J］．当代经济，2017（25）：41-43.

［163］汪淑敏，孙坤．安徽中医药健康旅游发展开发探究［J］．现代职业教育，2018（28）：30.

［164］袁琪，贾兆星，李萍，蒋壮，黄顺．安徽省发展中医药健康旅游优势的思考［J］．临床医药文献电子杂志，2019，6（50）：178，182.

[165] 刘丽.构建安徽省中医药健康旅游新业态——以“御医之乡”祁门历溪古村为例 [J].山东农业工程学院学报，2019，36（2）：86-87.

[166] 刘春放.海南发展中医药健康旅游的思考与探索 [J].当代经济，2018（9）：56-58.

[167] 庄严，庄子凡.中医药健康旅游产业服务“健康山东”建设的思考 [J].南京医科大学学报（社会科学版），2018，18（6）：417-420.

[168] 赵文.陕西开展中医药健康旅游示范基地建设 [J].中医药管理杂志，2018，26（20）：108.

[169] 董存良.重庆发文发展中医药健康旅游 [J].中医药管理杂志，2018，26（16）：60.

[170] 田广增，田皓宇，王毅彰.河南省中医药健康旅游发展研究 [J].旅游纵览，2020（16）：102-104.

[171] 王亚飞，赵建磊，于欢，李韵歆，韩雪，杨子，高鹏.浙江省中医药健康旅游现状及发展对策研究 [J].中国中医药现代远程教育，2020，18（22）：130-133.

[172] 苏巧勤，于宛灵，陆文静，孙婧，赵佳文，朱元清.江苏省中医药健康旅游发展策略研究 [J].江苏商论，2021（1）：77-79.

[173] 王思宇.药都亳州中医药旅游发展探析 [J].商场现代化，2016（18）：193-194.

[174] 张俊美，冯梅，汪淑敏，陈慧敏，杨荣斌.亳州中医药旅游资源现状分析及项目开发 [J].四川旅游学院学报，2018（4）：45-47，52.

[175] 陶桂香，张俊美，汪淑敏.安徽中医药旅游资源分布及发展

概况与开发建议［J］. 旅游纵览（下半月），2019（10）：90-91.

［176］王天松 . 三亚中医药健康旅游的发展前景［J］. 中医药管理杂志，2017，25（22）：187-188.

［177］黄凯，俞双燕，尚菲菲，冀雪，孙汉 . 樟树市中医药健康旅游的互联网推广研究报告［J］. 旅游纵览（下半月），2017（2）：15-16.

［178］朱秀媛，王思民，顾囡囡，蔡燕婷，方洪涛 . 德兴市中医药健康旅游示范基地发展现状及策略研究［J］. 旅游纵览，2021（1）：94-96.

［179］鲁延召，赵钰莹，陈清清 . 焦作中医药健康旅游发展对策研究［J］. 三门峡职业技术学院学报，2021，20（2）：121-126.

［180］于东东，尤良震，陶春芳，余萌萌，彭青和 . 皖南区域中医药健康旅游现状调查研究［J］. 亚太传统医药，2015，11（13）：1-4.

［181］怀文惠，张长安，于晟懿，宁春雪，许子英，金阿宁 . 国际视角下中国东北地区中医药健康旅游发展研究［J］. 旅游纵览（下半月），2018（24）：33-35.

［182］刘秋兰，潘虹，何燕，甄腾飞，王仕过 . "旅游，" 发展理念下的岭南地区中医药健康旅游发展模式探索［J］. 旅游纵览（下半月），2017（6）：26，28.

［183］段芸，潘华峰 . 粤港澳大湾区中医药养生旅游服务研究——以肇庆为例［J］. 中医药管理杂志，2020，28（6）：6-9.

［184］张群 . 中医药旅游市场探析——以广西药用植物园为例［J］. 市场论坛，2008（4）：51-53.

［185］张书河 . 广东中医药博览园建设构想［J］. 湖北中医药大学学报，2014，16（1）：126-127.

［186］章德林，胡容容，张正鹏．南昌市中医药健康旅游产业人力资源建设的意义［J］．企业导报，2016（1）：148，182.

［187］刘小滨，刘佼．基于游客感知的中医药健康旅游产品研究［J］．旅游纵览（下半月），2017（6）：27-28.

［188］马波，杨荣斌，邓沂．中医药健康旅游专业人才培养探索与实践［J］．四川旅游学院学报，2019（1）：97-100.

［189］侯胜田，于海宁，杨思秋．中医药服务贸易阻碍因素及发展策略研究概况［J］．中国中医药信息杂志，2019，26（4）：5-9.

［190］赵启智，宿哲骞．移动互联网视域下中医药文化旅游资源现状与开发策略研究［J］．旅游纵览（下半月），2019（12）：232-234.

［191］谷阳，张雪．后疫情时代中医药健康旅游的发展和对策分析［J］．经济师，2021（5）：135-136，138.

［192］国务院办公厅关于进一步促进旅游投资和消费的若干意见［J］．中华人民共和国国务院公报，2015.

［193］中共中央　国务院关于促进中医药传承创新发展的意见［J］．中华人民共和国国务院公报，2019.

［194］梁方倍，颜娟．已婚女性旅游决策影响因素研究［J］．现代商贸工业，2019，40（33）：100-102.

［195］董亚娟，赵玉萍，吴悠，许汉林．城市居民出境旅游决策的性别差异研究［J］．资源开发与市场，2019，35（2）：287-291.

［196］程佳其．城镇居民国内旅游消费与可支配收入关系的实证研究［J］．河北企业，2015（9）：49-50.

［197］张学敏，何西宁．受教育程度对居民消费影响研究［J］．教育与经济，2006（3）：1-5.

［198］陈育德，李辉，王临虹．我国慢性病及危险因素监测的发展

及挑战［J］. 中华预防医学杂志，2012（5）：389-391.

［199］吴琳萍 . 旅游服务对我国入境旅游停留时间的影响［J］. 鹭江职业大学学报，2005（3）：86-90.

［200］肖培根，陈士林，张本刚，魏建和，周庆年，缪剑华，陈伟平，张昭，杨世林，李学兰 . 中国药用植物种质资源迁地保护与利用［J］. 中国现代中药，2010，12（6）：3-6.

［201］毛加强，王陪珈 . 基于区位商方法的陕西产业集群识别与检验［J］. 兰州大学学报（社会科学版），2007（6）：134-137.

［202］张佑印，马耀峰，高军，马红丽，褚玉良 . 中国典型区入境旅游企业区位熵差异分析［J］. 资源科学，2009，31（3）：435-441.

［203］刘静静 . 论广西生态旅游［J］. 环境与发展，2015，27（2）：15-16，25.

［204］徐东钰，马云驰 . 长白山旅游开发中的环境污染问题［J］. 合作经济与科技，2017（9）：38-39.

［205］国务院办公厅关于印发国民旅游休闲纲要（2013—2020年）的通知——国民旅游休闲纲要［J］. 中华人民共和国国务院公报，2013.

［206］宁吉喆 . 贯彻“巩固、增强、提升、畅通”方针 持续深化供给侧结构性改革［J］. 宏观经济管理，2019（4）：9-11，14.

［207］本刊特约评论员 . 向着以人民健康为中心的目标再出发［J］. 中国农村卫生事业管理，2021，41（4）：229.

［208］黄海波，肖子曾，向忠军，彭岭，李杰 . 中医药治疗亚健康的进展［J］. 中医药导报，2015，21（5）：50-52.

［209］罗津 . 深度老龄化背景下城市社区居家养老的治理机制［J］. 上海交通大学学报（哲学社会科学版），2021（4）：1-9.

[210] 曹洋. 亚洲国家医疗旅游业的发展及其启示 [J]. 三峡大学学报（人文社会科学版），2020，42（5）：46-49.

[211] 关于促进健康服务业发展的若干意见 [J]. 中华人民共和国国务院公报，2013.

[212] 国务院关促进旅游业改革发展的若干意见 [J]. 中华人民共和国国务院公报，2014.

[213] 国务院办公厅关于印发中医药健康服务发展规划（2015—2020 年）[J]. 中华人民共和国国务院公报，2015.

[214] 赵维婷.《关于促进中医药健康旅游发展的指导意见》发布 [J]. 中医药管理杂志，2015，23（24）：88.

[215] 国务院关于印发中医药发展战略规划纲要（2016—2030 年）的通知 [J]. 中华人民共和国国务院公报，2016.

[216] 陈竺，高强. 走中国特色卫生改革发展道路 使人人享有基本医疗卫生服务 [J]. 求是，2008（1）：35-38.

[217] 李斌. 全力推进健康中国建设 [J]. 紫光阁，2015（12）：21，35.

[218] 钟东波. 将健康确立为国家建设发展目标 [J]. 中国党政干部论坛，2016（1）：83.

[219] 习近平在全国卫生与健康大会上强调 把人民健康放在优先发展战略地位 努力全方位全周期保障人民健康 [J]. 党建，2016（9）：4-6，9.

[220] 李斌. 全面实施健康中国战略 [J]. 紫光阁，2017（11）：17.

[221] 门洪华. 中国国家战略体系的建构 [J]. 教学与研究，2008（5）：13-20.

[222] 薄贵利. 论国家战略的科学内涵 [J]. 中国行政管理，2015

(7): 70-75.

[223] 禹华月. 健康中国战略的内涵及实践路径浅探 [J]. 湖南社会科学, 2020 (3): 165-172.

[224] 肖捷. 完善国家行政体制 [J]. 求是, 2019 (22): 26-32.

[225] 王昊, 张毓辉, 王秀峰. 健康战略实施机制与监测评价国际经验研究 [J]. 卫生经济研究, 2018 (6): 38-40.

[226] 习近平. 团结合作战胜疫情共同构建人类卫生健康共同体——在第 73 届世界卫生大会视频会议开幕式上的致辞 [J]. 中华人民共和国国务院公报, 2020, No.1698 (15): 6-7.

[227] 陈育德. 重温《阿拉木图宣言》推进健康中国建设 [J]. 中华预防医学杂志, 2018, 52 (5): 457-459.

[228] 高瑞东, 赵格格. 中国经济将持续强劲复苏 [J]. 中国金融, 2021 (3): 28-29.

[229] 李雪峰. 关于党的八大召开前后的历史片断回忆 [J]. 中共党史研究, 1996 (4): 10-14.

[230] 中共中央文献研究室. 关于建国以来党的若干历史问题的决议注释本 [J]. 北京: 人民出版社, 1983.

[231] 习近平. 决胜全面建成小康社会 夺取新时代中国特色社会主义伟大胜利——在中国共产党第十九次全国代表大会上的报告 [J]. 党建, 2017 (11): 15-34.

[232] 习近平. 在党的十八届五中全会第二次全体会议上的讲话 (节选) [J]. 求是, 2016, 000 (1): 3-10.

[233] 李乾坤. 长征前革命根据地的医疗卫生事业 [J]. 军事历史研究, 2018, 32 (3): 1-14.

[234] 袁雁飞, 王林, 夏宏伟, 郭浩岩. 将健康融入所有政策理论

与国际经验［J］. 中国健康教育，2015，31（1）：56-59.

英文：

［1］Nilsson P A.Staying on farms：an ideological background［J］. Annals of Tourism Research，2002.29（1）：7-24.

［2］Puling M，Dettori D G，Paba A.Life cycle of agrotouristic firms in Sardinia［J］.Tourism Management，2006，（27）5：1006-1016.

［3］Gholam Reza Taleghani，Ali Ghafary.Providing a management model for the development of sports tourism［J］.Annale of Tourism Research，2014（12）：289-298.

［4］Dunn H L.What High-level Wellness Means［J］.Canadian Journal of Public Health，1959，50（11）：447-457.

［5］Finnicum P，Zeiger J C.Tourism and wellness：A natural alliance in a natural state［J］.Parks and Recreation，1996，31（9）：84-90.

［6］Mueller H，Kaufmann E L.Wellness Tourism.Market Analysis of a Special Health Tourism Segment and Implications for the Hotel Industry［J］. Journal of Vacation Marketing，2001，7（1）：5-17.

［7］Voigt C，Brown G，Howat G.Wellness Tourists：In Search of Trans formation［J］.Tourism Review，2011，66（1）：16-30.

［8］Lim Y J，Kim H K，Lee J T.Visitor Motivational Factors and Level of Satisfaction in Wellness Tourism：Comparison between First-time Visitors and Repeat Visitors［J］.Asia Pacific Journal of Tourism Research，2015，21（2）：1-20.

［9］Connell J.Medical tourism：Sea，sun，sand and surgery［J］. Tourism Management，2006，27（6）：1093-1100.

[10] Lunt N, Carrera P.Medical tourism: Assessing the evidence on treatment abroad [J] .Maturitas, 2010, 66 (1): 27–32.

[11] Crooks V A, Turner L, Snyder J, et al.Promoting medical tourism to India: Messages, images and the marketing of international travel patient [J] .Social Science & Medicine, 2011, 72 (5): 726–732.

[12] Chen K H, Chang F H, Wu C.Investigating the wellness tourism factors in hot spring hotel customer service [J] .International Journal of Contemporary Hospitality Management, 2013, 25 (7): 1092–1114.

[13] Shahzad K, Shariful A.Kingdom of Saudi Arabia: A potential destination for medical tourism [J] .Journal of Taibah University Medical Sciences, 2014, 9 (4): 257–262.

[14] Éva Csirmaz, Károly Pető PhD.International Trends in Recreational and Wellness Tourism [J] .Procedia Economics and Finance, 2015, 32 (4): 755–762.

[15] Vincent C.S.Heung and Deniz Kucukusta.Wellness Tourism in China: Resources, Development and Marketing [J] .International Journal of Tourism Research, 2013, 15 (4): 346–359.

[16] Han J S, Lee T J, Ryu K.The Promotion of Health Tourism Products for Domestic Tourists [J] . International Journal of Tourism Research, 2017, 20 (3): 1–10.

[17] Joppe M. One Country's Transformation to Spa Destination: The Case of Canada [J] .Journal of Hospitality and Tourism Management, 2010, 17 (1): 117–126.

[18] Zbuchea A, Cioacǎ A, Dinu M. Health Care Tourism in Romania: Main Features and Trends [J] .Journal of Tourism

Challenges&Trends，2010，3（2）：26.

［19］Sanela V.Business Performance of Health Tourism Service Providersin the Republic of Croatia［J］.Acta Clinica Croatica，2016，55（1）：79–85.

［20］Kim Y H，Boo C，Demirer I，et al. A Case Study of Health Tourismin the Jeju Province，South Korea［J］. Hospitality Review，2011，29（1）：64–84.

［21］Andrea de la Hoz–Correa，Francisco Munoz–Leiva，Marta Bakuz.Past themes and future trends in medical tourism research：A co–word analysis.Tourism Management［J］.2018，65（4）：200–211.

［22］William Cannon Hunter.Medical Tourism：A New Global Niche［J］.International Journal of Tourism Science.2007，7（1）：124–140.

［23］Caroline Fisher，Kunal Sood. What Is Driving the Growth in Medical Tourism?［J］. Health Marketing Quarterly.2014，31（3）.

［24］Marc Fetscherin，Renee–Marie Stephano. The medical tourism index：Scale development and validation［J］.Tourism Management.2016，52：539–556.

［25］Brent Lovelock，Kirsten Lovelock. “We had a ball … as long as you kept taking your painkillers” just how much tourism is there in medical tourism? Experiences of the patient tourist［J］.Tourism Management.2018，69：145–154.

［26］Linda K.Ko，Victoria M.Taylor，Jihye Yoon，Wade K.Copeland，Joo Ha Hwang，Eun Jeong Lee，John Inadomi. The impact of medical tourism on colorectal screening among Korean Americans：A community–

based cross-sectional study [J].BMC Cancer.2016，16(1).

[27] Peters C R.Sauer K M.A survey of medical tourism service providers [J].Journal of Marketing Development and competitiveness.2011, 5(3): 117-126.

[28] Milstein A，Smith M. America's new refugees-seeking affordable surgery offshore [J].New England Journal of Medicine.2006，355(16): 637-1640.

[29] Dunn P.Medical tourism takes flight [J].Hospitals and Health Networks.2007，81(11): 40-42，44.

[30] Masi D C E，Sutton B.Transnational body projects: Media representations of cosmetic surgery tourism in Argentina and the United States [J].Journal of World- Systems Research.2013，19(1): 57-81.

[31] Valorie A Crooks，Paul Kingsbury，Jeremy Snyder，Rory Johnston.What is known about the patient's experience of medical tourism? A scoping review [J].BioMed Central.2010，10(1): 266.

[32] Cabrera.Wekcome home [J].Medica Tourism.2010，5(3): 15-18.

[33] Yu Ji Yun，Ko Tae Gyou. A cross-cultural study of perceptions of medical tourism among Chinese，Japanese and Korean tourists in Korea [J].Tourism Management.2011，33(1): 80-88.

[34] Methawee Wongkit，Bob McKercher.Toward a typology of medical tourists: A case study of Thailand [J].Tourism Management.2013, 38(10): 4-12.

[35] Mustaffa Jaapar，Ghazali Musa，Sedigheh Moghavvemi，Roslan Saub. Dental tourism: Examining tourist profiles，motivation and

satisfaction［J］.Tourism Management.2017：538–552.

［36］William Bies，Lefteris Zacharia. Medical tourism：Outsourcing surgery［J］. Mathematical and Computer Modelling.2007，46（5–8）：1144–1159.

［37］Ruamsak Veerasoontorn，Rian Beise–Zee.International hospital outshopping：a staged model of push and pull factors［J］.International Journal of Pharmaceutical and Healthcare Marketing.2010，4（3）：247–264.

［38］Heesup Han，Jinsoo Hwang. Multi–dimensions of the perceived benefits in a medical hotel and their roles in international travelers' decision–making process［J］.International Journal of Hospitality Management.2013，35：100–108.

［39］Sultana Seyama，Haque Ahasanul，Momen Abdul，Yasmin Farzana.Factors affecting the attractiveness of medical tourism destination：an empirical study on India– review article.［J］.Iranian journal of public health.2014，43（7）：865–876.

［40］Hanefeld.J，Lunt.N，Smith.R，Horsfall.D.Why do medical tourists travel to where they do? The role of networks in determining medical travel［J］.Social Science & Medicine.2015，124：359–363.

［41］Gökhan Aydin，Bilge Karamehmet.Factors affecting health tourism and international health–care facility choice［J］.International Journal of Pharmaceutical and Healthcare Marketing.2017，11（1）：19–36.

［42］Stamboulis D.The market guide：some Convenient truths［J］. Medical Tourism.2009，1（11）：99–102.

［43］Han H，Hyun S S.Customer retention in the medical

tourism industry: Impact of quality, satisfaction, trust, and price reasonableness [J] .Tourism Management.2015, 46 (1): 20–29.

[44] John Connell. Contemporary medical tourism: Conceptualisation, culture and commodification [J] . Tourism Management, 2013, 34: 1–13.

[45] Edelheit. Defining medical tourism or not? [J] .Medical Tourism Magazine.2008, 5: 9–10.

[46] Shenfield F, de Mouzon J, Pennings G, Ferraretti A P, Andersen A Nyboe, de Wert G, Goossens V. Cross border reproductive care in six European countries. [J] .Human reproduction (Oxford, England) .2010, 25 (6): 1364–1368.

[47] Snyder Jeremy, Crooks Valorie A, Johnston Rory, Kingsbury Paul. What do we know about Canadian involvement in medical tourism?: a scoping review. [J] .Open medicine: a peer–reviewed, independent, open–access journal.2011, 5 (3): e139–148.

[48] Vivien Runnels, Carrerab P.M.Carrera. Why do patients engage in medical tourism? [J] . Maturitas, 2012, 73 (4):

[49] Chen Lin H., Wilson Mary E..The Globalization of Healthcare: Implications of Medical Tourism for the Infectious Disease Clinician [J] . Clinical Infectious Diseases, 2013, 57 (12): 1752–1759.

[50] Smith P C.Forgione D A.Global outsourcing of healthcare: Amedical tourism descision model [J] .Journal of Information Technology Case and Application Research.2007, 9 (3): 19–30.

[51] Cohen I G.Protecting Patients with Passports: Medical Tourism and the Patient–Protective Argument [J] .Iowa Law Review, 2010, 95 (5): 10–18.

［52］Gan L L，Frederick J R.Medical Tourism：Consumers' Concerns Over Risk and Social Challenges［J］.Journal of Travel&Tourism Narketing.2015，32（5）：503-517.

［53］Wan N M，Azizah O，Mahmod S H.The moderating effect of medical travel facilitators in medical tourism［J］.Procedia-Social and Behavioral Sciences.2012，（65）：358-363.

［54］Sammita J，Rajiv Y，Meenal K.Cross-border healthcare access in south Asian countries：Learnings for sustainable healthcare tourism in India［J］.Procedia-Social and Behavioral Sciences，2014，（157）：109-117.

［55］Jadhav S，Yeravdekar R，Kulkarni M.Cross-border Healthcare Access in South Asian Countries：Learnings for Sustainable Healthcare Tourism in India［J］.Procedia-Social and Behavioral Sciences，2014，157：109-117.

［56］Turner，L. “First Word health care at third World Proces”：Globalization bilethics and medical tourism［J］.Biosocieties，2007（2），303-325.

［57］Jeremy Snyder，Valorie Crooks，Leigh Turner.Issues and Challenges in Research on the Ethics of Medical Tourism：Reflections from a Conference［J］.Journal of Bioethical Inquiry.2011，8（1）：3-6.

［58］Woodman.Patients Beyond Borders Thailand Edition［J］.Healthy Travel Media.2009，11（10）：17.

［59］Turner，Leigh. “First World Health Care at Third World Prices”：Globalization，Bioethics and Medical Tourism［J］.Biosocieties，2007，2（3）：303-325.

［60］Annette B. Ramírez de Arellano. Patients without Borders：The Emergence of Medical Tourism［J］. International Journal of Health Services，2007，37（1）：193–198.

［61］Knight L.guide the patient：are you a savvy patient［J］.Medica Tourism.2010，6（4）：79.

［62］Reddy S G，York V K，Brannon L A.Travel for treatment：students' perspective on medical tourism［J］. International Journal of Tourism Research.2010，12（5）：510–522.

［63］Fisher Caroline，Sood Kunal. What is driving the growth in medical tourism?［J］. Health marketing quarterly，2014，31（3）：246–262.

［64］Heesup Han，Sunghyup Sean Hyun. Customer retention in the medical tourism industry：Impact of quality，satisfaction，trust，and price reasonableness［J］.Tourism Management，2015，46：20–29.

［65］Tat Huei Cham，Yet Mee Lim，Nai Chiek Aik，Alexander Guan Meng Tay. Antecedents of hospital brand image and the relationships with medical tourist' behavioral intention［J］.International Journal of Pharmaceutical and Healthcare Marketing，2016，10（4）：421–431.

［66］Juan Carlos Serio–Silva.Las Islas de los Changos（the Monkey Islands）：the economic impact of ecotourism in the region of Los Tuxtlas，Veracruz，Mexico［J］.American Journal of Primatology，2006，68（5）：499–506.

［67］Dan Cormany，Seyhmus Baloglu. Medical travel facilitator websites：An exploratory study of web page contents and services offered to the prospective medical tourist［J］.Tourism Management，2010，32（4）：

709–716.

[68] Sameer Hosany.Measuring Tourists’ Emotional Experiences toward Hedonic Holiday Destinations [J] . Journal of Travel Research, 2010, 49 (4): 513, 526.

[69] Eugene W. Anderson, Mary W. Sullivan. The Antecedents and Consequences of Customer Satisfaction for Firms [J] . Marketing Science, 1993, 12 (2): 125–143.

[70] Oliver Richard L.. Cognitive, Affective, and Attribute Bases of the Satisfaction Response [J] . Narnia, 1993, 20 (3):

[71] Shih Yung Chou, Angelina I.T.Kiser, Erlinda L. Rodriguez. An expectation confirmation perspective of medical tourism [J] .Journal of Service Science Research, 2012, 4 (2): 299–318.

[72] Andrew Petrosoniak, Anne McCarthy, Lara Varpio.International health electives: thematic results of student and professional interviews [J] . Medical Education, 2010, 44 (7): 638–689.

[73] Snyder J.Perceptions of the Ethics of Medical Tourism: Comparing Patient and Academic Perspectives [J] .Public Health Ethics, 2012, 5 (1): 38–46 (9) .

[74] John Connell. Contemporary medical tourism: Conceptualisation, culture and commodification [J] . Tourism Management, 2013, 34 (2): 1–13.

[75] Horowize M D, Rosensweig J A.Medical Tourism Health care in the global economy [J] .The Physician Executive.2007, 33 (6): 24–31.

[76] Loïck Menvielle, William Menvielle, Nadine Tournois. Medical tourism: A decision model in a service context [J] . Tourism: An

International Interdisciplinary Journal，2011，59（1）：45-61.

［77］Shahzad Khan，Md.Shariful Alam.Kingdom of Saudi Arabia：A potential destination for medical tourism［J］. Journal of Taibah University Medical Sciences，2014，9（4）：255-262.

［78］Pennings G.Reproductive tourism as moral pluralism in motion［J］.Journal of Medical Ethics，2002，28（6）：

［79］Pennings G.Legal harmonization and reproductive tourism in Europe［J］. Reproductive Health Matters，2005，13（25）：120-128.

［80］Shenfield F，Mouzon J D，Pennings G，et al.Cross border reproductive care in six European countries［J］. Human Reproduction，2010，25（6）：1361-8.

［81］Lunt N，Jin K N，D Horsfall，et al.Insights on medical tourism：markets as networks and the role of strong ties［J］.Korean Social Science Journal，2014，41（1）：19-37.

［82］Awadzi W. Panda D.Medical tourism：globalization and the marketing of medical services［J］.Tourism Management.2006，27（6）：1093-1100.

［83］Sayili Murat，Akca Hasan，Duman Teoman，Esengun Kemal. Psoriasis treatment via doctor fishes as part of health tourism：A case study of Kangal Fish Spring，Turkey［J］. Tourism Management，2006，28（2）：625-629.

［84］Igor Niechajev，James Frame.A Plea to Control Medical Tourism［J］.Aesthetic Plastic Surgery.2012，36（1）：202-206.

［85］Meghann Ormond，Matthew Sothern. You，too，can be an international medical traveler：Reading medical travel guidebooks［J］.

Health and Place，2012，18（5）：935–941.

［86］Nassab Reza，Hamnett Nathan，Nelson Kate，Kaur Simranjit，Greensill Beverley，Dhital Sanjiv，Juma Ali. Cosmetic tourism：public opinion and analysis of information and content available on the Internet.［J］. Aesthetic surgery journal，2010，30（3）：465–469.

［87］Connell John. A new inequality? Privatisation，urban bias，migration and medical tourism.［J］. Asia Pacific viewpoint，2011，52（3）：260–271.

［88］C.Michael Hall，Michael James. Medical tourism：emerging biosecurity and nosocomial issues［J］. Tourism Review，2011，66（1/2）：1423–1424.

［89］Master Z，Robertson K，Frederick D，et al.Stem Cell Tourism and Public Education：The Missing Elements［J］.Cell Stem Cell，2014，15（3）：267–270.

［90］Ben Haobin Ye，Hanqin Zhang Qiu，Peter P. Yuen. Motivations and experiences of Mainland Chinese medical tourists in Hong Kong［J］. Tourism Management，2011，32（5）：1125–1127.

［91］Runnels Vivien，Turner Leigh. Bioethics and transnational medical travel：India，“medical tourism，” and the globalisation of healthcare.［J］. Indian journal of medical ethics，2011，8（1）：42–44.

［92］Philippa Hunter–Jones.CANCER AND TOURISM［J］.Annals of Tourism Research，2004，32（1）：70–92.

［93］Shelley Brook，David Robertson，Tutsirai Makuwaza，Brian D. Hodges. Canadian Residents Teaching and Learning Psychiatry in Ethiopia：A Grounded Theory Analysis Focusing On Their Experiences［J］. Academic

Psychiatry, 2010, 34（6）: 433–437.

［94］Lee Hwee Khei, Fernando Yudi.The Antecedents and Outcomes of the Medical Tourism Supply Chain［J］. Tourism Management, 2014: 148–157.

［95］Jones C A, Keith L G. Medical tourism and reproductive outsourcing: the dawning of a new paradigm for healthcare.［J］. International journal of fertility and women's medicine, 2006, 51（6）: 251–255.

［96］James Tobin.On Limiting the Domain of Inequality［J］.1970, 13（2）: 63–277.

［97］Harald O. Stolberg. The Canadian health care system: Past, present, and future［J］. Journal of the American College of Radiology, 2004, 1（9）: 659–670.

［98］Jarron M. Saint Onge and Patrick M. Krueger. Health lifestyle behaviors among U.S. adults［J］. SSM – Population Health, 2017, 3: 89–98.

［99］Roscnbcrg N.Tcchnological change in the machine tool industry: 1840–1910［J］.The Journal of Economic History, 1963（23）: 414–446.

［100］Lei David T.Industry Evolution and Competence Development: The Imperatives of Technological Convergence［J］.Intrenational Journal of Technology Management, 2000, 19（7–8）: 699–738.

［101］Bierly, P.E., A.Chakrabarti.Dynamib Knowledge Strategies and Industry Fusion［J］.International Journal of Manufacture Technology, 2003, 3（1–2）: 31–48（18）.

［102］Fai, Felicia, N.von Tunzelmann.Industry–specific Competencies

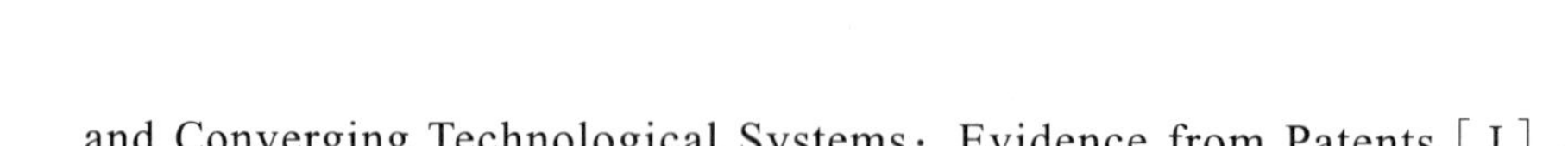

and Converging Technological Systems：Evidence from Patents [J] . Structural Change and Economic Dynamics，2001，12（2）：141-170.

[103] Goodrich J N，Goodrich G E.Health—care Tourism—An Exploratory Study [J] .Tourism Management，1987，8（3）：217-222.

[104] Goodrich J N.Socialist Cuba：A Study of Health Tourism [J] . Journal of Travel Research，1993，32（1）：36-41.

[105] Muller H，Kaufman F L.Wellness tourism：market analysis of a special health tourism segment and implications for the hotel industry [J] . Journal of Vacation Marketing，2001，7（1）：5-17.

[106] Didaskalou E A，Nastos P.The role of climatic and bioclimatic conditions in the development of health tourism product [J] .Anatolia，2003，14（2）：107.126.

[107] Borman E.Health Tourism：Where healthcare，ethics，and the state collide [J] .BMJ：British Medical Journal，2004，328（7431）：60.

[108] Carrera P M，Bridges J F.Globalization and Healthcare：Understanding Health and Medical Tourism [J] .Expert Review of Pharmacoeconomics & Outcomes Research，2006，6（4）：447-454.

[109] Shofang Chang and Chun-Yu Pu and Ping-Jung Hsieh. A Regional Competition Analysis of Medical Tourism Industry-an Example of Taiwan [J] . International Journal of Information and Management Sciences，2014，25（2）：139-156.

其他类：

［1］习近平．在教育文化卫生体育领域专家代表座谈会上的讲话［N］．人民日报，2020-09-23（002）．

［2］邓小玲．健康中国战略的根本追求［N］．中国社会科学报，2019-07-30（006）．

［3］孙小杰．健康中国战略的理论建构与实践路径研究［D］．吉林大学，2018：16.

［4］杨金侠．“将健康融入所有政策”：新论［N］．人民日报，2018-08-21（5）．

［5］毛群安，金振娅．开启健康中国的全新时代［N］．光明日报，2016-12-27（008）．

［6］习近平致信祝贺博鳌亚洲论坛全球健康论坛大会开幕［N］．人民日报，2019-06-12（001）．

［7］习近平．习近平主持召开中央全面深化改革领导小组第十次会议强调：科学统筹突出重点对准焦距，让人民对改革有更多获得感［N］．人民日报，2015-02-28.

［8］左士辉．新时代健康中国战略研究［D］．辽宁师范大学，2021.

［9］刘祥恒．旅游产业融合机制与融合度研究［D］．云南大学，2016：59.

［10］熊新忠．中医药产业集群式技术创新研究［D］．武汉理工大学学位论文，2007.

［11］王海燕．中国西部中医药产业可持续发展研究［D］.天津大学，

2014：47.

［12］石斌．灵台县中医文化旅游开发研究［D］．西北大学，2011.

［13］冷林燕．健康意识对高校教师康养旅游意向的影响研究［D］．华侨大学，2019.

［14］叶宇．西南喀斯特地区康养旅游地优选研究［D］．云南师范大学，2018.

［15］谢文彩．武汉市康养旅游地空间分布特征及其影响因素研究［D］．华中师范大学，2018.

［16］国家中医药管理局，粤港澳大湾区建设领导小组办公室，广东省人民政府．粤港澳大湾区中医药高地建设方案（2020—2025年）［Z］.2020-09-27.

项目策划：王　丛
责任编辑：陈　冰
责任印制：冯冬青
封面设计：谭雄军

图书在版编目（CIP）数据

“健康中国”战略背景下旅游业与中医药产业融合发展研究 / 曹洋著. -- 北京 : 中国旅游出版社, 2022.12
（中国旅游研究院博士后文库）
ISBN 978-7-5032-7074-1

Ⅰ. ①健… Ⅱ. ①曹… Ⅲ. ①旅游业－产业融合－中国医药学－产业发展－研究－中国 Ⅳ. ①F592.3 ②F426.7

中国版本图书馆CIP数据核字(2022)第240449号

书　　名：“健康中国”战略背景下旅游业与中医药产业融合发展研究

作　　者：曹洋著
出版发行：中国旅游出版社
（北京静安东里 6 号　邮编：100028）
http://www.cttp.net.cn　E-mail:cttp@mct.gov.cn
营销中心电话：010-57377108，010-57377109
读者服务部电话：010-57377151
排　　版：北京旅教文化传播有限公司
经　　销：全国各地新华书店
印　　刷：三河市灵山芝兰印刷有限公司
版　　次：2022 年 12 月第 1 版　2022 年 12 月第 1 次印刷
开　　本：710 毫米 ×1000 毫米　1/16
印　　张：21
字　　数：330 千
定　　价：48.00 元
ISBN　978-7-5032-7074-1